Michael Meisegeier

Der frühchristliche Kirchenbau

- das Produkt eines Chronologiefehlers

Versuch einer Neueinordnung mit Hilfe der
HEINSOHN-These

im Anhang:

Exkurs: Die Erschaffung der karolingischen und
ottonischen Baukunst

© 2017
Herstellung und Verlag: BoD – Books on Demand,
Norderstedt.
ISBN: 9783848256686

Inhaltsverzeichnis

Einleitung

Als frühchristliche Kirchen werden allgemein die Kirchenbauten des 4. bis 6. Jh. bezeichnet. Sie sind ein fester und unverrückbarer Teil der Architekturgeschichte. Jeder Zweifel verbietet sich eigentlich von selbst. Territorial ist der frühchristliche Kirchenbau auf das Gebiet des ehemaligen Römischen Reichs beschränkt, des West- als auch des Ostreichs.

Der frühchristliche Kirchenbau beginnt nach herrschender Lehre mit den Kirchengründungen Kaiser Konstantins I. am Beginn des 4. Jh. und geht bis zum Ende der Spätantike im ausgehenden 6. Jh. Das Christentum vor dem 4. Jh. errichtete danach noch keine Kirchen, sondern nutzte so genannte Hauskirchen, das sind für den christlichen Kult umgenutzte Wohnräume bzw. -häuser.

Der Beginn des monumentalen Kirchenbaus wird traditionell mit der Regierungszeit von Kaiser Konstantin I. verbunden. Als markantes politisches Ereignis gilt die berühmte Mailänder Vereinbarung von 313 (das sog. Toleranzedikt), in der durch Konstantin und Licinius „allgemeine Religionsfreiheit, namentlich für das corpus Christianorum, d. h. für die christliche Gemeinde, und die Rückgabe des ihr in der Verfolgung entzogenen Eigentums" [DEMANDT, 42] bestätigt wird.
Konstantin I. soll bereits 312, also zeitlich vor der Mailänder Vereinbarung, die Lateranbasilika für den Bischof von Rom gestiftet haben. 324 bis 326 folgen die Petersbasilika und die Umgangsbasilika für Marcellinus und Petrus [ebd, 42]. „Nicht nur in Rom und Konstantinopel, sondern im ganzen Reich hat der Kaiser den Kirchenbau gefördert…Insbesondere im Heiligen Lande entstanden monumentale Kirchenbauten, so die Basilika von Mamre, sowie die Geburtskirche in Bethlehem und die Himmelfahrtskirche auf dem Ölberg…Die Grabeskirche nahe der Schädelstätte wurde mit besonderem

Aufwand errichtet und zu den Tricennalien des Kaisers am 17. September 335 eingeweiht." [ebd, 51].

Doch es regen sich Zweifel. Das so genannte Toleranzedikt kann kaum der Auslöser für den angeblich von Konstantin initiierten monumentalen Kirchenbau gewesen sein. Eine sozusagen übergangslose Errichtung solch monumentaler und repräsentativer Kulträume, für die gar kein, den riesigen Räumlichkeiten entsprechender Kult bestand, steht im Widerspruch zum damaligen Entwicklungsstand des Christentums. Ein dazu gehörender gestiegener Repräsentationsanspruch und ein entsprechend ausgestalteter Kult, aus denen solche neuen Anforderungen an die Räumlichkeiten und die Ausschmückung der Kulträume resultieren können, sind zum damaligen Zeitpunkt noch lange nicht vorhanden.

Erst mit der Erhebung des Christentums zur Reichsreligion und der Schaffung der Reichskirche entsteht das große Repräsentationsbedürfnis, dem natürlich die Kulträume durch Monumentalität und Ausschmückung entsprechen mussten. Die Errichtung monumentaler Kirchenbauten ist für mich mit der Begründung der Reichskirche untrennbar verbunden. Vorher kannte das Christentum dieses Bedürfnis noch nicht, weshalb seine christlichen Versammlungsräume noch recht bescheiden daherkamen.

Nach der traditionellen Darstellung der Geschichte des Christentums entsteht die Reichskirche mit dem Edikt von 391, in dem Kaiser Theodosius I. die heidnischen Kulte verbietet. Dieser Auslegung der antiheidnischen Gesetze Theodosius I. widerspricht z. B. ERRINGTON. Er weist nach, dass die angeblich so bedeutenden antiheidnischen Gesetze von Kaiser Theodosius I. den zeitgenössischen Autoren (Ambrosius, Augustinus, Orosius, Rufinus, Sokrates, Theodoret, Philostorgius, Sozomenos) entweder unbekannt waren oder weitgehend unbeachtet blieben. Die Gesetze waren entweder an einen eng begrenzten Personenkreis gerichtet oder Entscheidungen betreffend einzelner regionaler Ereignisse, z. B. die Zerstörung des Sarapeion in Alexandria. Den o. a. Autoren – die an sich an einer Auslegung als reichsweit gültiges Edikt das größte Interesse gehabt haben müssten - war dies offensichtlich klar, weshalb sie auf diese Gesetze kaum eingingen [ERRINGTON, 435]. Die griechischen christlichen Autoren Sokrates, Sozomenos und Theodoret haben mehr als vierzig Jahre später (nach 391) noch keine konkrete Kenntnis von Theodosius' antiheidnischen Gesetzen – oder ignorierten diese [ebd. 402f]. Es scheint offensichtlich: Es gab keine reichsweite Verfügung durch Theodosius zur Zerstörung von heidnischen Tempeln. Die Darstellung der meisten modernen Historiker, dass durch die Gesetze Theodosius' I. die Reichskirche begründet wurde, ist nicht zutreffend.

Die neuere Forschung sieht die Gründung der Reichskirche erst unter Justinian I. im 6. Jh. Nach BEAUFORT setzte Kaiser Justinian dem apostolischen Christentum "seine eigene katholische Reichskirche entgegen." [319] BEAUFORT formuliert weiter: "Von nun an war die katholische Reichskirche als einzig wahre Repräsentantin des von Jesus begründeten Christentums anzuerkennen. Abweichende Lehren ... wurden als Ketzerei verboten und deren Anhänger verfolgt." [319f]
„Justinian I. war es, der ein ganz besonders ausgeprägtes Verständnis der besonderen Bedeutung der Kaiserinstitution, ihrer Aufgaben und ihrer ideologischen Verankerung hatte und so die Entwicklung des Verhältnisses von Kaiser und Kirche in Byzanz wesentlich bestimmte." [WINKELMANN, 131]

Wenn der Beginn des monumentalen Kirchenbaus - wie der Autor meint - erst im 6. Jh. anzusetzen ist, muss es für die so genannten frühchristlichen Kirchen davor eine nachvollziehbare Erklärung geben, da die betreffenden Kirchenbauten zweifellos existent waren bzw. noch sind und von jedem in Augenschein genommen werden können.

Der Autor versucht im Folgenden, eine solche Erklärung anzubieten.

Die HEINSOHN-These

Da die so genannten frühchristlichen Kirchenbauten des 4. und 5. Jh. aus Sicht des Autors zu früh in unserer Geschichte eingeordnet sind, ist für diese die Zuweisung in eine spätere Zeit erforderlich. Für die Verbringung dieser Bautengruppe in eine spätere Zeit benötigt es jedoch einen glaubhaften Ansatz.

Der Autor sieht diesen Ansatz in der von Gunnar HEINSOHN ab 2013 vorgestellten These zur Revision unserer Chronologie, nachfolgend als HEINSOHN-These bezeichnet.

Da HEINSOHN seine These noch nicht pupliziert hat, möchte ich zumindest den Ansatz hier kurz vorstellen. Für eine tiefergehende Beschäftigung mit der HEINSOHN-These einschließlich HEINSOHNs Nachweisführung für seine These muss der Autor den Leser leider auf die bevorstehende Veröffentlichung durch HEINSOHN verweisen. Grundzüge seiner These hat HEINSOHN auf der Webseite von Alfred de Grazia www.Q-mag.org/gunnar-heinsohns-latest.html jedoch schon zugänglich gemacht (in Englisch).

Gemäß der HEINSOHN-These sind die in der Chronologie nacheinander eingeordneten Zeitabschnitte 1 - 230 (Antike), 290 - 520 (Spätantike) und Anfang 8.Jh. - 930 (Frühmittelalter) in Wirklichkeit zeitgleich und sind nur regional unterschiedliche Aspekte eines einzigen etwa 230 Jahre währenden Zeitabschnittes der Römischen Kaiserzeit. Während der erste Zeitabschnitt dabei regional Westrom zugehörig ist, sind der spätantike Abschnitt Ostrom/Byzanz und der frühmittelalterliche Abschnitt dem Norden und Nordosten zuzuordnen.
Am Ende dieses ca. 230-jährigen Zeitabschnittes sieht HEINSOHN eine Mega-Katastrophe, die heute aufgrund der Auftrennung in drei Zeitabschnitte durch die derzeit gültige Chronologie als drei Katastrophen um 230, um 520 und um 930 erscheinen.

HEINSOHN erarbeitete seine These auf der Grundlage der Auswertung von vorhandenen Stratigraphien einer Großzahl von antiken, spätantiken und frühmittelalterlichen archäologischen Stätten.

Bei HEINSOHN verbleiben dem ersten Jahrtausend letztendlich nur ca. 300 reale Jahre. Die aktuelle Chronologie enthält nach ihm also im ersten Jahrtausend ca. 700 Phantomjahre. Das von HEINSOHN in Vorbereitung befindliche Buch hat gegenwärtig den Arbeitstitel "Wie lange währte das erste Jahrtausend".
HEINSOHN behauptet zwar, möglicherweise um sich von ILLIG abzugrenzen, der die Zeit von 614 bis 911 ersatzlos aus der Chronologie streicht, dass er nach seiner These keine Phantomzeit postuliert, dass er Geschichte also nicht löscht, sondern Geschichtsschreibung ermögliche, indem er über drei Perioden zerhackte Quellen wieder zusammenführe. Er eliminiere keine plausiblen Quellen, so HEINSOHN.
Das Problem dabei: Was sind plausible Quellen? Nach welchen Kriterien erfolgt die Einordnung in plausibel bzw. nicht plausibel? Der Autor erinnert an das bekannte Problem der Fälschungen im Mittelalter, wobei davon auszugehen ist, dass bis heute noch keinesfalls alle aufgedeckt sind. "Die sogenannte Quellenkritik ... ist nicht in der Lage, eine sehr gute Fälschung von einer echten Quelle zu unterscheiden." [ARNDT, 65]
Auch die Ansage HEINSOHNs, dass er bei seiner These keine Phantomzeit postuliere, ist es nach Ansicht des Autors nur eine Frage der Definition von Phantomzeit. In Bezug auf die traditionelle Chronologie sind die entfallenden 700 Jahre im ersten Jahrtausend letztendlich nicht existente, somit phantomzeitliche Jahre, unabhängig davon, wie man die überlieferte Ereignisgeschichte in diesen Jahren behandelt.

BEAUFORT, der HEINSOHN folgt, sieht drei isolierte, zeitversetzte Datierungsstränge, die antike, die spätantike und die frühmittelalterliche Datierung. Letztere entspricht der heute gebräuchlichen Zeitrechnung nach unserer Zeit. Als Zeitversatz zwischen der antiken und der spätantiken Datierung schlägt BEAUFORT 284 Jahre vor, zwischen der spätantiken und frühmittelalterlichen Datierung, die der aktuellen Zeitrechnung entspricht, 418 Jahre. Die Katastrophe hätte antik um 238, spätantik um 522 und nach u. Z. um 940 stattgefunden.

Die Verschiebung zwischen der antiken und der spätantiken Datierung sieht BEAUFORT im Zusammenhang mit der Einführung der Inkarnationszählung, d. h. die Zählung ab Christi Geburt, die im 6. Jh. von Dionysius Exiguus vorgeschlagen worden sein soll. Mit der durch Dionysius Exiguus vorgenommenen Verschiebung von Christi Geburt gegenüber der Diokletiansära um 284 Jahre in die Vergangenheit wurde die Geschichte des antiken Roms ebenfalls verschoben. Somit ist heute die Geschichte des antiken Roms und damit ganz Westroms auf der Zeitachse um 284 Jahre gegenüber der Geschichte von Byzanz versetzt. Die Verschiebung zwischen der spätantiken und der heutigen Datierung erfolgte in einer zweiten Aktion nach der Regierungszeit Justinians I. Als Protagonisten dieser Aktion sieht BEAUFORT den byzantinischen Universalgelehrten und Geschichtsschreiber Michael Psellos den Jüngeren. Damit ist in unserer Chronologie heute insgesamt eine Phantomzeit von ca. 700 Jahren enthalten.

Beda Venerabilis (672-735) soll erstmalig die Inkarnationszählung nach Dionysius Exiguus in seiner *Historia Ecclesiastica Gentis Anglorum* verwendet haben. Bemerkenswert ist, dass diese Zeitrechnung erst nach der Jahrtausendwende allgemein in Gebrauch gekommen sein soll, also mehr als 400 Jahre nach Dionysius Exiguus. Die Kirche führte sie erst 1431 ein.

Nach JOHNSON ist Bedas *Historia* ein Pseudepigraph des 16. Jh. [ARNDT, 113].

Die etablierte Wissenschaft geht noch heute davon aus, dass die angeblich von Dionysius Exiguus vorgeschlagene Zeitrechnung mit unserer Zeitrechnung identisch ist.

Wie kam es zu der Chronologiemisere? Wie bekannt, wurde unsere derzeitige Chronologie im ausgehenden 16. Jh. von Joseph Justus Scaliger aufgestellt. Der im 16. Jh. erarbeiteten Chronologie lag natürlich die zur damaligen Zeit aktuelle und noch heute gültige Zeitrechnung nach u. Z. zugrunde. Davon, dass die Chronologie schon damals aufgrund der oben beschriebenen Manipulationen an der Zeitrechnung die etwa 700 phantomzeitlichen Jahre enthielt, ahnten die Ersteller der Chronologie offensichtlich nichts.

Scaliger & Co. konnten sich für ihre Chronologie nur auf die verfügbaren historiographischen Quellen stützen. Dass diesen unterschiedlichen Zeitrechnungen zugrunde lagen, wussten sie nicht. Sie ordneten die Geschichte nach bestem Wissen und Gewissen, wobei eigentlich parallele Geschehnisse nacheinander gefügt wurden, womit im Endeffekt die verlängerte, falsche Chronologie entstand.

Um zum tatsächlichen Ablauf der Geschichte zu kommen, ist zwangsläufig eine Bereinigung der Datierungen erforderlich. Letztendlich kann in der Chronologie der Zeitabschnitt von ca. 230 Jahren natürlich nur einmal enthalten sein.

Welche zwei von den drei Zeitabschnitten zu streichen sind, ist im Grunde dem Betrachter freigestellt. Lässt man z. B. den Zeitabschnitt 8. Jh. bis um 930 in der Chronologie, so sind die antike und spätantike Geschichte in diesen Zeitraum zu verschieben. Diese Variante wird von HEINSOHN präferiert. Möchte man die Spätantike von 290 bis um 520 belassen, so wären die antike und die frühmittelalterliche Geschichte in diesen zu verschieben. Der Autor bevorzugt eine andere Betrachtungsweise. Als geeignete Zäsur sieht er das Katastrophenjahr 238 (antik), 522 (spätantik) bzw. 940 (frühmittelalterlich = u. Z.). Damit bleiben die antiken Datierungen bis 238 beibehalten und die Geschichte würde im Jahr 940 fortsetzen. Die Spätantike (284-522) und das Frühmittelalter (8. Jh.-940) verschwinden nicht, sondern werden in die Antike verschoben.

Damit behalten die uns geläufigen antiken Datierungen, z. B. die Regierungszeiten der Kaiser Augustus, Tiberius, Caligula etc. und die Datierungen ab etwa Mitte des 10. Jh. zunächst Gültigkeit. Die Zeit von 238 bis 940 wäre als Phantomzeit aus der Chronologie zu entfernen.

Bei dieser Betrachtungsweise gehört Konstantin I. in die 1. Hälfte des 1. Jh. Das Mailänder Edikt datiert damit in das

Jahr 29. Theodosius I. regierte am Beginn des 2. Jh. und das Edikt des Theodosius datiert in das Jahr 107; die bekannte Reichsteilung von 395 in das Jahr 111.

Selbstverständlich enden die drei Datierungsstränge nicht mit der Katastrophe. Die Geschichte ging natürlich danach weiter. Nach der traditionellen Geschichte gibt es in Rom im 3. und 4. Jh. kaum Substanzielles. Erste konkrete Daten, wie die Einnahme und Plünderung durch die Westgoten unter Alarich im Jahr 410 sind schon byzantinisch datiert und gehören korrigiert vor die Katastrophe.

Im Norden und Nordosten sind traditionell 919 die Ottonen an die Macht gekommen und begründen das Heilige Römische Reich. Dazu mehr unten (siehe Exkurs "Erschaffung der karolingischen und ottonischen Baukunst").

In Konstantinopel kommt Kaiser Justinian I. an die Macht. Er macht den Katholizismus zur Reichsreligion und begründet die Reichskirche, aus Sicht des Autors der *terminus post quem* für den monumentalen Kirchenbau.

Bezogen auf den frühmittelalterlichen Datierungsstrang, der - wie oben bereits erwähnt - unserer aktuellen Datierung entspricht, verschiebt sich diese spätantike Ereignisgeschichte in die Zeit nach 940.

Kaiser Justinian I., dessen traditionelle Regierungszeit (527-565) nach der Katastrophe (522) datiert ist, rückt jetzt nach 940. Seine korrigierte Regierungszeit ist 945-983, also im fortgeschrittenen 10. Jh.

Der Autor möchte hier nicht den Eindruck erwecken, dass er die gesamte überlieferte Geschichte für wahr hält. Wie ARNDT in seinem Buch "Die wohlstrukturierte Geschichte" glaubhaft darlegt, ist die offizielle Geschichte in großem Umfang konstruiert. Das betrifft nicht nur das frühe und hohe Mittelalter, sondern auch die römische Antike einschließlich der spätantiken Kaiserzeit. Der Umfang der Manipulationen an der Geschichte ist dabei noch völlig im Dunkeln. Da hier jedoch nicht die Geschichte der jeweiligen Herrscher im Focus steht, sondern der frühchristliche Kirchenbau, übernimmt der Autor deren traditionelle Datierungen unkommentiert.

Der Autor geht bei seinen folgenden Ausführungen von der prinzipiellen Gültigkeit der HEINSOHN-These aus, wobei er bei der Datierung die von BEAUFORT vorgeschlagenen Datierungsstränge zugrunde legt. Einzelne Schlussfolgerungen HEINSOHNs, z. B. zum frühchristlichen Kirchenbau oder zur Geschichte der Karolinger trägt er dagegen nicht mit.

Indizien für die Gültigkeit der These HEINSOHNs kennt der Autor aus der regionalen Geschichte Erfurts als auch durch seine Beschäftigung mit dem frühen mitteldeutschen Kirchenbau.

So formuliert die Leiterin des Fachreferats Mittelalter/Neuzeit im Thüringischen Landesamt für Denkmalpflege und Archäologie, Fachbereich Archäologische Denkmalpflege, Frau Dr. Karin SCZECH: "Archäologisch fällt es noch immer schwer, die früheste Siedlung des 8./9. Jahrhunderts zu fassen. Bislang beruhen die Nachweise lediglich auf Einzelfunden, deren zeitliche Einordnung auch nicht in allen Fällen gesichert scheint." [SCZECH, 77]
Noch deutlicher wird sie in einem Artikel in der Lokalzeitung "Thüringer Allgemeine, 29.03.2014 mit dem vielsagenden Titel "Erfurts Wurzeln existieren bisher nur auf dem Papier". In dem Artikel wird SCZECH zitiert: "Vom Ende der römischen Kaiserzeit im 4. Jahrhundert bis etwa zum 10. Jahrhundert gibt es aus ganz Erfurt keine Siedlungsspur." Weiter im Artikel: "Ältere Zeiten sind im Fundmaterial gut repräsentiert. Die Steinzeit, die Bronzezeit, die Latènezeit und die römische Kaiserzeit können durch Keramik und andere Funde nachgewiesen werden. ... Erst aus dem 9. und dem 10. Jahrhundert stießen Archäologen bei Grabungen wieder auf Spuren, die etwa von Häusern aus dieser Zeit stammten. Doch wurden sie nicht dort fündig, wo man es am ehesten erwartet hätte. 'Die meisten Fundorte liegen außerhalb des Gerabogens.' sagt Karin Sczech." Ein Hinweis auf die Katastrophe?

Im Zusammenhang mit der Erforschung der Baugeschichte der Stiftskirche in Quedlinburg stellt LEOPOLD [15] aufgrund der Grabungsbefunde eine "Siedlungslücke" auf dem Burgberg zwischen der römischen Kaiserzeit und dem 10. Jh. fest. Eine Interpretation liefert er nicht.

Italien im 10. Jh. und der Beginn des monumentalen Kirchenbaus in Italien

Mit der Erhebung des Katholizismus zur Reichsreligion und der Begründung der Reichskirche durch Justinian I. nimmt die Errichtung von monumentalen Kirchenbauten seinen Anfang. Folgerichtig entstehen in Konstantinopel die ersten monumentalen Kirchenbauten.

Natürlich war Justinian bemüht, die Reichskirche auch in den rückeroberten weströmischen Gebieten zu installieren. Das ist durch die Einrichtung eines der fünf Patriarchate in der ehemaligen Hauptstadt Westroms, in Rom, deutlich.

Rom wurde endgültig erst 552 durch Ostrom zurückerobert, Ravenna bereits 540. Schon vor den Gotenkriegen war die Stadt Rom bereits mehrfach Eroberungen, Verwüstungen und Plünderungen ausgesetzt, so 410 durch die Westgoten unter Alarich, 455 durch die Vandalen unter Geiserich, 476 durch Odoaker, ab 489 durch die Ostgoten unter Theoderich.

555 konnten zwar die oströmischen Truppen ganz Italien wieder dem Römischen Reich eingliedern, aber bereits 568 erscheinen die Langobarden auf dem Plan und erobern zunächst Norditalien, später sogar große Teile Süditaliens. Es gelang zwar, einige begrenzte Gebiete Ostrom zu erhalten, darunter Rom und Ravenna, jedoch war Ostrom offensichtlich außer Stande, der Invasion der Langobarden ernsthaft entgegenzutreten. Insgesamt gelang es Byzanz überhaupt nicht mehr, nachhaltig in Italien Fuß zu fassen.

Wie im vorangegangenen Abschnitt beschrieben, sind sämtliche o. a. spätantike Datierungen zu korrigieren. Die Datierungen vor 522 sind in die Antike, die nach 522 in das 10. Jh. zu verschieben Bemerkenswert ist, dass der Untergang des weströmischen Kaisertums bereits relativ kurz nach der Marc-Aurel-Krise stattfindet (im Jahr 192), d. h. noch vor der reichsweiten Katastrophe im Jahr 238 (=940).

Die Eroberungen und Plünderungen des 5. Jh. der Stadt Rom fanden im antiken 2. Jh. statt. Die Katastrophe 238 (= 940) hat Rom zusätzlich schwer geschädigt. Die Gotenkriege und die Rückeroberung Roms durch Ostrom im Jahr 552 (= 970) waren bereits nachkatastrophisch. Die Rückeroberungen Justinians I. ab 533/534 (Vandalenreich) bzw. ab 535 (Italien) waren sicher durch die Katastrophe begünstigt, wenn nicht sogar veranlasst.

Mit der Rückeroberung durch Ostrom im Jahr 970 u. Z. ist ein *terminus post quem* für einen Kirchenbau in Rom gegeben. Da der Autor den monumentalen Kirchenbau mit der Installation der Reichskirche durch Justinian verbindet, ist für ihn ein früherer monumentaler Kirchenbau unmöglich.

Hätte es einen solchen gegeben, so hätten die Kirchenbauten wie die antiken römischen Bauten mit ziemlicher Sicherheit die zahlreichen Eroberungen und Verwüstungen und insbesondere die Katastrophe von 940 nicht überstanden.

Da die Installation der Reichskirche mit Sicherheit einen sehr hohen Stellenwert in der Politik Ostroms hatte, ist davon auszugehen, dass schon kurz nach der Rückeroberung Roms und der sicher vorrangigen Stabilisierung der politischen und wirtschaftlichen Verhältnisse mit dem Bau der Patriarchalkirche Roms begonnen wurde. Bekanntermaßen ist die Laterankirche die eigentliche Bischofskirche Roms. Man kann mit einiger Wahrscheinlichkeit vermuten, dass sie bzw. ein möglicher Vorgängerbau die ehemalige Patriarchalkirche war.

Der Autor sieht für den Kirchenbau in Italien zwei Phasen:

Phase 1: Errichtung von Kirchenbauten unter der Bauherrnschaft Ostroms. Diese Kirchen waren keine Basiliken, sondern Zentralbauten. Zeitlich ist diese Phase ab 540 (= 958 u. Z.) bis etwa um 1000 zu sehen.

Zuerst wären hier die Patriarchalkirchen in den von Justinian gegründeten Patriarchaten zu betrachten. Leider gibt es zur Gestalt der Hauptkirchen in den fünf Patriarchaten Justinians so gut wie keine Informationen. Nach LASSUS soll Konstantin in Antiochia eine oktogonale Kirche gegründet haben [33]. Der

Autor vermutet in diesem Bau die Patriarchalkirche des Patriarchats Antiochia, die natürlich nicht von Konstantin sondern von Justinian gegründet wurde.

Die Patriarchalkirche des Patriarchats Rom ist vermutlich die Laterankirche, die noch heute die Bischofskirche Roms ist. Der Autor hält jedoch nicht die bekannte frühchristliche Basilika für die ursprüngliche Patriarchalkirche, sondern einen noch unbekannten Vorgängerbau. Näheres dazu unten.

Von den erhaltenen Bauten der ersten Phase ist San Vitale in Ravenna das bekannteste Beispiel. Als Vorbildbau für San Vitale gilt die Sergios-und-Bakchos-Kirche in Konstantinopel. Der Ursprungsbau von San Lorenzo in Mailand dürfte ebenfalls dazugehören. Auch in Aquileia, im heute noch z. T. erhaltenen so genannten Baptisterium, sieht der Autor den Rest einer im Ursprung von Ostrom veranlassten Kirche. Ein später Bau dieser Phase - zwar außerhalb Italiens - dürfte die im dalmatinischen Zadar erhaltene, im 11. Jh. errichtete Dreifaltigkeitskirche (heute St. Donatus) sein.

Die Westkirche hatte sicher den Anspruch einer maximalen Ausdehnung ihres Einflussbereichs, auch nach Osten. Ostrom war im 11. Jh. durch die kriegerischen Auseinandersetzungen im Osten mit den Persern vollauf beschäftigt und deutlich geschwächt. Dieser Vorteil in der Auseinandersetzung mit der Ostkirche wurde von Rom ausgenutzt, seinen Einflussbereich nach Osten auf Kosten Ostroms zu erweitern. Die Machtübernahme Zadars durch die Westkirche ist in diesem Kontext zu sehen und erfolgte vermutlich ab der zweiten Hälfte des 11. Jh.

Die geringe Anzahl von erhaltenen Bauten dieser Phase ist erstens dem kleinen Zeitfenster und zweitens wahrscheinlich auf die Streitigkeiten zwischen Ostrom und der römischen Kirche zurückzuführen, die bekanntlich 1054 zur bis heute andauernden Spaltung der Kirche in eine Ostkirche und eine Westkirche führten. Zum einen dürfte die römische Kirche den oströmischen Kirchenbau kaum unterstützt haben; zum anderen - sofern überhaupt weitere bestanden haben - ersetzte man vermutlich die Bauten relativ schnell durch römische Bauten, so z. B. in Rom.

Phase 2: Errichtung der Kirchenbauten durch die römische Kirche. Diese Kirchen sind ausschließlich Longitudinalbauten, also Saalkirchen oder Basiliken. Sie sind zeitlich nach Phase 1, d. h. etwa ab 1000 entstanden. Zentralbauten werden erst in Folge der Kreuzzüge im 12. Jh. wieder errichtet - jetzt als Nachbildungen der Grabrotunde in Jerusalem.

Fast alle erhaltenen, so genannten frühchristlichen Kirchen sind dieser Phase zuzuordnen. Sie sind nach Ansicht des Autors die, z. B. in Rom nach traditioneller Sichtweise bisher fehlenden romanischen Kirchen des 11.-13. Jh. Der Kirchenbau in Rom erfolgte also zeitgleich mit dem Boom des Kirchenbaus in ganz Europa.

Unabhängig von und zeitlich vor HEINSOHN hatte der Autor die Entstehung des monumentalen Kirchenbaus maßgeblich ab dem 10. Jh. gesehen. Der Aufsatz dazu, noch unter der Phantomzeitthese von ILLIG erarbeitet, ist veröffentlicht in den ZEITENSPRÜNGE-Heften 3/2010, 2/2011 und 3/2011. Der vorliegende Aufsatz ist sozusagen das Upgrade auf die HEINSOHN-These.

Entgegen der Auffassung von HEINSOHN, der monumentale christliche Basiliken bereits im 1. und 2. Jh. sieht, schließt der Autor generell einen vorkatastrophischen monumentalen Kirchenbau aus.

Kirchen der Merowinger und Karolinger

Der Ausschluss des monumentalen Kirchenbaus vor der Katastrophe, also vor um 940, würde auch einen merowingischen Kirchenbau und den in zahlreichen mittelalterlichen Quellen bezeugten karolingischen Kirchenbau ausschließen. Wie soll das gehen?

Relativ einfach ist das Problem für die Merowinger zu lösen. Die wichtigste Quelle für die Geschichte der Merowinger sind die *Decem libri historiarum* des Gregor von Tours (538-594). Die *Historiae* ist nach Wikipedia "eine christliche Universalgeschichte in spätantiker Tradition", beginnend von der Erschaffung der Welt bis zu den fränkischen Königen des 6. Jh.
Für das Frankenreich des 7. Jh. ist das vierte und letzte Buch der Weltchronik des Fredegar die Hauptquelle. Ihr selbständiger Bericht beginnt 584 endet 642. Sie benutzt u. a. Gregor von Tours als Quelle.
Als letzte wichtige Quelle für die Frankengeschichte des 7. Jh. gilt traditionell der *Liber historiae Francorum* eines unbekannten Autors, der im 8. Jh. entstanden sein soll. Er beschreibt die Geschichte von 657 bis 727 und setzt die *Historiae* des Gregor von Tours fort.

Alle diese Quellen sind spätantik datiert und für ihre richtige geschichtliche Einordnung zu korrigieren. Gregor von Tours lebte danach von 956 bis 1012, ist also nachkatastrophisch. Die merowingischen Könige des 6./7. Jh. herrschten demnach im 10./11. Jh. Der merowingische Kirchenbau ist also prinzipiell der Frühromanik zuzuordnen.

1057 stirbt Dagobert I., womit nach BEAUFORT die Herrschaft der Merowinger über das Frankenreich endet.
Die in der offiziellen Geschichte ihm nachfolgenden merowingischen Könige sind sämtlich konstruiert, also erfunden.

Zu den Kirchenbauten der Karolinger verweist der Autor auf den angehängten *Exkurs: Die Erschaffung der karolingischen und ottonischen Baukunst.*

Zusammenfassend hier nur:
Die Geschichte der Karolinger wie auch die der nachfolgenden Ottonen, Salier und Staufer ist konstruiert.
Die in den Quellen erwähnten, so genannten karolingischen Bauten sind großenteils erfunden, d. h. sie waren nie existent. Wo reale Bausubstanz als karolingisch eingeordnet ist, handelt es sich ausnahmslos um eine Fehldatierung. In der Regel gehören diese Bauten dem ausgehenden 10. Jh. bzw. dem 11. Jh. an, sind also der Frühromanik zuzuordnen.

Es bleibt festzustellen, dass uns die vorkatastrophischen Karolinger keine Kirchenbauten hinterlassen haben.

Die frühchristlichen Kirchen der Stadt Rom

Der Autor beginnt mit voller Absicht bei den frühchristlichen Kirchen der Stadt Rom. Da der Katholizismus von Ostrom ausging, hätte Konstantinopel am Anfang stehen müssen. Da der Autor aber gerade für die Datierung der stadtrömischen Kirchen einen am leichtesten nachvollziehbaren Korrekturansatz sieht, wird zum besseren Verständnis für den Leser mit diesen begonnen.

Fast alle stadtrömischen frühchristlichen Kirchen sind im *Liber Pontificalis* erwähnt und damit anscheinend eindeutig datiert, sofern man diese Quelle als verlässlich ansieht.

Der *Liber Pontificalis* ist eine chronologisch geordnete Sammlung von Biographien der Päpste. Dort sind Gründungen, Weihen, Baumaßnahmen, Ausstattungen etc. genannt und wenn nicht genau datiert so doch den Amtszeiten von Päpsten zugeordnet.

Der *Liber Pontificalis* soll bekanntlich erst im 6. Jh. entstanden sein. Wikipedia: "Der *Liber Pontificalis* wurde im 6. Jahrhundert in mehreren Stufen aktualisiert und ab dem 7. Jahrhundert mehr oder weniger regelmäßig nach dem Ableben eines Papstes aktualisiert. Der ältere Text bricht im 9. Jahrhundert mit dem Pontifikat von Stephan V. (Papst) ab."

ARNDT hat sich u. a. auch mit dem *Liber Pontificalis* befasst. Er kommt zu dem beachtenswerten Ergebnis, "dass die Papstliste von 685-1455 AD ganz offensichtlich aus Kopien vorangegangener Abschnitte sowie Konstruktionen besteht" [194]. Nach ihm scheint der Teilabschnitt 314-532 der von Fälschungen am wenigsten betroffen zu sein. Davor und danach sieht ARNDT eindeutige Indizien für eine "Konstruktion".

Während der Autor andere Schriftquellen zur Geschichte des frühchristlichen Kirchenbaus, wie die Kirchengeschichte des Eusebius von Caesarea (um 262 bis um 338) als auch dessen *Vita Constantini* für Pseudepigraphen erachtet, hält er den *Liber Pontificalis* zumindest für den o. a. Teilabschnitt von 314-532 für eine weitgehend verlässliche Quelle.

Nun datiert der *Liber Pontificalis* die stadtrömischen Kirchen alle gerade in die oben definierte Phantomzeit zwischen 238 und 940. Diese Feststellung ist jedoch nicht ganz korrekt. Der *Liber Pontificalis* datiert nämlich nicht nach einer Zeitrechnung, sondern nach Pontifikaten - wie zuvor die Herrscher in Rom nach den Konsulaten. Die Reihung der Pontifikate incl. der Amtszeiten ergibt einen zusammenhängenden Zeitabschnitt, der auf der Zeitachse zu verankern war. Erst mit der Festlegung des Einfügepunktes in die fehlerhafte, weil um ca. 700 Jahre zu lange Chronologie ergaben sich die heute bekannten Datierungen der Pontifikate. Nach Auffassung des Autors wurde der *Liber Pontificalis* nicht im 6. Jh., sondern kaum vor dem 14./15. Jh. zusammengestellt.
Dieser Fehler muss entsprechend korrigiert werden.

Nach Wikipedia (Liste der Päpste) ist der erste historisch eindeutig gesicherte Bischof von Rom der hl. Anterus (235-236). Damit liegt der Beginn der Pontifikatsreihung vor dem Jahr 238 in der Antike. Da der Einfügepunkt der Pontifikatsreihe unmittelbar vor dem Jahr 238 liegt, erstreckt sich dieser eingefügte Zeitabschnitt zwangsläufig in die Phantomzeit. Es ergibt sich damit quasi eine Fortsetzung der antiken Datierung in die Phantomzeit. Um zu den wirklichen Datierungen zu kommen, muss die Phantomzeit ausgeblendet werden, indem das Jahr 238 gleich dem Jahr 940 gesetzt wird. Damit erstreckt sich der eingefügte Zeitabschnitt, die Reihung der Pontifikate, jetzt in die reale Zeit nach 940. Die realen Datierungen, d. h. die Datierungen nach u. Z., ergeben sich letztendlich, indem den traditionellen Datierungen des *Liber Pontificalis* 702 Jahre hinzuaddiert werden.

Nach ARNDT war der Teilabschnitt 314-532 der verlässlichste des *Liber Pontificalis*. Die frühchristlichen Kirchen Roms gehören alle in diesen Zeitabschnitt. Mit dem Jahr 532 sind wir nach der vorgeschlagenen Korrektur bereits im Jahr 1234 u. Z., d. h. jenseits der Epoche des frühchristlichen Kirchenbaus.

Bei der vorgeschlagenen Vorgehensweise ergibt sich nun als Datierung für Alt-St. Peter als eine der frühesten "frühchristlichen" Kirchen Roms das Jahr 1026. Nur die Laterankirche wäre noch früher zu datieren. Wenn man die Datierung 312 von DEMANDT (siehe oben) übernimmt, ergibt sich für die Laterankirche das Stiftungsjahr 1014.
In der Endkonsequenz gibt es in Rom keinen so genannten frühchristlichen Kirchenbau.

Sozusagen als Nebeneffekt liefert der *Liber Pontificalis* möglicherweise die wirklichen Päpste des 11.-13. Jh.

Bevor die einzelnen frühchristlichen Kirchen Roms betrachtet werden, muss mit einem Grundirrtum aufgeräumt werden. Zu den angeblich von Konstantin in Rom gegründeten Kirchen zählt auch die Umgangsbasilika für Marcellinus und Petrus. Dieses Bauwerk gehört zu einer Gruppe von Bauten in Rom (und nicht nur in Rom), die alle traditionell dem 4. Jh. zugerechnet werden. Neben Santi Pietro e Marcellino gehören dazu die sog. Umgangsbasiliken San Sebastiano fuori le mura (Basilica Apostolorum), Sant' Agnese fuori le mura und San Lorenzo fuori le mura. Diese mit Grablegen "vollgestopften" Zömeterialbauten einschließlich der angeschlossenen Mausoleen (Mausoleum der Helena und Santa Costanza) sind ursprünglich keine christlichen Bauten. BRANDENBURG [55ff] beschreibt insgesamt sechs Umgangsbasiliken mit angeschlossenen bzw. unmittelbar benachbarten Mausoleen (möglicherweise gab es eine siebte über der Praetextat-Katakombe). Über die o. a. Bauten hinaus die Basilika von Tor de'Schiavi [60ff] und die Basilika der Via Ardeatina [86f]; für beide steht eine umfängliche Erforschung jedoch noch aus.

Die römischen Zömeterialbasiliken wie auch die Zömeterialbasiliken andernorts sind Zweckbauten für die

Anlage von Bestattungen mit integrierten Raumkompartimenten für den i. d. R. heidnischen Totenkult. Der westliche apsidiale Schluss ist kein zwingender Hinweis auf eine christliche Bestimmung, da es ihn auch bei heidnischen Bauten gibt. Offensichtlich ist der Autor mit seiner Auffassung, dass die Umgangsbasiliken keine christlichen Bauten sind, nicht allein. Leider hält es BRANDENBURG nicht für nötig, auf die abweichenden Meinungen anderer Forscher näher einzugehen [BRANDENBURG, 90].

Auch UNTERMANN scheint in den Zömeterialbasiliken zunächst keine christlichen Kirchen zu sehen, wenn er es auch nicht so deutlich ausspricht. Über die ursprüngliche Zömeterialbasilika St. Pierre in Vienne schreibt er: "Der Boden des 14 m breiten Saalraumes nahm dicht gereihte Sarkophage auf. Die Apsis ... diente zunächst nicht der Liturgie, sondern dem exklusiven Begräbnis [UNTERMANN, 23f]. Zu Sitten/Sion (Wallis) vermerkt er, dass ein spätrömischer Zömeterialkomplex im 6. Jh. zur Kirche umgewandelt wird und dass seitdem im Inneren nur noch wenige Bestattungen erfolgten [UNTERMANN, 26].

LEIPZIGER hat in ihrer Dissertation die römischen Basiliken mit Umgang untersucht und kommt zu dem Schluss: "Es gibt keine einheitliche primäre Funktion der sechs Basiliken mit Umgang und daher auch keine spezifisch christliche Funktion. Ebenso wenig spezifisch christlich ist die Herkunft der Bauform: ... Diese Bauform ist von Anfang an für Bestattungen bestimmt gewesen,... Alle sechs Basiliken sind bei aller Unterschiedlichkeit demnach primär für den Totenkult errichtet worden." [240] Natürlich waren die an die römischen Umgangsbasiliken angeschlossenen Mausoleen wohlhabender Familien ebenfalls keine christlichen Bauten. Die Verrenkungen der Forschung, die Umgangsmosaiken von Santa Costanza christlich zu deuten, sind unnötig. Die Mosaiken sind heidnisch und nicht christlich. Die nachträglich eingefügten christlichen Motive der Nischenmosaiken sind einfach durch eine spätere christliche Nutzung erklärbar. Die Ursprungsbauten waren mit Sicherheit nicht christlich. Es hat bisher immer verwundert, dass die Umgangsbasiliken in der Nähe der Heiligengräber errichtet wurden und nicht direkt über dem Grab. Der einfache Grund ist, dass die Bauten keine Märtyrerkirchen sind und ihnen diese Funktion erst viel später angedichtet wurde. BRANDENBURG [63] verweist darauf, dass sich z. B. für SS. Pietro e Marcellino und die Umgangsbasilika von Tor de'Schiavi die Dedikation für bestimmte Märtyrer erst im 6. Jh. nachweisen lässt. Der "Nachweis" ist offensichtlich für SS. Pietro e Marcellino der *Liber Pontificalis* [BRANDENBURG, 59]. Für die Zömeterialbasilika Tor de'Schiavi ist gar kein Märtyrerkult überliefert, doch wird sie von BRANDENBURG aufgrund ihrer Grundrissform und einer benachbarten kleinen Katakombe als christlicher Bau eingeordnet.

Diese Bereinigung „beraubt" Rom mit einem Schlag fast aller Märtyrerkirchen (bis auf Alt-St. Peter und S. Paolo fuori le mura). Die römischen Umgangsbasiliken wurden alle in der Katastrophe 238 zerstört und danach - mit Ausnahme der Basilica Apostolorum - nicht wieder aufgebaut. Die heute noch existenten Kirchen Sant' Agnese fuori le mura, San Lorenzo fuori le mura und Santi Pietro e Marcellino sind spätere Neubauten; alle außerhalb des Grundrisses der eigentlichen Umgangsbasilika. Als einzige wurde die ehemalige Basilica Apostolorum nach der Katastrophe als Kirche San Sebastiano ad Catacumbas, heute San Sebastiano fuori le mura, umgebaut, wobei die Kirche nur das Mittelschiff der ehemaligen Umgangsbasilika nutzt. Pfeilerstellungen und Obergaden des antiken Baus sollen im heutigen Kirchenbau noch weitgehend erhalten sein, wenn auch meist hinter der barocken Verkleidung, ebenso Teile der Außenmauern des Umgangs und der Seitenschiffe [BRANDENBURG, 63f]. Über den Zeitpunkt des Umbaus zur Kirche liegen keine Informationen vor. Vermutlich erfolgte der Umbau zur Kirche erst 1608, also fast sieben Jahrhunderte nach der Zerstörung der Umgangsbasilika. Möglicherweise hat die Basilica Apostolorum wegen der "im Westen hohe(n) Substruktionen mit Stützpfeilern" [ebd, 66], die aufgrund der Geländesituation erforderlich waren, die Katastrophe besser überstanden als die anderen Umgangsbasiliken. Aus der Belegung mit Gräbern ist zu schließen, dass die Umgangsbasiliken vor ihrer Zerstörung längere Zeit genutzt worden sein müssen. Damit rückt ihre Errichtung in das 1. bzw. 2. Jh. Die traditionelle Datierung beruht wahrscheinlich auf der irrigen Annahme, dass diese Bauten christliche Kirchen waren, die nicht vor dem 4. Jh. errichtet sein können. Denkbar ist, dass SS. Pietro e Marcellino wirklich von Konstantin I. aber eben im 1. Jh. gegründet wurde, natürlich noch nicht mit dem Patrozinium SS. Pietro e Marcellino. Möglicherweise ist die traditionelle Datierung der Umgangsbasiliken in das 4. Jh. auch der falschen Einordnung der Regierungszeit Konstantin I. in das 4. Jh. geschuldet.

Auf die wichtigsten frühchristlichen Kirchen Roms soll nachfolgend etwas näher eingegangen werden.

Bei der Betrachtung der frühchristlichen Kirchen der Stadt Rom bezieht sich der Autor vorwiegend auf BRANDENBURG, Hugo: "Die frühchristlichen Kirchen in Rom".
Bezeichnend die Feststellung von BRANDENBURG [106]: "Da ... für die meisten frühchristlichen Kirchen Roms eine moderne Bauuntersuchung fehlt ... Alle bisher in der Wissenschaft diskutierten Datierungen sind lediglich Einschätzungen ohne solide Grundlage."

San Giovanni in Laterano und Lateranbaptisterium San Giovanni in Fonte

Bekanntlich ist San Giovanni in Laterano die Bischofskirche Roms. Sie soll traditionell unmittelbar nach dem Toleranzedikt von 313 durch Kaiser Konstantin I. gegründet worden sein. Die Laterankirche liegt nicht wie Alt-St. Peter oder San Paolo fuori le mura außerhalb, sondern innerhalb der antiken Stadt. Sie wurde auf dem Areal einer um 200 errichteten Kaserne errichtet. Unter der Kaserne wurden ältere Häuser des 1. und 2. Jh. freigelegt. "Die Gebäude des Lagers wurden niedergelegt, die Unterbauten zugeschüttet: So ergab sich eine große Plattform, auf der die christliche Basilika errichtet wurde." [BRANDENBURG, 20]
Der Autor ist jedoch der Meinung, dass der allgemein bekannte so genannte frühchristliche Bau nicht der

Ursprungsbau war, sondern der Nachfolgebau einer früheren, der ersten Kirche Roms. Denkbar ist auch, dass dieser erste Bau nie fertiggestellt wurde bzw. nie in Nutzung ging.

Die ursprüngliche Patriarchalkirche des Patriarchats Rom war nach Auffassung des Autors keine Basilika, sondern ein Zentralbau, vielleicht ähnlich San Vitale in Ravenna. Möglicherweise ist dieser Ursprungsbau unter dem Lateranbaptisterium S. Giovanni in Fonte zu verorten. Die polygonalen Außenmauern des bestehenden Baus, angeblich aus dem 5. Jh., stehen auf einem großen Rundfundament von 19,20 m Durchmesser und einer beträchtlichen Mauerstärke von 1,70 m [BRANDENBURG, 38], das eindeutig nicht zum bestehenden Bau gehört. Aufgehendes Mauerwerk auf dem Rundfundament wurde nicht nachgewiesen [ebd. 38]. Dieses Rundfundament soll Anfang des 4. Jh. in ein aufgelassenes Thermengebäude gebaut worden sein. Auf diesem Fundament soll ein Rundbau gestanden haben, in dessen Mitte sich ein rundes Becken befunden haben soll. Die Fußbodenhöhe des Rundbaus lag ca. 1,30 m über dem der Therme. BRANDENBURG hält diesen Vorgängerbau für das konstantinische Baptisterium, wobei das Becken eine nicht belegte Annahme seinerseits ist. Verschiedene Gebäudeteile der ehemaligen Therme wurden damals in den ersten Bau einbezogen.

Die Bereitstellung der Baufläche über einer ehemaligen kaiserzeitlichen Kaserne war natürlich keinem großzügigen kaiserlichen Akt zu verdanken. Das westliche Kaisertum gab es nicht mehr. Die Kaserne wurde nicht mehr genutzt und war in der Katastrophe zerstört worden, womit der Bauplatz einfach zur Verfügung stand.

Ein genaues Baudatum der Laterankirche ist nicht bekannt. Nach dem *Liber Pontificalis* wurde sie unter dem Pontifikat des Papstes Sylvester (314-335) errichtet. Sie soll schon 324 weitgehend vollendet gewesen sein.

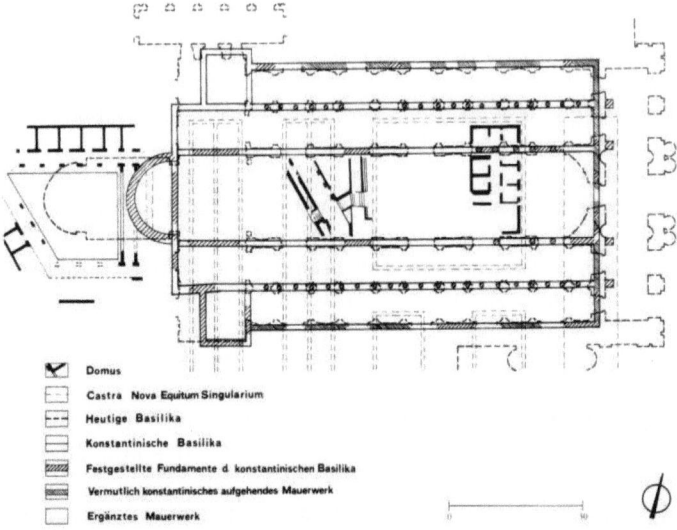

Domus
Castra Nova Equitum Singularium
Heutige Basilika
Konstantinische Basilika
Festgestellte Fundamente d. konstantinischen Basilika
Vermutlich konstantinisches aufgehendes Mauerwerk
Ergänztes Mauerwerk

Rom, Laterankirche, Grundriss aus [BRANDENBURG, 260]

Nach Korrektur der Datierung ergibt sich als Pontifikat des Papstes Sylvester 1016-1037 u. Z. bzw. die weitgehende Fertigstellung im Jahr 1026 u. Z. Diese Datierung dürfte zur zweiten Kirche gehören, deren Bau von der römischen Kirche initiiert wurde. Die erste Kirche, der von Ostrom initiierte Bau, wird kaum im *Liber Pontificalis* erwähnt sein.

Der Bau des 11. Jh. soll noch in Teilen im aufgehenden Mauerwerk des heutigen Barockbaus erhalten sein. "19 rote Granitsäulen säumten das Mittelschiff. Sie waren wie die großen, aber in Form und Dimension nicht einheitlichen, unterschiedlichen Ordnungen angehörenden Kapitelle älteren, kaiserzeitlichen Bauten oder Lagerbeständen entnommen, also Spolien ... 21 grüne Marmorsäulen ..., ebenfalls Spolien, trennten dagegen die Seitenschiffe" [BRANDENBURG, 23] Aufgrund einer Nachricht im *Liber Pontificalis* erschließt BRANDENBURG ein Atrium im Osten der Basilika. Das Atrium soll unter Papst Hadrian I. (772-795) restauriert worden sein, das wäre nach Ende des 15. Jh. Archäologisch gibt es keinen

32

Nachweis. Der Autor erinnert daran, dass nach ARNDT der *Liber Pontificalis* nach 532 weitgehend konstruiert sein dürfte. 1506 wurde der Grundstein für den barocken Neubau gelegt.

Nach STÜTZER [70f] stellte Gregor der Große (590-604) die Basilica Salvatoris unter den Schutz Johannes des Täufers und wohl auch des Evangelisten Johannes, womit sie seit dem 7. Jh. das Johannespatrozinium besitzt.
Nach BRANDENBURG [20] wird die heute noch übliche Bezeichnung S. Giovanni erst im Frühmittelalter von der Dedikation des Baptisteriums auf die Basilika übertragen. Entsprechend Fußnote bezieht er sich auf den *Liber Pontificalis*, womit konsequenterweise die Datierung korrigiert werden muss. Damit ergäbe sich für diese Übertragung Anfang 14. Jh. und nicht das Frühmittelalter.

San Pietro in Vaticano (Alt-St. Peter)

Alt-St. Peter soll nach einer Nachricht im *Liber Pontificalis* wie die Laterankirche durch Konstantin unter dem Pontifikat des Papstes Sylvester I. (314-335) errichtet worden sein. Nach einem Münzfund in einer Ascheurne soll der Friedhof, über dem die Kirche erbaut wurde, 317/318 noch in Benutzung gewesen sein. Aus diesem Grund wird der Baubeginn in den zwanziger Jahren des 4. Jh. angesetzt.

Auch hier ist wieder Ordnung in die Datierungen zu bringen. Die Bezugnahme auf Konstantin ist konstruiert. Das Pontifikat des Papstes Sylvester I. ist in den Zeitraum 1016-1037 zu datieren. Die Münze ist mit Sicherheit byzantinisch datiert, womit nur der Beweis für die Benutzung des Friedhofs im Jahr 33/34 erbracht ist. Dieses Datum gibt absolut nichts her für die Datierung des Baus von Alt-St. Peter. Wie lange die antike Nekropole genutzt wurde, ist somit nicht eindeutig zu bestimmen. Der Autor geht davon aus, dass die Nekropole spätestens seit der Katastrophe 238, also seit mehr als als fünfzig Jahren, nicht mehr in Benutzung war. Der *Liber Pontificalis* berichtet, dass Papst Liberius (352-366) von der

Petersbasilika Besitz ergriffen habe. Das könnte ein Hinweis auf die Fertigstellung im Zeitraum 1054-1068 sein.

Einen weiteren Anhaltspunkt liefert vielleicht die traditionelle Baugeschichte. Um ca. 600 soll unter Papst Gregor dem Großen das Petrusgrab durch eine Ringkrypta mit Confessio zugänglich gemacht worden sein. Ich sehe diese Datierung als byzantinisch an, womit sich transformiert 1018 ergibt. Nach Auffassung des Autors ist zu dieser Zeit nicht nur die Ringkrypta entstanden, sondern der gesamte Kirchenbau einschließlich Ringkrypta. Der Bau war von Anfang an ausschließlich auf das angebliche Petrusgrab ausgerichtet.

Hinsichtlich der Bedeutung ist San Pietro in Vaticano (Alt-St. Peter) mindestens die zweitwichtigste Kirche Roms, wenn nicht die wichtigste. Sie wurde über dem vermeintlichen Grab des hl. Petrus auf einer Nekropole errichtet. Damit war Alt-St.Peter eine an einem Ort der Jesusgeschichte, hier dem angeblichen Grab des Petrus, errichtete Gedächtniskirche, vergleichbar mit der Geburtskirche in Bethlehem und der Grabeskirche in Jerusalem. Schon im 2. Jh. soll die christliche Gemeinde Roms "das Grab des Apostelfürsten" an der Stelle, wo heute der Papstaltar steht, vermutet haben. Im Laufe des 2. Jh. sollen Christen in einer um die Mitte des 2. Jh. errichteten Mauer eine Nische angebracht haben, die später durch zwei Säulchen ergänzt wurde und somit die Gestaltung eine Ädikula erhielt. "Dieses kleine, sehr bescheidene Denkmal, das das älteste Märtyrerheiligtum oder Gedächtnisstätte (memoria) überhaupt ist" [BRANDENBURG, 92], wird bis heute als Petrusgrab verehrt. In den Gedächtniskirchen sieht der Autor den Ausgangspunkt des wenig später so blühenden Märtyrerkults. BRANDENBURG [94] sieht die Entwicklung des Märtyrerkults "im Laufe des 3. Jahrhunderts", korrigiert wäre das im 10. Jh.

Für den Bau der Kirche wurden "bis zu 10 m hohe Stützmauern errichtet und die sich den Hügel hinaufziehenden Grabbauten im unteren Bereich der römischen Nekropole zugeschüttet und die höher am Hügel gelegenen Grabmonumente in der Nähe der memoria niedergelegt"

[BRANDENBURG, 96]. Säulen und Architrav waren Spolien, wie schon bei der Lateranbasilika.

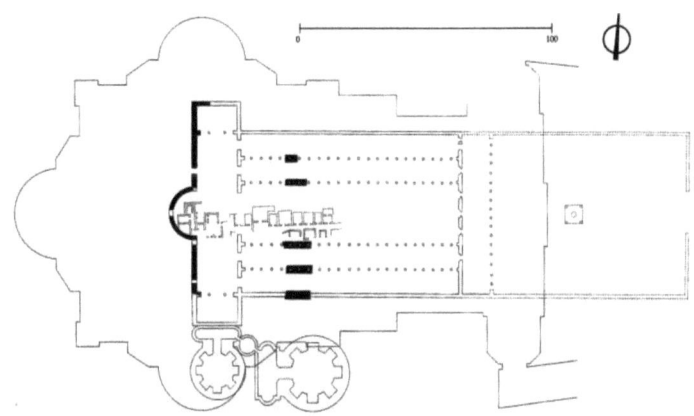

Rom, Alt-St. Peter, Grundriss aus [BRANDENBURG, 276]

Gegen Ende des 4. Jh. soll am Scheitel der Apsis ein großes Mausoleum in Form einer apsidialen Halle für die damals wohl bedeutendste römische Adelsfamilie, die Anicier, angebaut worden sein. Wenn man auch diese Datierung korrigiert, wäre das Ende des 11. Jh. In der frühromanischen Baukunst kennt man solche Bauten als Außenkrypten, wie z. B. die Ludgeridenkrypta in Werden (Weihe 1059).

Die im Süden angebauten Rundmausoleen sollen im Kern ältere Bauten sein, die um 400 erweitert worden sind [BRANDENBURG, 100]. Das westliche soll die dynastische Grablege des theodosianischen Herrscherhauses gewesen sein, wo u. a. 407 seine Gemahlin Maria und 415 seine zweite Gemahlin Thermantia und 423 der Kaiser selbst bestattet worden sind. Diese Datierungen sind byzantinisch, womit sich als weströmische Daten 123 für Maria, 131 für Thermantia und 139 für Theodosius ergeben. Merkwürdig hierbei ist vielleicht der Umstand, dass Theodosius I. Kaiser in Ostrom war, d. h. er regierte in Konstantinopel. Wieso ließ er sich in Rom bestatten und nicht in Konstantinopel? Es sind also Zweifel gestattet.

Im 8. Jh. soll der Bau der hl. Petronilla geweiht worden sein, was korrigiert dem 15. Jh. entspricht. Die Erinnerung an die kaiserlichen Grabinhaber soll zu diesem Zeitpunkt schon verloren gegangen gewesen sein.

Sowohl die Laterankirche als auch Alt-St. Peter sind gewestete Kirchenbauten. Offensichtlich war zur Zeit ihrer Gründung der christliche Kult in solchen Großbauten noch nicht gefestigt. Die möglicherweise als Vorbild dienenden, für den (nicht christlichen!) Totenkult bestimmten römischen Umgangsbasiliken waren durchweg gewestet, da man den von den Toten Auferstandenen aus dem Osten erwartete, weswegen der Eingang im Osten lag.

Santa Maria Maggiore

Dreischiffige gewestete Basilika, nach einer Inschrift im Triumphbogenmosaik von Papst Sixtus III. (432-440) gestiftet und nach einer weiteren, nicht erhaltenen Inschrift auch geweiht [BRANDENBURG, 178f]. Der Kirchenbau wurde auf den Resten eines größeren römischen Gebäudes der Kaiserzeit errichtet, welches angeblich bis Mitte des 4. Jh. genutzt wurde. Diese Datierung der Nutzung erfolgte "nach Ausweis der verschiedentlich erneuerten Wandmalereien" [BRANDENBURG, 178].
"Die Kirche folgt mit ihrer Ausrichtung von Nordwest nach Südost dem größeren Hauskomplex, einem Wohnhaus mit gewerblichen Einrichtungen, den sie zusammen mit einer Straße überbaut. ... Die Basilika lag auf dem Grundgeschoß der Vorgängerbauten gleichsam auf einer Substruktion oder Plattform." [BRANDENBURG, 179] Es liegt auf der Hand: Das römische Gebäude ist in der Katastrophe untergegangen und mit Erde bedeckt worden. Darüber wurde später der Kirchenbau errichtet.
Die frühchristliche Apsis soll Ende das 13. Jh. abgebrochen worden sein. Damals wurde weiter westlich eine neue, die heute noch vorhandene Apsis errichtet. Vom Bau des 5. Jh. soll der reich mit Mosaiken geschmückte Triumphbogen erhalten sein, ehemals die Ostwand der Kirche.

Die Säulenschäfte der Mittelschiffskolonnaden sind aus verschiedenen Material, wahrscheinlich aus einem Magazinbestand entnommen, die Basen hatten unterschiedliche Maße und sollen z. T. Spolien sein und die zeitgenössischen ionischen Kapitelle waren ungleich in den Maßen und ungleichmäßig in Machart und Formenbestand. Der Architrav über den Mittelschiffskolonnaden ist aus Holz, mit Stuck überzogen. "Offensichtlich standen für den Architrav Marmorblöcke oder antike Spolien in den erforderlichen Maßen nicht zur Verfügung, so daß man sich mit der Konstruktion eines Scheinarchitravs behelfen musste." [BRANDENBURG, 185]

Die Säulenschäfte wurden bei der Restaurierung Mitte des 18. Jh. überarbeitet und auf eine einheitliche Stärke gebracht. Die Basen wurden damals ummantelt und die Kapitelle durch Neuanfertigungen ersetzt [BRANDENBURG, 179]. Der Ersatz des Architravs durch Arkaden im Westen der Mittelschiffskolonnaden erfolgte im Zuge der Restaurierung des 18. Jh.

Zur Datierung: Das Pontifikat Sixtus III. von 432 bis 440 ergibt korrigiert 1134-1142. Der Bau erfolgte also im 12. Jh. bei teilweiser Verwendung von Magazinmaterial und Spolien. Dementsprechend können die Mosaiken auch frühestens im 12. Jh. entstanden sein.

Es gibt darüber hinaus auch stilistische und ikonographische Argumente für die späte Entstehung der Mosaiken. Auf dem Verkündigungsmosaik des Triumphbogens ist Maria in ganz neuer Weise dargestellt: „Maria königlich gewandet mit Nimbus" [STÜTZER,157ff]. Eine solche Darstellung ist erst nach Erhebung des Christentums zur Reichskirche denkbar, also frühestens im 10. Jh.. Der kleinteilige, erzählende Stil der Mosaiken erinnert an frühromanische Wandmalerei. Die Marienverehrung beginnt traditionell in der frühromanischen Kunst erst im 10. Jh.

Neben dem Triumphbogenmosaik befinden sich weitere Mosaiken an den Mittelschiffswänden. Die Themen der Mosaiken im Langhaus sind vorwiegend aus dem alten Testament, am Triumphbogen neutestamentlich. Nach STÜTZER [154] im Stil weitgehend von der Buchmalerei beeinflusst. Dem widerspricht BRANDENBURG, da es für eine solche Bildkunst damals noch keine umfangreiche christliche Tradition gab - auch nicht in der Buchmalerei [BRANDENBURG, 189]. Der Mosaikzyklus sei in seinem Stil einzigartig und hat keine Nachfolge gefunden [BRANDENBURG, 188]. BRANDENBURGs Einspruch ist bei der Entstehung der Mosaiken im 12. Jh. gegenstandslos.

Santa Croce in Gerusalemme

„Die Gründung der Kirche ... geht auf die Legende von der Auffindung des Kreuzes Christi durch Kaiser Konstantins Mutter Helena zurück. Die Reliquie ist angeblich um 320 in Jerusalem gefunden und nach Rom gebracht worden. Tatsache ist aber lediglich, dass 1144 von Papst Lucius II. hier eine alte Kirche erneuert wurde." [ROSENDORFER, 152]
Nach BRANDENBURG wurde die Kirche im 4. Jh. in einem vorhandenen Saal eines kaiserlichen Palastes aus der Severerzeit (192-211) eingerichtet. Dabei wurde auf der südöstlichen Schmalseite eine große Apsis angefügt, womit die Kirche zum ersten geosteten christlichen Kultbau der Stadt wurde [BRANDENBURG, 105]. Weiterhin sollen zwei Querwände zu den Baumaßnahmen des 4. Jh. gehören.
Die Datierung in das 4. Jh. beruht auf einer Erwähnung im *Liber Pontificalis* und entspricht korrigiert dem 11. Jh. Nach dem Untergang des weströmischen Kaisertums 476 (= 192) und insbesondere nach der Katastrophe 238 (= 940) war der kaiserliche Palast ohne Nutzung. Da der Palast an den Hängen des Hügels Esquilino lag, war er nach der Katastrophe als Bauhülle möglicherweise noch weitgehend intakt, so dass im 11. Jh. eine Kirche dort eingerichtet werden konnte. Die Bezugnahme auf Konstantin ist wieder konstruiert.

Im 12. Jh. wurde dann in den antiken Saal die dreischiffige Kirche eingebaut. In diesem Zusammenhang wurde auch die Apsis errichtet. Möglicherweise war zunächst nur ein Saalbau mit der großen Apsis vorgesehen. Dann entschied man sich doch für einen basilikalen Querschnitt und zog die

Mittelschiffswände ein. Im 12. Jh. erhielt die Kirche auch ihren Turm.

Die Rekonstruktion der Kirche des 11. Jh. mit den Querwänden mit den doppelten Säulenstellungen stammt nach BRANDENBURG von KRAUTHEIMER. Sie ist nach Meinung des Autors ein reines Phantasieprodukt von ihm. An den Längswänden waren nur Abbruchspuren von Querwänden o. ä. erhalten (mehr kann auch KRAUTHEIMER nicht gesehen haben). Mit dem Einbau der Kirche des 12. Jh. sollen die Querwände abgebrochen worden sein.

Santa Pudenziana

Vom Gründungsbau des ausgehenden 4. Jh. soll nur noch die Apsis mit ihren Mosaiken stammen. Das Apsismosaik ist sehr stark restauriert. Der heutige Zustand ist i. W. vom Ende des 16. Jh. Bruchstücke eines romanischen Portals sind in der Fassade enthalten. Der Campanile stammt aus dem 12. Jh.

Die Kirche soll im späten 4. Jh. in einem Hofgebäude eines größeren Baukomplexes des 2. Jh. errichtet worden sein. Das Hofgebäude war ein allseitig von Pfeilerarkaden und darüber im ersten Stock von einer überwölbten Galerie mit großen Fensteröffnungen umgebener offener Hof. Beim Umbau zur Kirche soll die nordwestliche, kreissegmentförmig abschließende Schmalseite als Apsis bestimmt sowie der Hof überdacht worden sein, indem ein zweites Geschoss als Obergaden zur Belichtung aufgesetzt wurde. Die Apsis soll das noch heute erhaltene Mosaik damals erhalten haben. Die überwölbten Galerien an den Längsseiten sollen als Seitenschiffe gedient haben. "Es ist bemerkenswert, daß die Kirche im Inneren des Hofgebäudes unter Beibehaltung seiner Strukturen und offenbar auch ohne wesentliche Veränderungen im Außenbau eingerichtet wurde." [BRANDENBURG, 138f]

Der Bau ist durch eine Grabinschrift aus dem Jahr 384 für das letzte Viertel des 4. Jh. bezeugt. Die Gründung soll unter

Papst Damasus (366-384), die Stiftung der Ausstattung und Einrichtung des Altarraumes soll unter Papst Siricius (384-402) erfolgt sein [BRANDENBURG, 137]. Marmordekoration und Apsismosaik sollen unter Papst Innozenz (402-417) ausgeführt worden sein.

Nach dem *Liber Pontificalis* wurde die Kirche unter Papst Hadrian (772-795) restauriert. Damals sollen die Pfeiler durch Spoliensäulen mit Palmkapitellen des 4. Jh. ersetzt worden sein. Die Säulen sind ohne Basen, was nach BRANDENBURG für eine mittelalterliche Baumaßnahme spricht. Darüber hinaus soll damals die südöstliche Schmalseite der ursprünglichen Hofanlage abgerissen und das Schiff nach Osten um zwei Arkaden verlängert sowie eine neue Fassade errichtet worden sein [BRANDENBURG, 139]. Ein Veranlassung für die Erweiterung sieht BRANDENBURG in dem "bis zum Mittelalter merklich erhöhten Straßenniveaus" [139f].

Die vorgenannten Datierungen sind alle zu korrigieren. Die Gründung unter Papst Damasus erfolgte demnach zwischen 1068 und 1086, die Stiftung der Ausstattung unter Papst Siricius zwischen 1086 und 1104, die Ausführung von Marmordekoration und Apsismosaik unter Papst Innozenz zwischen 1104 und 1119. Die Restaurierung der Kirche unter Papst Hadrian erfolgte zwischen 1474 und 1497. Damit ist klar, dass die Baumaßnahmen, die BRANDENBURG Papst Hadrian zuordnet, keinesfalls zu dieser Restaurierung gehören können.

Der Obergaden des Hofbaus und die Verlängerung des Mittelschiffs sind offensichtlich unterschiedlichen Bauabschnitten zuzuordnen. "Das unregelmäßige Ziegelmauerwerk der Hochwand über den Arkaden (der Verlängerung - MM) spricht ebenfalls für mittelalterliche Entstehung dieser Erweiterung." [BRANDENBURG, 139]

Vorschlag zur Rekonstruktion der Baugeschichte:
Die Überdachung des Innenhofs einschließlich Obergaden erfolgte noch vor der Katastrophe und ist antik.
Ende des 11. Jh. und im 12. Jh. wurde das nach der Katastrophe 238 (= 940) nicht mehr genutzte, überdachte

Hofgebäude, das vermutlich die Katastrophe einigermaßen überstanden hatte, zur Kirche umgebaut. Jetzt wurde die südöstliche Schmalseite des Hofgebäudes abgerissen und das Mittelschiff verlängert und die Spoliensäulen mit den Kapitellen eingebaut und das Apsismosaik angebracht. Das Mosaik stellt Christus in der Mitte der zwölf Apostel (davon nur noch zehn erhalten) dar. Christus ist wie ein römischer Kaiser dargestellt (gemmengeschmückter Thron, Purpurkissen, Pallium). Eine solche Darstellung ist frühestens nach Installation des Christentums als Reichskirche möglich und im 12. Jh. natürlich kein Novum mehr.

Damit klären sich ein paar Ungereimtheiten von selbst wie die Beibehaltung der Strukturen des Hofgebäudes (siehe oben) und die Bemerkung BRANDENBURGs, dass das Mosaik "in Aufwand und Qualität, sowie durch seine vielfigurige Komposition, den komplexen und vielschichtigen Bildinhalt in eigentümlichem Kontrast (steht) zu dem mit geringem Bauaufwand zu einer Basilika umgestalteten Hofbau." [BRANDENBURG, 140] Damit erledigt sich auch, dass das Mosaik das älteste der uns erhaltenen frühchristlichen Apsismosaiken sei. Die Portalbruchstücke und der Campanile gehören zum romanischen Umbau zur Kirche.
Die Verlängerung des Mittelschiffs sieht BRANDENBURG "auch durch die bis zum Mittelalter merklich erhöhten Straßenniveaus veranlaßt, die das ursprünglich hohe Podium der Erdgeschoßbebauung in der Auffüllung des Tales weitgehend verschüttet haben." [139f] Der Autor geht davon aus, dass die geänderte Geländesituation eine Folge der Katastrophe war.

Santa Sabina

Nach Widmungsinschrift und dem *Liber Pontificalis* unter Papst Sixtus III. (432-440) vollendet [BRANDENBURG, 167]. Die Kirche wurde im Mittelalter und in der Barockzeit stark verändert. Nach BRANDENBURG ist sie "die am besten erhaltene frühchristliche Kirche Roms ... Sie vermag daher

den vollkommensten Eindruck von diesen frühchristlichen Kultbauten zu vermitteln ..." [167].
Der heutige Zustand ist das Ergebnis der Restaurierungen von 1914 bis 1919 und von 1936 bis 1938. Der dreischiffige Kirchenbau ohne Querhaus wurde über Resten verschiedener kaiserzeitlicher Privathäuser errichtet. Verschiedene Fassadenmauern wurden sogar in den Kirchenbau einbezogen. Die kannelierten Säulen einschließlich der korinthischen Kapitele stammen nach BRANDENBURG [169] "aus einem einheitlichen Bestand des späteren 2. Jahrhunderts , sind hier also wiederverwendet." Die Werkstücke könnten einem Marmormagazin entnommen worden sein. Die Fenster der Seitenschiffe sind romanisch. An der Eingangswand ein Mosaik mit Widmungsinschrift mit Hinweis auf Papst Coelestin I. (422-432). Original angeblich auch noch ein Fries mit Marmorinkrustationen.

Die traditionelle Datierung der Kirche offensichtlich nach dieser Widmungsinschrift. Gemäß der Inschrift soll der Stifter ein illyrischer Priester namens Petrus gewesen sein. Die reich skulptierte Holztür soll angeblich vom Ursprungsbau stammen. Sie ist „die älteste holzgeschnitzte Tür christlicher Kunst" [FISCHER, 334]. „Das Mosaik über der Eingangswand gehört zu den ältesten Roms;..." [FISCHER, 334f]. Bei solchen Superlativen erheben sich beim Autor größte Zweifel.

Die Datierungen des *Liber Pontificalis* sind wieder zu korrigieren. Danach datieren das Pontifikat von Papst Coelestin I. von 1124 bis 1134 und das Pontifikat von Papst Sixtus III. von 1134 bis 1142. Damit liegt die Vollendung in der 1. Hälfte des 12. Jh. Spricht etwas dagegen?
Reliefgeschmückte Türen aus Holz oder Bronze sind im 11. und 12. Jh. keine Seltenheit (Verona, Pisa, Trani, Köln, Hildesheim, Augsburg, Magdeburg - jetzt in Novgorod). Die Konzentration auf die handelnden Personen, der ornamentale Faltenwurf, phantastische Pflanzendarstellungen aber auch die Komposition einzelner Szenen wie die Huldigung der Sterndeuter finden sich ebenso in der Buchmalerei des 11. Jh. Die phrygischen Mützen der Sterndeuter aus der Huldigungsszene tragen auch die Heiligen Drei Könige im

Mosaik in San Apollinare Nuovo in Ravenna, welches der Autor frühestens dem 11. Jh. zuordnet (siehe unten).
Dass bzgl. des künstlerischen Stils keine unmittelbare Verwandtschaft zu den anderen erhaltenen Werken vorliegt, liegt vielleicht an der falschen zeitlichen Einordnung.

Säulen und Kapitelle müssen keine Spolien sein. Sie können auch nach antiken Vorbildern neu gefertigt sein. Auch Marmorinkrustationen sind im 12. Jh. üblich (San Miniato in Florenz).

Damals müssen die kaiserzeitlichen Privathäuser noch halbwegs gestanden haben, sonst wäre die Einbindung verschiedener Fassaden in den Kirchenbau kaum denkbar. Vermutlich waren die Zerstörungen auf dem Hügel des Aventin nicht so gravierend. Eine Überdeckung mit Schlamm ist bei der Hügellage auch nicht anzunehmen.

Santo Stefano Rotondo

Die Gründung von Santo Stefano Rotondo wird traditionell um 470 gesehen. Nach dem *Liber Pontificalis* das Weihedatum unter Papst Simplicius (468-483) [BRANDENBURG, 204].

Errichtet über einer ehemaligen Kaserne, weshalb man von einer kaiserlichen Förderung des Baus ausgeht. Bei einer nachkatastrophischen Errichtung des Bauwerks entfällt dieses Argument. Die Kaserne soll im späten 4. Jh. noch in Funktion gewesen sein, was aus einem Bericht des Ammianus Marcellinus hervorgehen soll, wonach die Kaserne als Staatsgefängnis für den alemannischen König Knodomar benutzt worden sei.
Ein Mithräum der Kaserne soll noch im späten 4. Jh. neu ausgemalt worden sein. Bei Grabungen im Bereich des nicht mehr erhaltenen äußeren Umgangs wurden drei Münzen des Kaisers Libius Severus (461-465) aufgefunden. [BRANDENBURG, 203f]
"Das einzige für den Bau selbst hergestellte Element der Architekturdekoration ist der aus prokonnesischen Marmor

gearbeitete Architrav (des Zentralraums - MM)" [BRANDENBURG, 209]. Bemerkenswert die sorglose und unregelmäßige Bearbeitung. Alle Säulen, Kapitelle und Basen sind Spolien oder aus einem Magazin entnommen, d. h. nicht für diesen Bau hergestellt. "Offenbar war es schwierig, in der Zeit der Erbauung der Kirche einen einheitlichen Satz an Kapitellen zu beschaffen ... Diese Befunde, die eine erstaunliche Nachlässigkeit in der formalen Bearbeitung des Materials und eine überraschende Sorglosigkeit in der Verwendung der Architekturdekoration aufzeigen, scheinen in einem starken Kontrast zu dem großartigen Entwurf des Baues und seiner kostbaren Ausstattung zu stehen." [BRANDENBURG, 212f]

Im 7. Jh. unter Papst Theodorus I. (642-649) Übertragung der Reliquien der Märtyrer Primus und Felicianus - eine der frühesten dokumentierten Reliquientranslationen - ; in diesem Zusammenhang Einbau der Apsis in die Stirnwand des Kreuzarmes und Apsismosaik [BRANDENBURG, 213].

Nach STÜTZER [163ff] eines der "problematischsten Bauwerke der frühchristlichen Zeit". Er sieht hier eine Erinnerung an die Grabrotunde der Grabeskirche in Jerusalem und "das Vorbild für die vielen Grabeskirchen, die in den nachfolgenden Jahrhunderten in Europa entstanden sind." Von der spätantiken Ausstattung sind offensichtlich keine Reste vorhanden. Der Bau soll im 11. Jh. durch die Normannen sehr stark in Mitleidenschaft gezogen worden sein.
Die bauliche Gestalt als Zentralbau mit Umgängen und einbeschriebener Kreuzesform belegt eindeutig, dass S. Stefano Rotondo eine Nachbildung der Grabrotunde in Jerusalem ist.

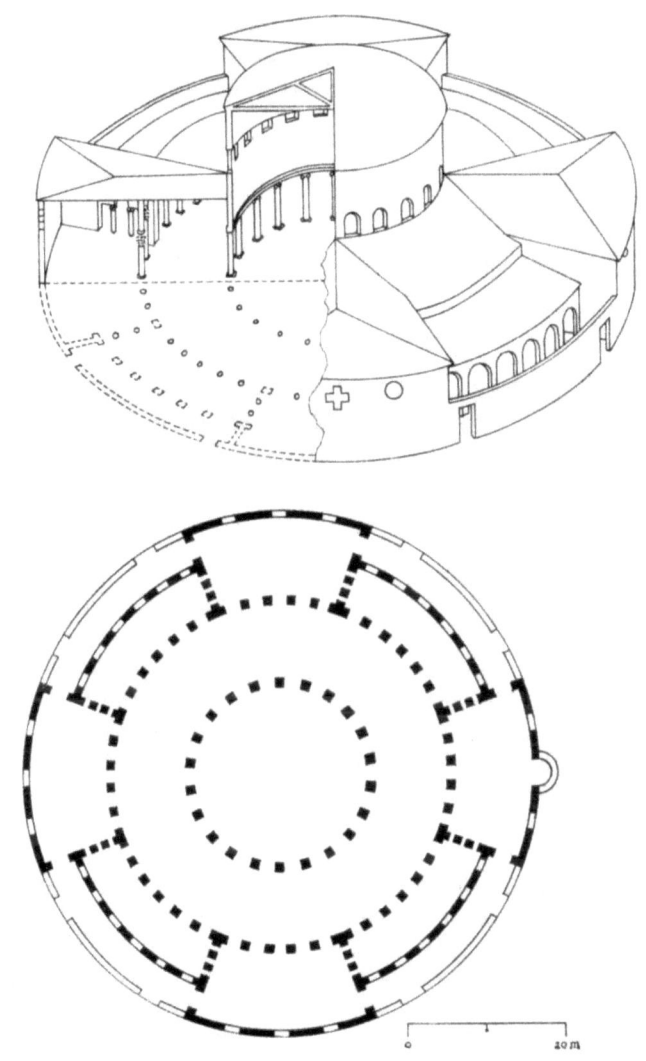

Rom, Santo Stefano Rotondo [EFFENBERGER, 236f]

Fast dieselbe Grundrissgestaltung finden wir noch in Perugia (um 500 = 1200 u. Z.) und beim Felsendom wieder. Da die Grabeskirche für den Autor eine justinianische Gründung ist, kann Santo Stefano Rotondo also frühestens aus dem 11. Jh. stammen.

Die sorglose Dekoration und die fast ausschließliche Verwendung von Spolien etc. sprechen eindeutig für eine nachkatastrophische Herstellung.

Bei der vermeintlichen Nutzung der Kaserne noch im späten 4. Jh. sind die Historiker offensichtlich dem uns bekannten Datierungswirrwarr auf den Leim gegangen.

Die HEINSOHN-These hilft hier weiter. Während alle den Bau betreffenden Datierungen antik sind, ist die Datierung über Ammianus Marcellinus jedoch byzantinisch. Die Korrektur der Marcellinus-Datierung in die antike Datierung (abzüglich 284 Jahre) ergibt eine Zeitstellung in das beginnende 2. Jh. für die Inhaftierung des alemannischen Königs. Die Auseinandersetzung zwischen Rom und den Alemannen ist im 2. Jh. auf jeden Fall besser verständlich als Ende des 4. Jh.

Als zweites Argument für eine Nutzung der Kaserne im späten 4. Jh. wird die Ausmalung des Mithräums angeführt. Es ist klar, dass das Mithräum noch zur Nutzungszeit der Kaserne eingebaut und ausgemalt worden sein muss. Die Kaserne ist bei der Katastrophe zerstört worden. Die Ausmalung des Mithräums wurde nur so spät angesetzt, da man davon ausging, dass die Kaserne noch bis Ende des 4. Jh. benutzt wurde. Die Ausmalung kann spätestens Ende des 2. Jh./Anfang des 3. Jh. erfolgt sein.

Nach Auffassung des Autors wurde die Kaserne einschließlich des nachträglich eingefügten Mithräum in der Katastrophe 238 zerstört. Im 12. Jh. wird der Kirchenbau errichtet. Das Pontifikat von Papst Simplicius datiert von 1170 bis 1185. Auch die aufgefundenen Münzen dürften in das 12. Jh. gehören und damit auch Kaiser Libius Severus (1163-1167).

Zu dieser Zeit sind Nachbildungen der Grabrotunde keine Seltenheit. Die normannische Zerstörung hat es nie gegeben, da der Bau zu dieser Zeit noch nicht existierte.
Die angebliche Reliquientranslation im 7. Jh. gehört nach Korrektur der Datierung in die Mitte des 14. Jh. und entfällt natürlich als früheste Reliquientranslation.

San Clemente

Der heutige Bau wurde im 12. Jh. errichtet, nachdem ein Vorgängerbau 1084 durch die Normannen zerstört worden sein soll. Dieser Vorgängerbau, eine dreischiffige Basilika mit Westapsis, angeblich ein Bau des 4. Jh. ist z. T. unter der heutigen Kirche noch erhalten, da das Laufniveau der heutigen Kirche um mehrere Meter angehoben wurde.
Mit dieser sog. "Unterkirche" wiederum wurde ein römisches Wohnhaus überbaut, nach BRANDENBURG eher ein öffentliches Gebäude, in dessen Hof ein Mithras-Heiligtum nachträglich (Ende des 2. Jh./Anfang des 3. Jh.) eingebaut worden ist [BRANDENBURG, 142].
Die "Unterkirche" und das Mithras-Heiligtum wurden im 19. Jh. ausgegraben und zugänglich gemacht. Nach BRANDENBURG war die "Unterkirche" zunächst eine zur Straße z. T. geöffnete Halle und noch keine Kirche. Erst Ende des 4. Jh. wurden die Mauern der antiken Halle für die Errichtung der Kirche wiederbenutzt und eine Westapsis angebaut [BRANDENBURG, 143]. Aufgrund von erheblichen Unregelmäßigkeiten der Baureste geht BRANDENBURG von einer Wiederherstellung im 6. Jh. oder im frühen Mittelalter aus. Zu den "Unregelmäßigkeiten" äußert sich BRANDENBURG wie folgt: "So haben die Arkaden der Säulenstellung verschiedene Weiten und unterschiedliche Säulenschäfte und Kapitelle, die ohne Ordnung eingesetzt zu sein scheinen. Die Kolonnaden stehen zudem auf einem höheren als dem ursprünglichen Bodenniveau. Die kompositen Vollblattkapitelle, die einem bekannten, in Rom hergestellten Typus des späten 4. und frühen 5. Jahrhunderts entsprechen, stammen offenbar aus dem frühchristlichen Bau und sind bei der Erneuerung im 6. Jahrhundert

wiederverwendet worden. Hinzu kommt, daß die Säulen im Verhältnis zu dem aufgehenden Mauerwerk des Obergadens, das mit den Arkaden in der rechten Außenwand des schmaleren mittelalterlichen Nachfolgebaus in der Nähe der Fassade sichtbar ist, niedriger sind als in anderen römischen Basiliken des späten 4. Jahrhunderts. Ein letztes Indiz gibt noch das Mauerwerk dieser Partie, das nicht der an der Wende zum 5. Jahrhundert gebräuchlichen Technik entspricht." [BRANDENBURG, 144f]

Nach einer Weiheinschrift wurde die Kirche unter Papst Siricius (384-399) geweiht. Weiterhin ist der Bau bezeugt in Briefen von Papst Zosimus (417-418) und von Papst Leo dem Großen (440-461).

Im 8. Jh. soll die Kirche mit Fresken neu ausgemalt worden sein, wovon ein Rest - eine Madonna mit dem Christuskind - noch erhalten sei. "Vor allem aber sollen die Bilder des späten 11. Jahrhunderts erwähnt werden, die ... auf die Mauern gemalt wurden, mit denen die Interkolumnien der Kirche des 6. Jahrhunderts geschlossen wurden, ... An den Wänden des Narthex haben sich weitere Malereien des 12. Jahrhunderts mit Themen aus der Clemenslegende erhalten." [BRANDENBURG, 148] Die Wandmalereien sind offensichtlich so bemerkenswert, dass andere Autoren von einer "Schatzkammer der romanischen Wandmalerei" schwärmen.

Der Autor versucht im Folgenden, die Baugeschichte zu entwirren. Offensichtlich gab es neben dem heutigen Laufhorizont zwei tiefer gelegene. Der erste ist der Fußboden des römischen Wohnhauses oder auch öffentlichen Gebäudes mit einer Hofsituation, in die das Mithras-Heiligtum eingebaut wurde. Die antike Bebauung wurde in der Katastrophe 238 (= 940) zerstört und mit Erdmassen bedeckt.
Nach der Katastrophe wurde an dieser Stelle der Vorgängerbau der heutigen Kirche errichtet. Die Bauphase "Halle" gab es aus Sicht des Autors überhaupt nicht. BRANDENBURGs Argumentation "... vor allem weil in konstantinischer Zeit ein öffentliches Gebäude von den

Christen kaum als Kultsaal genutzt werden konnte" [BRANDENBURG, 143] trägt bei vorliegender Rekonstruktion natürlich nicht.
Offensichtlich gab es aber auch die Phase der frühchristlichen Basilika nicht. Die von BRANDENBURG eingeschobene "Wiederherstellung" des 6. Jh. ist der erste Kirchenbau, errichtet nach der Katastrophe im 11. Jh./12. Jh. Die Datierung in der Weiheinschrift mit Hinweis auf Papst Siricius ist zu korrigieren. Korrigiert ergibt sich für das Pontifikat von Papst Siricius 1086-1101.

Entgegen der Rekonstruktion von BRANDENBURG sieht der Autor in den aufgedeckten Bauresten nicht das Ergebnis einer Wiederherstellung. Auch ist BRANDENBURGs Rekonstruktion einer frühchristlichen Säulenbasilika nicht zutreffend.
Die Mittelschiffswände wurden nie von einer Säulenstellung getragen. Die heute sichtbaren weitgehend geschlossenen Mauern sind die Mittelschiffswände, hinter denen sich die Seitenschiffe als eigenständige Räume erstreckten. Das Mittelschiff hatte das Erscheinungsbild eines Saalraumes. Die Säulen und Kapitelle in den Mittelschiffswänden wurden nur als Schmuck bzw. Gliederung in die Wände eingesetzt, waren aber nie tragende Elemente. Wir haben es also nicht mit geschlossenen Interkolumnien zu tun, sondern mit einer einheitlich hergestellten Wand. Nur so lassen sich die romanischen Wandmalereien auf der "Ausmauerung der Interkolumnien" logisch erklären. So sind auch die o. a. "Unregelmäßigkeiten" nachvollziehbar, die den Mangel an Baumaterial und an versierten Bauleuten belegen. Die Verwendung von Spolien verwundert natürlich nicht, lagen doch überall römische Bauwerke in Trümmern. Dass die verwendeten Spolien von einem Vorgängerbau herrühren, ist eine unbewiesene Annahme von BRANDENBURG.

Die Zerstörung durch die Normannen 1084 ist frei erfunden. Die Wandmalereien im Narthex sollen aus dem 12. Jh. sein. Wenn die normannische Zerstörung zuträfe, wäre dieser Umstand erklärungsbedürftig. Wahrscheinlich stand der erste Kirchenbau im 12. Jh. noch und wurde erst Ende des 12. Jh. oder im 13. Jh. durch einen kleineren Neubau ersetzt. Die

Cosmatenarbeiten können durchaus auch in das 13. Jh. datiert werden. Im Zusammenhang mit dem Neubau des 12./13. Jh. erfolgte eine Anhebung des Bodenniveaus auf das heutige Niveau, womit die Reste des Vorgängerbaus zur "Unterkirche" wurden. Eine Ausmalung im 8. Jh. entfällt natürlich ersatzlos bzw. ist dem 15. Jh. zuzuordnen. Das Madonnenfresko gehört in das 11./12. Jh. Ob die Wandmalereien überhaupt noch dem 11. Jh. angehören ist fraglich.

Nach BRANDENBURG [146f] sollen sich einige Ausstattungsstücke der frühchristlichen Basilika erhalten haben; so ein Altar und ein Ziborium, gestiftet unter Papst Hormisdas (514-523) sowie die Schrankenplatten, gestiftet von Papst Johannes (533-535). Die Korrektur dieser Daten ergibt 1216-1225 bzw. 1235-1237. Damit dürften die genannten Ausstattungsstücke für die rezente Kirche gestiftet worden sein.

Santi Cosma e Damiano

Die Kirche soll nach dem *Liber Pontificalis* von Papst Felix 527 in einem leerstehenden antiken Gebäude des Gebäudekomplexes des forum Pacis auf dem Forum Romanum eingerichtet worden sein. Als Ergebnis neuer Grabungen ist bekannt, dass sich "schon im Laufe des 4. Jahrhunderts kleinere Baulichkeiten und Ladenlokale angesiedelt hatten, daß offenbar während des 5. Jahrhunderts das ganze Areal aufgegeben und im 6. Jahrhundert dort Bestattungen angelegt wurden. ... In dem südöstlichen Saal des abschließenden Gebäudekomplexes des forum Pacis ... richtete Papst Felix 527 die Kirche ... ein." [BRANDENBURG, 222]

Der rechteckige Saal soll noch im 4. Jh. durch eine kreissegmentförmige Wand unterteilt worden sein. "Dieser einschiffige Saal wird nun ohne bauliche Änderungen als Kirche übernommen." [BRANDENBURG, 224] In der Apsis wird ein Wandmosaik angebracht. "Das Mosaik mit einer

50

eindrucksvollen Komposition ist von hoher Qualität. Es findet auch in Ravenna und andernorts unter den zeitgenössischen Mosaiken in dieser Hinsicht keinen Vergleich. ... Das Mosaik ist verhältnismäßig gut erhalten. ... Die Figuren haben eine überraschende Körperlichkeit und ihre Gewänder sind lebendig und differenziert modelliert. Die lebendigen, kräftig geschnittenen Gesichter sind voller Ausdruck und Individualität. ... Diese außergewöhnliche Qualität des Mosaiks überrascht in dieser Zeit der Unsicherheit nach dem Tode Theoderichs und kurz vor dem Ausbruch der Gotenkriege." [BRANDENBURG, 224]

Die Datierung 527 ergibt korrigiert 1229, das Pontifikat von Papst Felix IV. 1228-1232.
Der Gebäudekomplex des *forum Pacis* wurde offenbar in der Katastrophe 238 (= 940) zerstört. Danach, im 11. Jh., wurden in den Resten kleinere Baulichkeiten und Ladenlokale errichtet. Im 6. Jh. (= 13. Jh.) wurde in dem vermutlich erhaltenen südöstlichen Saal die Kirche eingerichtet und das Mosaik angebracht. Bei der Datierung des Apsismosaiks zweifelt STÜTZER [171] an einer Datierung in die Zeit von Papst Felix IV. "Manches spricht dafür, dass es erst in der Zeit von Papst Sergius I. (687 - 701) geschaffen wurde." Die Anlegung des Mosaiks sieht er jedoch sicher unter Felix IV.

Die Qualität des Mosaiks verwundert im 13./14. Jh. überhaupt nicht. Die von STÜTZER [175] bemerkte Nähe zur byzantinischen Kunst auch nicht.

Santi Giovanni e Paolo

Von dieser Kirche „stehen zwar noch die Mauern der dreischiffigen Basilika des 4. Jahrhunderts, ..., aber sonst erinnert nichts mehr an den frühchristlichen Bau" [STÜTZER, 168].
Die gewestete Kirche wurde auf dem Caelius, einer der sieben Hügel Roms, errichtet. Nach BRANDENBURG [156] soll das Quartier seit dem 4. Jh. einer weitreichenden Umstrukturierung unterworfen worden sein, indem die ältere

intensive Bebauung mit standardisierten *insulae* (röm. Mietshäuser) mit einer Vielzahl von Wohnungen und Ladenlokalen zugunsten reicher ausgedehnter Stadtpaläste aufgegeben wurde. In diesem Kontext sei auch die Stiftung des *titulus* zu sehen, der über einer älteren intensiven Wohnbebauung in bevorzugter Lage erbaut wurde. Bei Grabungen im 19. Jh. wurde unter der Kirche ein älterer christlicher Kultort freigelegt - der einzige, der unter einer frühchristlichen Kirche bisher nachgewiesen sei.

"Für den Kirchenbau wurde ein älteres Gebäude benutzt und adaptiert. Von mehreren Wohnhäusern des 2. - 3. Jahrhunderts wurden die zum *clivus* Scauri gelegenen Fassaden über den Ladenlokalen in den Kirchenbau einbezogen; ..." [BRANDENBURG, 157] In den überbauten Wohnhäusern wurden bei den Grabungen umfangreiche Malereien mit traditionellen Motiven römischer Wandmalerei aufgedeckt, datiert vom frühen bis in das fortgeschrittene 4. Jh. Auf einem Treppenabsatz wurde eine Nische mit vermeintlich eindeutig christlichen Wandmalereien des ausgehenden 4. Jh. entdeckt, die angeblich einen Heiligen oder Märtyrer abbilden. Angeblich "die älteste Darstellung eines Martyriums in der frühchristlichen Kunst" [BRANDENBURG, 159]. In dieser Nische wird "eine christliche Gedenkstätte in der Art einer Hauskapelle" gesehen [BRANDENBURG, 160]. Die Art des Kultes kann nicht eindeutig bestimmt werden. BRANDENBURG [161] sieht Hinweise, dass "am Ende des 4. Jahrhunderts im Erdgeschoss dieses Hauskomplexes ein Märtyrerkult eingerichtet wurde, der auf eine größere Besucherzahl ausgelegt war."

"Schon wenige Jahrzehnte nach der Einrichtung der Märtyrergedenkstätte wurde das Untergeschoss, die Hofanlage und die aufgegebene Märtyrergedenkstätte zugeschüttet und auf dem vereinten ersten Stockwerk der Häuser ein Kirchenbau eingerichtet." [BRANDENBURG, 161] Für die Gründung der Mittelschiffskolonnaden wurden zwei Fundamentmauern in das Untergeschoss abgesenkt; für die nördliche Seitenschiffswand eine entsprechende Stützmauer.

Pammachius, der vermeintliche Stifter des Kirchenbaus soll 410 gestorben sein, womit die Kirche vor diesem Zeitpunkt errichtet sein muss. Im Mittelalter soll die Fassade umgestaltet worden sein. Die Arkadensäulen der frühchristlichen Basilika sollen hinter der Vorhalle aus dem 13. Jh. noch sichtbar sein. Einen weiteren Umbau hat die Kirche in der Barockzeit erfahren, wobei die meisten Säulen der Mittelschiffsarkaden sich auch in dem barocken Umbau erhalten haben. "Die Kapitelle sind Kompositkapitelle severischer Zeit, also Spolien. ... Die Säulenschäfte ... sind also Magazinbeständen entnommen. ... Der Narthex des 13. Jahrhunderts ... hat eine schöne Architravkolonnade mit antiken Basen und Spolienschäften und qualitätvollen mittelalterlichen ionischen Kapitellen, die in ihren Formen sich an spätantike Stücke anlehnen." [BRANDENBURG, 162] Die frühchristliche Apsis soll im Mittelalter mit einer Zwerchgalerie versehen worden sein. Der etwas abseits stehende Campanile wurde im 12. Jh. errichtet, die oberen Geschosse wurden Anfang des 13. Jh. fertiggestellt.

Der Kirchenbau soll angeblich um 400 erfolgt sein. Korrigiert ergibt diese Datierung als Bauzeit den Anfang des 12. Jh. Die vorangegangene Bebauung war nach der Krise des 2. Jh. und der Katastrophe 238 nicht mehr genutzt, vielleicht zum Teil zerstört. Die Datierung der Wandmalereien in das 4. Jh. dürfte eher byzantinisch sein, was bei Transformation in die antike Datierung dem beginnenden 2. Jh. entspricht.
Die Kirche wurde Anfang des 12. Jh. in die Reste der Altbebauung eingebaut, wobei diese z. T. genutzt wurden.
Das Fußbodenniveau der Kirche wurde so gewählt, dass ein ebenerdiger Zugang von Osten in die Kirche möglich war.
Aufgrund des nach Westen abfallenden Geländes blieb das Untergeschoss der Altbebauung erhalten und wurde beim Bau der Kirche verfüllt.
Die so genannte Märtyrergedenkstätte spielte offensichtlich beim Kirchenbau keine Rolle, sonst hätte man sicher eine Zugänglichkeit hergestellt. Die von BRANDENBURG [162] vermutete Kultkontinuität war einfach nicht vorhanden.

Kirche mit Zwerchgalerie, Campanile und nachträglich angebaute Vorhalle belegen einen kontinuierlichen Bauablauf im 12./13. Jh.

San Lorenzo fuori le mura

San Lorenzo fuori le mura ist hinsichtlich ihrer Baugeschichte sicher ein interessantes Objekt. Traditionell setzt sich die Märtyrerkirche aus zwei unterschiedlich datierten Bauten zusammen; der angeblich in der zweiten Hälfte des 6. Jh. errichteten, ursprünglich gewesteten Emporenbasilika und der in der ersten Hälfte des 13. Jh. angefügten westlichen Basilika, womit die Emporenbasilika zum im Osten gelegenen Chor wurde. Der Fußboden der im 13. Jh. angebauten Basilika liegt fast 2 m höher als der in der Emporenbasilika, womit dort die Anordnung des Heiligengrabes ähnlich der Aufstellung in einer Krypta und eine podestartige Erhöhung des Chorfußbodens ermöglicht wurde.

Nach Wikipedia war die westliche Basilika eine von Papst Sixtus III. errichtete benachbarte, geostete Marienkirche, die im 13. Jh. unter Papst Honorius III. mit der östlich gelegenen Laurentiuskirche vereinigt wurde.
Die traditionelle Datierung der älteren Emporenbasilika bezieht sich auf eine Nachricht im *Liber Pontificalis*, wonach Papst Pelagius II. (579-590) eine neue Basilika über dem Grab des Heiligen errichtete. Die Datierung des *Liber Pontificalis* ergibt korrigiert 1281-1292. Diese Nachricht kann sich damit nur auf die Erweiterung des 13. Jh. beziehen. Zur Bauzeit des älteren Baus fehlt damit jede Nachricht.

Vielleicht hilft hier die ältere Umgangsbasilika in unmittelbarer Nachbarschaft weiter. Es verwundert einigermaßen, dass die Umgangsbasilika dasselbe Patrozinium besitzt wie die deutlich spätere Kirche, zumal die Umgangsbasilika ein Zömeterialbau war und keine Kirche und damit eigentlich gar kein Patrozinium gehabt haben kann.

54

Vermutlich ist hier einiges bei der Rekonstruktion der Geschichte dieses Baukomplexes durcheinander geraten, wie übrigens auch bei San Agnese. Das Patrozinium ist irrtümlich rückwirkend auf den Zömeterialbau übertragen worden. Nach dem *Liber Pontificalis* soll die Umgangsbasilika von Kaiser Konstantin gestiftet worden sein.

Ob die Umgangsbasilika, die mit Sicherheit antik ist, tatsächlich von Konstantin I. im 1. Jh. gestiftet wurde, sei dahingestellt. Auf jeden Fall ist diese Nachricht im *Liber Pontificalis* als Konstrukt anzusehen, da ein solcher Bau auf keinen Fall eine bischöfliche Gründung war und damit im *Liber Pontificalis* nichts zu suchen hat. Zur Zeit als der *Liber Pontificalis* verfasst bzw. "ergänzt" wurde, war der Zusammenhang zwischen dem schon lange zerstörten Zömeterialbau und dem Kirchenbau nicht klar. Schon damals irrte man, indem man in der Umgangsbasilika einen Vorgängerbau der Kirche sah, weshalb man diesen Bau vermutlich in den *Liber Pontificalis* aufnahm.

"Jüngst hat man jedoch vermutet, daß die Kirche erst unter Papst Sixtus III. (432-40) erbaut worden sei." [BRANDENBURG, 88] Der entsprechende Eintrag im *Liber Pontificalis* dürfte der Emporenbasilika und nicht der Umgangsbasilika gegolten haben. Der Bezug auf Papst Sixtus III. verweist auf das 12. Jh. Die umfassende Verwendung von Spolien in der Emporenbasilika legt die Errichtung im 12. Jh. nahe. In der Erweiterung sollen dann alle Bauglieder zeitgenössisch sein. Das heutige, ziemlich grobe Erscheinungsbild der Basilika des 13. Jh. könnte der Restaurierung des 19. Jh. und der Wiederherstellung nach den Zerstörungen des zweiten Weltkriegs geschuldet sein.

Unabhängig davon ist der Bautyp einer Emporenbasilika sehr ungewöhnlich und die weiten Arkaden im Emporengeschoss ohne Beispiel. Zu fragen wäre, ob das Emporengeschoss vielleicht erst beim Umbau des 13. Jh. aufgesetzt wurde.

Dass die Zömeterialbasilika und der spätere Kirchenbau nebeneinander bestanden haben soll, wie ein Pilgerführer berichtet, ist äußerst unwahrscheinlich. Die Zömeterialbasilika wurde - wie die anderen Umgangsbasiliken auch - in der

Katastrophe zerstört, während der Kirchenbau erst später errichtet wurde.

San Paolo fuori le mura

Nach dem *Liber Pontificalis* soll Konstantin über dem Grab des Apostels Paulus eine Gedächtniskirche errichtet haben. Zur konstantinischen Kirche bemerkt BRANDENBURG [103]: "Die gewestete, zum Tiber gerichtete Apsis hatte einen Durchmesser von ca. 7,50 m, während das Gebäude, das durch die Grabungen (nach dem Brand 1823 erfolgte Tastgrabungen - MM) nicht erschlossen worden ist, etwa die Abmessungen von 21 x 12 m gehabt haben wird. Warum dieser konstantinische Memorialbau für den Apostel Paulus, der eher ein einfacher Saal als ein dreischiffiger Hallenbau gewesen sein wird, so bescheiden ausgefallen ist, wissen wir nicht."
Möglicherweise war der Kult um Paulus anfangs weit weniger ausgeprägt, als der um Petrus, weshalb zunächst Anfang bis Mitte des 11. Jh. nur eine bescheidene Gedächtniskirche errichtet wurde. Die im Liber Pontificalis erfolgte Nennung Konstantins als Gründer ist konstruiert (siehe oben) und liefert keinen Hinweis zur tatsächlichen Gründung des Kirchenbaus.

Eine andere Möglichkeit wäre zu erwägen: War der erste Bau vielleicht eine Zömeterialbasilika und gar keine Kirche? Die ergrabene Apsis soll "zwei römische Mausoleen der Kaiserzeit und weitere Reste auf dem Fußbodenniveau der aufgefundenen Apsis" umschlossen haben [BRANDENBURG, 125].

Gemäß einem Schreiben sollen die Kaiser Theodosius, Valentinian II. und Arcadius im Jahr 383 den Neubau der bestehenden Basilika Pauli über dem Grab des Apostels verfügt haben [BRANDENBURG, 114]. Die traditionellen Regierungszeiten der genannten Kaiser sind byzantinisch datiert; korrigiert herrschten diese Kaiser Ende des 1. Jh./Anfang des 2. Jh. Das byzantinische Jahr 383 entspricht dem antiken Jahr 99. Damit ist klar, dass dieses Schreiben viel später konstruiert wurde und für die Baugeschichte von San Paolo fuori le mura kaum verwendbar ist.

Trotzdem könnte das Jahr 383 den Baubeginn des Neubaus markieren, jedoch ohne die drei o. a. Kaiser. Das Jahr 383 entspricht korrigiert dem Jahr 1085. Zu dieser Zeit ist Alt-St. Peter bereits fertig gestellt. Der "Erfolg" der Peterskirche könnte die Veranlassung dazu gegeben haben, einen weiteren Gedächtniskult in Rom zu installieren. Die Kirche hierfür musste noch größer und prachtvoller sein als der Bau über dem Petrusgrab. "Die Paulsbasilika übertraf die Petersbasilika noch an Größe und Pracht." [BRANDENBURG, 115] Dedikationsinschriften von 390/391 von Papst Siricius auf Basis und Schaft der ersten Säule der nördlichen Seitenschiffe am Querhaus verweisen auf die Jahre 1092/1093, in denen dieser Teil des Baus sich in der Ausführung befand [BRANDENBURG, 122].

Nach dem *Liber Pontificalis* wurden das Triumphbogenmosaik und der Wandschmuck des Obergadens aus biblischen Szenen von Papst Leo dem Großen (440-461) angebracht, der die Basilika nach einem Blitzschlag oder Brand im Jahre 441 restauriert haben soll [BRANDENBURG, 122f]. Die Korrektur ergibt für Papst Leo 1142-1163, für die Restaurierung 1143. Nach Auffassung des Autors die erste Ausschmückung des Anfang des 12. Jh. fertig gestellten Baus.

Wie schon bei Alt-St. Peter war möglicherweise das vermeintliche Grab des Apostels Paulus durch eine *memoria* in der Nekropole an der Via Ostiense gekennzeichnet. Der Presbyter Gaius soll die *Tropaia* der Märtyrerapostel am Vatikan und an der Via Ostiense um das Jahr 200 erwähnt haben.
"Schürfungen und Sondagen im Altarbereich der Basilika ... haben die Situation nicht klären können. Man fand 3,80 m unter dem Niveau des heutigen Querschiffs das Pflaster einer Straße, die im schrägen Winkel zur Via Ostiense und vor einer nach Westen gerichteten Apsis (des Vorgängerbaus - MM) verlief." [BRANDENBURG, 125]. 1823 wurde durch einen Großbrand Teile des Langhauses zerstört. "In den folgenden

Jahren wurden die noch stehenden Teile niedergerissen und das Langhaus im klassizistischen Geschmack der Zeit wiederaufgebaut unter Benutzung der Grundmauern und offenbar auch der Außenmauern der Seitenschiffe der alten Basilika." [ebd., 115]

Die Säulenschäfte, Kapitelle und Basen sollen entgegen Alt-St. Peter keine Spolien, sondern zeitgenössische Werkstücke gewesen sein, wobei die Kolonnaden des Mittelschiffs aus Marmor von den Prokonnesischen Inseln im Marmarameer bei Konstantinopel waren. Das ist ein weiteres Indiz für eine spätere Bauzeit. Erstens ging der Vorrat an qualitätvollen Spolien zurück - zumal in der benötigten großen Anzahl - und zweitens hatte sich die Entwicklung im Römischen Reich so weit stabilisiert, dass nunmehr der Bezug von entsprechenden Werkstücken in größerer Zahl wieder möglich war. Auch dürfte der gestalterische Anspruch an die Bauwerke gestiegen sein, der mit zusammengesammelten Architekturelementen nicht befriedigt werden konnte.

Bei der Restaurierung unter Papst Leo sollen 24 Säulen der Mittelschiffswände ersetzt worden sein, wobei jetzt Spolien zum Einsatz kamen. Vermutlich stand die frühere Bezugsquelle nicht mehr zur Verfügung.

Insgesamt war scheinbar San Paolo fuori le mura in allen gestalterischen Belangen die reifere Leistung im Vergleich zu Alt-St. Peter.

Die oben behandelten vermeintlich frühchristlichen Kirchen sind natürlich nicht die einzigen in Rom. BRANDENBURG beschreibt noch eine ganze Reihe weiterer solcher Bauten. Das sich ergebende Bild ist aber immer dasselbe. Auf diese Bauten soll nur kurz eingegangen werden:

Santa Maria in Trastevere

Gründung Mitte des 4. Jh. unter Papst Julius I. (337-351). Diese Datierung entspricht Mitte des 11. Jh. Unter Papst Innozenz II. (1130-1143) entstand der heutige Bau. Architekturglieder sind Spolien aus den Caracallathermen. Bei

58

Grabungen wurde der Vorgängerbau des 11. Jh. aufgefunden. Die Erneuerung unter Papst Hadrian I. (772-795) gehört vermutlich in das 15. Jh.

Sant' Anastasia

Nach nicht erhaltener Inschrift in der Apsis Gründung von Papst Damasus (366-384), d. h. in der 2. Hälfte des 11. Jh. Die Kirche wurde "auf dem ersten Stock eines großen kaiserzeitlichen Wohnblocks des 2. und 3. Jahrhunderts mit Ladenlokalen im Untergeschoß ... unter Ausnutzung der aufgehenden Mauern des Hauses ... als einschiffige Halle ausgebaut." [BRANDENBURG, 134] Gleichzeitig wurde ein Querhaus mit Apsis angefügt. In karolingischer Zeit soll der Umbau zu einer dreischiffigen Basilika erfolgt sein. Der *Liber Pontificalis* erwähnt eine Restaurierung unter Papst Leo III. (795-816), die vermutlich in das Ende des 15. Jh. gehört.

Der Umbau zur dreischiffigen Basilika ist eher im 12. Jh. zu suchen. Die italienische Wikipedia nennt eine Restaurierung unter Papst Ilario (461-468), d. h. nach der Mitte des 12. Jh.

Santi Nereo ed Achilleo

Die Kirche ist wahrscheinlich unter Papst Damasus (366-384) entstanden, d. h. in der 2. Hälfte des 11. Jh. Im 6. Jh. erfolgte eine Übertragung von Märtyrerreliquien, d. h. im 13. Jh.
Die heutige Kirche soll aus karolingischer Zeit stammen und den frühchristlichen Bau ersetzt haben. Bei archäologischen Untersuchungen sind keine Reste des frühchristlichen Baus gefunden worden. Nach Auffassung des Autors ist die heutige Kirche der Bau aus dem 11. Jh.

San Sisto Vecchio

Nach dem *Liber Pontificalis* unter Papst Anastasius (399-402) errichtet, d. h. um 1100.
Die heutige Kirche von 1198-1222 unter Verwendung von Wänden des Vorgängerbaus. Die vermeintlich frühchristliche Kirche, eine gewestete dreischiffige Basilika, wurde 3,5 m unter der heutigen Kirche ergraben.

San Crisogono

Im 4. Jh. soll die Kirche in eine *domus* aus der 2. Hälfte des 2. Jh. eingebaut worden sein, was korrigiert dem 11. Jh. entspricht. Die heutige Kirche aus den zwanziger Jahren des 12. Jh., fast 5 m über dem angeblich frühchristlichen Bau (wegen des gestiegenen Niveaus der Umgegend).

San Lorenzo in Lucina

Vermutlich eine Gründung durch Papst Sixtus III. (432-440), also um 1140. Errichtet über einem großen kommerziellen Baukomplex des 2. und frühen 3. Jh., der im Erdgeschoss Ladenlokale und Magazine, darüber wohl Wohnungen hatte.
Das Apsismauerwerk mit karolingischem Mischmauerwerk verstärkt, von angeblicher Restaurierung unter Papst Hadrian I. (772-795). Diese Restaurierung gehört vermutlich in das 15. Jh. Das angeblich karolingische Mischmauerwerk gehört in das 12. Jh.
Wikipedia: "Unter Papst Hilarius (461–468) wurde die Kirche erstmals, unter Benedikt II. (684–685) und Hadrian I. (772–795) weitere Male restauriert. ... unter Paschalis II. (1099–1118) aber wiederhergestellt, was jedoch nahezu einem Neubau gleichkam ..." Weihe von Coelestin III. 1196. Zweifelsfrei liegt die Hauptbauzeit des ersten(!) Baus im 12. Jh.
Im 15. Jh. erfolgte eine grundlegende Sanierung mit Anhebung des Fußbodens; im 17. Jh. erhielt sie i. W. ihr heutiges Aussehen.

San Pietro in Vincoli

Nach Stiftungsinschrift unter Papst Sixtus III. (432-440) errichtet, d. h. um 1140. Kirche überbaut mehrere sich überlagernde kaiserzeitliche Stadthäuser mit Gärten und Wasserbecken und benutzt Teile als Fundament und im Aufgehenden. Der Bau soll einen älteren Kirchenbau ersetzt haben. Dieser durch Bauuntersuchungen erschlossen, zum großen Teil im heutigen Bau erhalten. Mitte des 15. Jh. erfolgte grundlegende Restaurierung. Der "ältere Kirchenbau" dürfte der Bau des 12. Jh. sein.

Santa Cecilia in Trastevere

Nach Fußbodeninschrift zwischen 379 und 464, d. h. zwischen 1081 und 1166. Der heutige Bau, eine gewestete Basilika mit Apsismosaik, angeblich ein Neubau des 9. Jh. Unter der Kirche Reste eines kaiserzeitlichen Wohn- und Geschäftshauses des 2. Jh. und spätantike Badeanlage.
Die vermeintlich antike Kirche wurde bis heute nicht gefunden, nur ein Baptisterium wurde bei den Grabungen freigelegt, das in einen Saal des Wohnhauses des 2. Jh. eingebaut war.
Nach Wikipedia ließ Papst Paschalis I. (817-824) die Kirche neu aufbauen, der angeblich karolingische Neubau, in Wirklichkeit aber eine Restaurierung im 16. Jh., möglicherweise im Zusammenhang mit dem Einzug der Benediktiner im Jahr 1527. Der stehende Bau mit Sicherheit der Bau des 12. Jh.

Santi Quattro Coronati

Vermutlich im 5. Jh. Umwandlung der großen apsidialen Halle einer *domus* aus dem 4. Jh. in eine Kirche, jedoch ohne archäologischen Beleg. Kirche nach dem *Liber Pontificalis* erbaut oder erneuert unter Honorius I. (625-638) und restauriert unter Hadrian I. (772-795). Leo IV. (847-855) soll

eine große dreischiffige Basilika errichtet haben, die die Apsis und die Seitenwände der *domus* als Fundamente nutzte.
Die Kirche wurde unter Pasquailis II. (1099-1118) erneuert und 1116 geweiht.
Sofern die Päpste des traditionellen 7.-9. Jh. nicht konstruiert sind - der Autor erinnert an ARNDT - gehören die Päpste Honorius I., Hadrian I. und Leo IV. in das 14. bis 16. Jh. Was bleibt, ist die Errichtung der Kirche Anfang des 12. Jh.

Santa Susanna

Die Gründung ist unbekannt. Heutige Kirche über einem Wohnhaus des 2. Jh. erbaut. Untersuchungen und Grabungen haben ergeben, dass die für frühchristlich gehaltene Kirche, eine dreischiffige Basilika mit Emporen über den Seitenschiffen, ein Neubau aus karolingischer Zeit sei. Dieser wird Papst Leo III. (795-816) zugeordnet. Nach dem *Liber Pontificalis* unter Papst Sergius (687-701) erwähnt und von Papst Hadrian I. (772-795) restauriert. Die genannten Päpste - sofern real und nicht konstruiert - gehören vermutlich in das 14. bis 16. Jh., sind also maximal für etwaige Restaurierungen verantwortlich zu machen. Wahrscheinlich ist der Gründungsbau im 12. Jh. errichtet worden. Die so genannte "karolingische" Krypta ist eher im 12. Jh. als im 13. Jh. oder später einzuordnen. Die frühchristliche Kirche wird in dem kaiserzeitlichen Wohnhaus des 2. Jh. vermutet. Der Bau des 12. Jh. ist die gesuchte "frühchristliche" Kirche.

Santa Prassede

Wahrscheinlich Gründung des 5. Jh. Nach dem *Liber Pontificalis* erfolgte völlige Restaurierung unter Papst Hadrian I. (772-795). Unter Papst Pasqualis I. (817-824) Neubau an anderer Stelle, angeblich nicht weit entfernt.
Diese angeblich karolingische Kirche, eine Querschiffbasilika mit Architravkolonnaden, ist der heutige Kirchenbau. Wo die frühchristliche Kirche lag ist unbekannt. Papst Hadrian I. und

Papst Pasqualis I. verweisen auf das 15. und 16. Jh. Sie haben mit dem ursprünglichen Kirchenbau nichts zu tun.

Die Gründung im 5. Jh. weist auf eine Bauzeit im 12. Jh. Vorschlag: Der erhaltene Bau ist der Bau des 12. Jh. Es gibt keinen anderen frühchristlichen Bau.

San Giovanni a porta Latina

Vermutlich im 5. Jh. gegründet. Dreischiffige Basilika mit außen polygonaler Apsis. Byzantinische Grundrisslösung. Nach dem *Liber Pontificalis* erfolgte Restaurierung unter Papst Hadrian I. (772-795). Im Jahr 1191 wurde die Kirche erneut geweiht.
Apsismauerwerk wie das des romanischen Campanile, Spoliensäulen, Kapitelle weisen auf das 5. Jh. Die romanischen Wandmalereien "wiederholen in Aufbau und Inhalt das antike Schema, das wir aus den frühchristlichen Basiliken des 5. Jahrhunderts kennen." [BRANDENBURG, 222]

Das 5. Jh. entspricht korrigiert einer Bauzeit im 12. Jh. Dazu passt die Weihe 1191. Alles deutet auf einen romanischen Bau des 12. Jh.

San Stefano in Via Latina

Weihe der Kirche von Papst Leo I. (440-461), d. h. Mitte des 12. Jh. Die dreischiffige, gewestete Basilika wurde in die ausgedehnten Baulichkeiten der Villa eingesetzt, deren Mauern sie z. T. als Fundamente nutzt. Heute Ruine.
Nach dem *Liber Pontificalis* Restaurierung des Daches unter Leo III. (795-816), weitere Stiftungen unter Papst Sergius (844-847) und Leo IV. (847-855). Diese Datierungen weisen auf das 16. Jh. und sind für den Gründungsbau nicht relevant. "Aus der späteren Zeit fehlen alle Nachrichten, so daß wir

annehmen müssen, daß der Bau im Mittelalter aufgegeben wurde und verfiel." [BRANDENBURG, 235]
Falsch! Mit dem 9. Jh. - korrigiert gleich dem 16. Jh. - sind wir an die Zeit der Abfassung bzw. letzten Ergänzung des *Liber Pontificalis* herangerückt. Danach kann es dort keine jüngeren Eintragungen mehr geben.

Sant'Agnese fuori le mura

Angeblich unter Papst Honorius I. (625-638) errichtete Emporenbasilika ähnlich San Lorenzo fuori le mura. Diese Datierung entspricht korrigiert dem 14. Jh. Die Umgangsbasilika soll von Papst Hadrian (772-795) nochmals restauriert worden sein. "Danach schweigen die Quellen." [BRANDENBURG, 241]
Mit Sicherheit ist die Restaurierung von Papst Hadrian falsch zugeordnet. Sie gehört nicht zur Umgangsbasilika, sondern zu der Emporenbasilika. Warum die Quellen ab dem 8. Jh. schweigen, wurde oben bereits begründet.
Wie bei der ähnlichen Emporenbasilika San Lorenzo fuori le mura fehlt der definitive Hinweis auf die Gründung. Ist der Gründungsbau möglicherweise doch erst aus dem 14. Jh.? Bei San Lorenzo ergab sich das Ende des 13. Jh., das der Autor eigentlich der Erweiterung zuordnete.

San Pancrazio

Erbaut unter Papst Symmachus (498-514), d. h. Anfang des 13. Jh., mit Märtyrergrab im Altarbereich. Unter Papst Honorius I. (625-638), d. h. im 14. Jh., Neubau der Kirche mit Querhaus, erhöhten Presbyterium und Altar über dem Grab und Ringkrypta.

Santa Maria Antiqua

Die Kirche wurde traditionell frühestens in der 2. H. des 6. Jh. in eine antike Halle (möglicherweise Empfangshalle für den Zugang vom Forum) des Kaiserpalastes eingebaut. Der Kaiserpalast ist bei der Katastrophe weitgehend zerstört worden und war seitdem ungenutzt. Unter der Basis einer Säule im Atrium wurde eine Münze aus der Zeit Justins II. (565-578) gefunden, die für die Datierung des Umbaus verantwortlich zeichnet. Die Datierung Justins II. ist byzantinisch, womit der Einbau in die antike Halle korrigiert frühestens in der 2. Hälfte des 10. Jh. erfolgt sein kann.

Die Ausmalungen der Kirche sind dagegen nach dem *Liber Pontificalis* datiert. Eine Ausmalung (nicht die erste) erfolgte unter Papst Martin I. (649-653). Diese Datierung entspricht korrigiert 1351-1355. Weitere Ausmalungen unter Papst Johannes VII. (705-707), unter Papst Zacharias (741-752), unter Papst Paulus I. (757-772) und unter Papst Hadrian I. (772-795). Diese Datierungen reichen damit bis an das Ende des 15. Jh. Die Kirche soll nach einem Erdbeben unter Papst Leo IV. (847-855) aufgegeben worden sein, das war also Mitte des 16. Jh.

BRANDENBURG charakterisiert die Malereien so: "zum Teil von hoher Qualität und erstaunlicher Frische und impressionistischem Schwung". Weiter BRANDENBURG: Es "wird diskutiert, ob die Maler aus dem Osten kamen und die Stilprägung der Bilder charakteristisch für die frühbyzantinische Malerei sei"
Für Malereien des 14. und 15. Jh. sicher nicht überraschend. Nach BRANDENBURG ist die Datierung unsicher. Es gibt auch noch keine Bauaufnahme. Nach Wikipedia erfolgte die Umwandlung in eine Kirche im 5. Jh. Die Datierung in das 5. Jh. entspricht korrigiert dem 12. Jh., was durchaus möglich ist. Die gefundene Münze stellt einen *terminus post quem* dar. BRANDENBURG sieht den Bau zeitgleich oder spätestens eine Generation später als SS Cosma e Damiano, die der Autor in die 1. H. des 13. Jh. datiert.

Konstantinopel

Vorweg muss leidenschaftslos festgestellt werden, dass auch die byzantinische Geschichte - wie ARNDT zweifelsfrei nachweist - ein ähnlich konstruiertes System aufweist wie das Mittelalter des Westens. "Die Reihenfolge der Namen der 78 legitim herrschenden Kaiser von Konstantinopel (324-1453, Konstantin I.-Konstantin XI.) ist wohlkonstruiert, und zwar um den Namen Konstantin herum." [ARNDT, 164]
Die byzantinische Geschichte datiert logischerweise byzantinisch/spätantik. Wie im Abschnitt *Die HEINSOHN-These* dargelegt, sind die Ereignisse vor 522 um 284 Jahre in Richtung Antike zu verschieben; die Ereignisse nach 522 um 418 Jahre in Richtung u. Z.

Nun gibt es eine Jahreszahl, wo das byzantinische System mit dem mittelalterlichen System des Westens synchronisiert ist: das ist die Eroberung Konstantinopels im Jahr 1204 durch die Kreuzfahrer, d. h. spätestens ab 1204 datiert auch Byzanz nach u. Z. Durch die Verschiebung der byzantinischen Geschichte vor 1204 um 418 Jahre in Richtung u. Z. ergibt sich ein "Zuviel" an Geschichte von 418 Jahren im Zeitraum von 522 bis 1204. Wo versteckt sich dieses "Zuviel"?

Auch hier sind bei ARNDT entsprechende Hinweise zu finden: "Besonders auffällig ist hier die Makedonische Dynastie (867-1056)." [ARNDT, 156]
Weiter: " Es gibt nun in der byzantinischen Geschichte genau eine Zeit, in der sich die dynastische Konstellation der Zeit um 600 ziemlich identisch wiederholt: die zweite Hälfte des 11. Jahrhunderts. ... Dazu passt, dass Mitte des 11. Jh. die slawischen Reiche südlich von Ungarn wieder von der Landkarte verschwunden sind (die Auferstehung ist dann um 1200) und das Byzantinische Reich auf dem Balkan in den Grenzen um 600 wiederhergestellt ist." [ARNDT, 173]
Es erscheint klar, dass das "Zuviel" in der Zeit zwischen 600 und Mitte des 11. Jh. zu finden ist.

Die Zeit um 600 korreliert auch mit der Feststellung ARNDTs: "Die Zeit um 600-642 ist aus Quellensicht gesehen, das Ende der antiken Geschichtsschreibung." [ARNDT, 172]

Nebenbei bemerkt, damit verflüchtigen sich auch die karolingischen und ottonischen Kontakte zu Byzanz ins Nirwana (siehe dazu Exkurs zur karolingischen und ottonischen Baukunst).

Wo genau der Schnitt zu machen ist, ist an dieser Stelle ohne Relevanz.

Dass die verbleibende Geschichte sich jedoch wirklich so ereignet hat, ist keinesfalls sicher, aber wird hier nicht weiter verfolgt.

Für die Errichtung von Kirchenbauten bleibt nach Ausschneiden der Geschichte von ca. 600 bis Mitte 11. Jh. neben der Zeit Justinians und seiner direkten Nachfolger nur noch das fortgeschrittene 11. Jh. und das 12. Jh.

In einem um 425 angefertigten Inventar sind für Konstantinopel 14 Kirchen aufgelistet, von denen sich nur zwei „mit einiger Wahrscheinlichkeit" auf Konstantin zurückführen lassen, die Apostelkirche und die Irenen-Kirche [YERASIMOS, 35]. „Vieles spricht allerdings dafür, dass die fraglichen Kirchen von den Kaisern des sechsten Jahrhunderts erbaut wurden." [ebd. 35]

Keine der drei angeblich ältesten Kirchen Konstantinopels, das sind die Apostelkirche, die Irenen-Kirche und die Hagia Sophia, ist im Urzustand erhalten [ebd. 36].

Als erste Frage ist die Datierung des Inventars zu klären. Antik oder byzantinisch? Die byzantinische Datierung wäre in das antike Jahr 141 zu korrigieren. Die genannten Kirchenbauten dem 2. Jh. zuzuordnen, ist nach Auffassung des Autors nicht möglich. Damit kommt für das Inventars nur eine weströmische (antike) Datierung in Frage, die korrigiert das Jahr 1127 ergibt. Dass im Jahr 1127 nur 14 Kirchen in Konstantinopel gelistet sind, ist einigermaßen auffällig, wenn man davon ausgeht, dass angeblich schon seit dem 4. Jh. in Konstantinopel Kirchen existent sind. Wenn man den Beginn des Kirchenbaus aber in der 2. Hälfte des 10. Jh. unter

Justinian sieht, verwundert diese geringe Zahl dagegen nicht mehr.
Die Datierung "6. Jh." ist dagegen eindeutig spätantik bzw. byzantinisch und entspricht dem 10. Jh.

Hagia Sophia

Die Hagia Sophia ist die bedeutendste Kirche Konstantinopels. Der bestehende Bau der Hagia Sophia ist nach Ansicht der traditionellen Kunstgeschichte der Bau Justinians, 532 begonnen. Schon 537 soll der Rohbau eingeweiht worden sein. 553 und 558 Einsturz der Kuppel infolge von Erdbeben. Kuppelneubau 558-562. Bei einem Erdbeben 989 Einsturz des westlichen Kuppelbogens. 1346 bei einem Erdbeben Einsturz des östlichen Kuppelbogens, weshalb man Strebepfeiler zur Stabilisierung errichtete.

Die traditionelle Baugeschichte sieht zwei Vorgängerbauten. Ein erster Bau soll um 325 noch unter Konstantin I. begonnen worden sein und um 360 unter Konstantios II. vollendet worden sein. Er soll „fast ebenso breit und ebenso lang wie der heutige Bau" gewesen sein. Dieser Vorgängerbau soll 404 abgebrannt sein. Danach wurde unter Theodosius II. (408-450) ein Neubau errichtet, der im Nika-Aufstand 532 wiederum abbrannte.
Die Hagia Sophia hatte bei ihrer Gründung noch kein Patrozinium, sondern "erhielt die schlichte Bezeichnung Große Kirche und wurde Jesus Christus geweiht." [ebd. 45].

Zu den sog. Vorgängerbauten gibt es fast keine brauchbaren Informationen. Der erste Bau soll zunächst vermutlich als Palastaula errichtet worden sein (Wikipedia). Sofern die Datierungen byzantinisch sind, sind sie entsprechend zu korrigieren. Damit würde der erste Bau in das 1. Jh. rücken - für den Autor nicht vorstellbar, zumindest nicht als Kirchenbau.
Nach Auffassung des Autors gab es keinen vorjustinianischen Bau. Der 532 (korrigiert = 950) begonnene "Wiederaufbau" ist der Gründungsbau.

Vorstellbar ist auch, dass das angebliche Fertigstellungsjahr "um 360" eine antike Datierung ist und dem korrigierten Jahr 1062 entspricht - möglicherweise das Fertigstellungsjahr nach der Wiedererrichtung des eingestürzten Kuppelbogens.

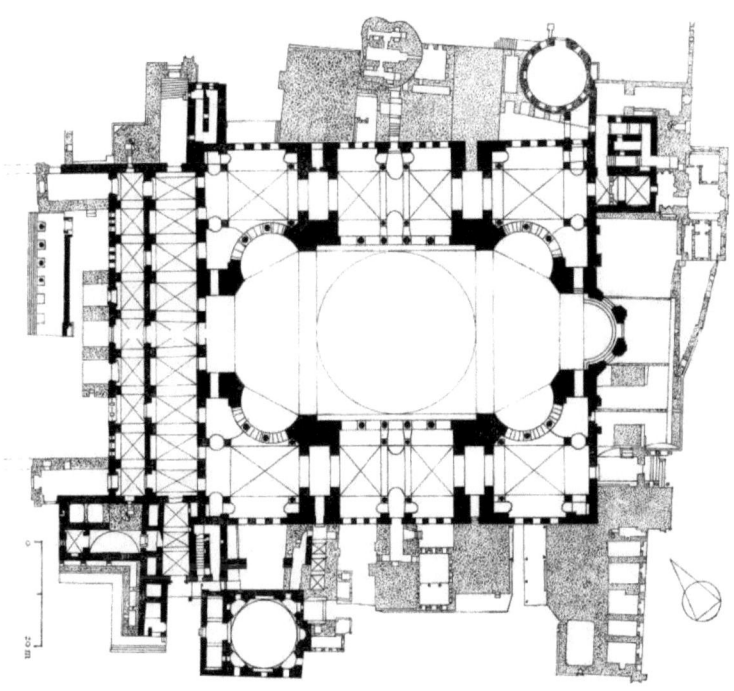

Konstantinopel, Hagia Sophia, Grundriss aus [EFFENBERGER, 297]

Apostelkirche

Die Apostelkirche soll nach der Hagia Sophia die zweitwichtigste Kirche in Konstantinopel gewesen sein. Das Dilemma ist, sie wurde bereits 1461 abgebrochen, also kurz nach der Eroberung Konstantinopels durch die Osmanen. An

ihrer Stelle wurde damals eine Moschee errichtet, die selbst seitdem schon wieder einen Neubau erfahren hat.
Über die Apostelkirche einschließlich ihrer Baugestalt wissen wir nur aus den literarischen Quellen.
Archäologische Untersuchungen zur Baugeschichte gibt es keine.
DARK/ÖZGÜMÜS führten nach Wikipedia ein "Survey" durch.
Dieser ergab, "dass einige noch vorhandene Mauerreste mit größter Wahrscheinlichkeit in die Zeit vor der Errichtung der Moschee zu datieren sind und damit ursprünglich Bestandteil der Apostelkirche gewesen sein dürften."
Selbst die exakte Lage der Kirche war bis zu den Untersuchungen von DARK/ÖZGÜMÜS unbekannt.

Nach Wikipedia soll im 4. Jh. Konstantin I. für sich einen Grabbau errichtet haben, der bei seinem Tod 337 fertiggestellt war. Nach Eusebius von Caesarea soll der Bau sowohl Grabstätte als auch Kirche gewesen sein. "Zudem gewinnt man den Eindruck, es habe sich um einen Zentralbau gehandelt."
Die Überlieferung berichtet für das Jahr 358 Reparaturmaßnahmen infolge eines Erdbebens. In den Quellen ist ab Ende des 4. Jh. von zwei miteinander verbundenen Bauten die Rede - einer Kirche und dem Mausoleum Konstantins, wovon einer ein Neubau gewesen sein soll. Quellen des 5. Jh. berichten, dass beide Bauten von Konstantios II. neu errichtet worden sein sollen.
Konstantios II., seine Frau und andere spätantike Kaiser mit ihren Angehörigen sollen im Mausoleum bzw. anderen Anbauten bestattet worden sein.

Da die Kirche im 6. Jh. als nicht mehr großartig genug galt, soll unter Justinian der alte Bau abgebrochen und ein Neubau begonnen worden sein. Dessen Weihe soll dann 550 stattgefunden haben.
Das Aussehen dieses Baus wird von Prokop näher beschrieben. Der Neubau soll von den Architekten der Hagia Sophia, Anthemios von Tralles und Isidor von Milet, als kreuzförmiger Bau mit fünf Kuppeln entworfen und errichtet worden sein. "Je eine Kuppel überwölbte die vier Arme des

Kreuzes. Die Vierung zwischen den Kreuzarmen trug die fünfte, noch größere und mit Fenstern ausgestattete Kuppel; jeder Kreuzarm war dreischiffig. Im Westen des westlichen Arms des Kreuzes setzte das Atrium an. An den nördlichen Kreuzarm ließ Justinian ein weiteres Mausoleum anfügen, das ebenfalls kreuzförmig war und in dem später er (Justinian - MM) und seine Frau bestattet wurden." [Wikipedia]

1204 wurde der Bau während des 4. Kreuzzugs geplündert.

Also auch hier eine ziemlich unklare Situation vor dem 6. Jh. Gemäß der HEINSOHN-These ist Konstantin I. in das 1. Jh. zu datieren. Sein Mausoleum in Konstantinopel ist sicher denkbar. Der abgelegene Standort innerhalb der antiken Stadt, weitab vom kaiserlichen Palast verwundert dagegen schon. Etwa zeitgleich, nur ein paar Jahre jünger, das Mausoleum des Diokletian in Split, das jedoch direkt innerhalb der kaiserlichen Palastanlage errichtet wurde.
Es dürfte ausgeschlossen sein, dass das Mausoleum gleichzeitig Kirche war. Eine separate Kirche im 1. Jh. entfällt ebenso. Wie oben bereits angeführt, sieht der Autor Eusebius von Caesarea als spätere Fälschung bzw. als Pseudepigraph. Er entfällt damit als glaubwürdige Quelle.

Nun zum justinianischen Bau: Das byzantinische Jahr der Weihe 550 ergibt korrigiert das Jahr 968. Zu dieser Zeit war Justinians Prestigeobjekt, die Hagia Sophia, gerade im Bau (Baubeginn 950). Dass er daneben einen weiteren Großbau am anderen Ende der Stadt errichten ließ, darf zumindest bezweifelt werden.

Der Autor bezweifelt die justinianische Entstehung des von Prokop beschriebenen Baus. Ein Mehrkuppelbau verweist eher auf eine spätere Zeit. Auch Prokop ist aus Sicht des Autors ein Pseudepigraph, der im 12. Jh. oder sogar später schreibt. Er konnte maximal den zu seiner Zeit stehenden Bau beschreiben.

DARK/ÖZGÜMÜS fanden bei ihrer augenscheinlichen Untersuchung nur wenige beim Moscheebau wiederbenutzte

Mauerzüge, die nach ihrer Ansicht in die Zeit vor dem ersten Moscheebau, also in byzantinische Zeit zu datieren sind. Für die betreffenden Bauteile gilt zunächst nur das Jahr 1460 als *terminus ante quem*. Sie rekonstruieren die justinianische Apostelkirche als geostete Kuppelkirche mit Apsis im Osten; das Mausoleum Konstantins sehen sie unmittelbar vor der Apsis [409f]. Genaugenommen sind der Ostabschluss einschließlich Apsis und das Mausoleum bei ihnen jedoch Annahme ohne irgend einen Beleg.

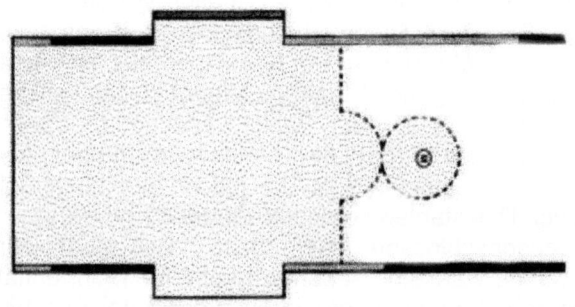

Konstantinopel, Apostelkirche. Grundriss aus [DARK/ÖZGÜMÜS, 409]

Als Vergleichsbauten nennen DARK/ÖZGÜMÜS als auch Wikipedia die Johanneskirche in Ephesos und San Marco in Venedig. San Marco ist ein Bau aus der 2. Hälfte des 11. Jh. Die Johanneskirche in Ephesos gilt traditionell als Bau des 6. Jh., wäre also in etwa zeitgleich mit der Apostelkirche.

Der Autor hält sowohl die Apostelkirche als auch die Johanneskirche für Bauten des 11. Jh. Eine justinianische Apostelkirche sieht er nicht.

Eine andere Rekonstruktion nachstehend:

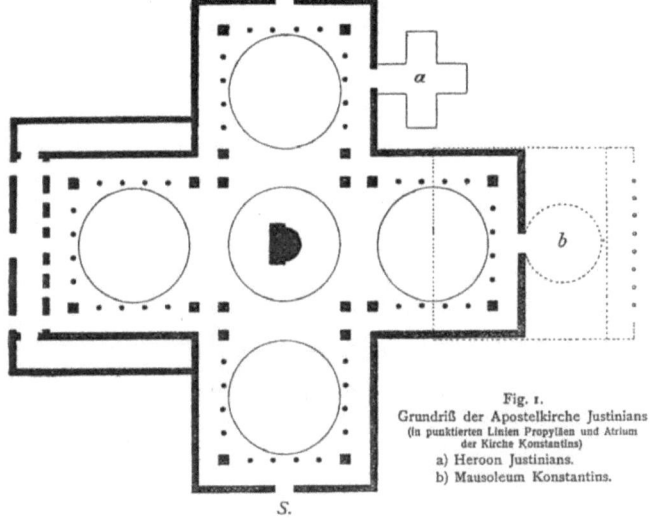

Fig. 1.
Grundriß der Apostelkirche Justinians
(in punktierten Linien Propyläen und Atrium
der Kirche Konstantins)
a) Heroon Justinians.
b) Mausoleum Konstantins.

Konstantinopel, Apostelkirche.
Plan bei N. Asutay-Effenberger – A. Effenberger, Die Porphyrsarkophage der oströmischen Kaiser. Wiesbaden 2006. Aus: [https://lisa.gerda-henkel-stiftung.de/konstantinopel_kaiserhof_und_stadt_prof._dr._peter_schreiner?nav_id=1204]

Irenenkirche

Auch die konstantinischen Anfänge der Irenenkirche in Konstantinopel sind äußerst suspekt. Sie soll 564 abgebrannt und unter Justinian restauriert worden sein. Danach neue Zerstörungen durch ein Erdbeben (740) und erneuter Wiederaufbau. Untersuchungen aus den 70er Jahren des 20. Jh. ergaben, dass „die meisten Mauerabschnitte der heutigen Kirche vom Wiederaufbau im achten Jahrhundert stammen." [ebd. 49ff]

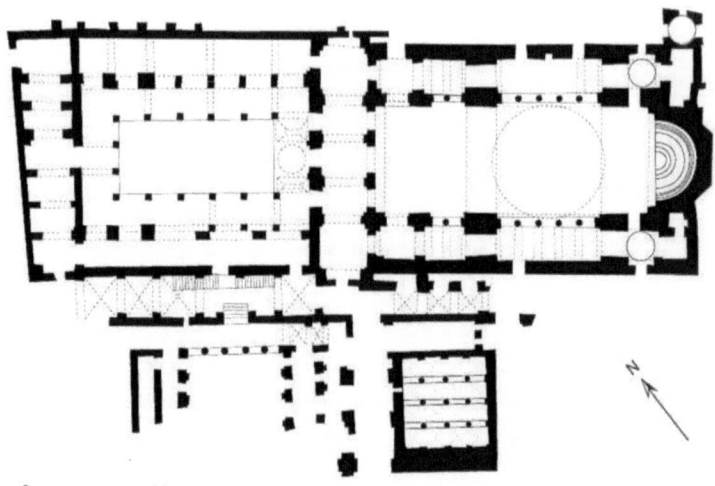

Konstantinopel, Irenenkirche
Grundriss aus: CC BY 2.5, https://commons.wikimedia.org/
w/index.php?curid=452863

Die Datierung der "meisten Mauerabschnitte der heutigen
Kirche" in das 8. Jh. würde auf das 12. Jh. verweisen, wenn
mit dem 8. Jh. eine byzantinische Datierung vorliegt.

Der Autor sieht in der Irenenkirche einen Bau des 11./12. Jh.
Einen Vorgängerbau hat es nicht gegeben. Die Datierung des
Brandes 564 könnte dagegen antik sein und damit dem Jahr
1266 entsprechen.

Hagios Johannes Studios

Die angeblich älteste, als Ruine erhaltene Kirche
Konstantinopels, die Hagios Johannes Studios – eine
dreischiffige Basilika - soll 454 erbaut worden sein
[YERASIMOS, 36]. Hier dürfte eine antike Datierung vorliegen,
die korrigiert 1156 entspricht, womit sie ihren Status als älteste
Kirche verliert.

Im Jahr der Thronbesteigung Justinians 527 (= 945) soll die heute noch bestehende Sergios-und-Bakchos-Kirche von Justinian begonnen worden sein. Sie wäre damit die früheste Kirche in Konstantinopel - nicht völlig unmöglich, da Justinian und seine Frau Christen waren und mit der Thronbesteigung durchaus die Gelegenheit bestand, einen Eigenkirchenbau zu errichten.

Zweifel erheben sich, da über die besondere Stellung dieses Baus zu Justinian nichts überliefert ist. Der Baubeginn wäre etwa 5 Jahre nach der Katastrophe und erscheint damit etwas zu früh. Unmittelbar nach der Katastrophe bestanden vermutlich andere Prioritäten als ein Eigenkirchenbau - was aber nicht zwingend ist.

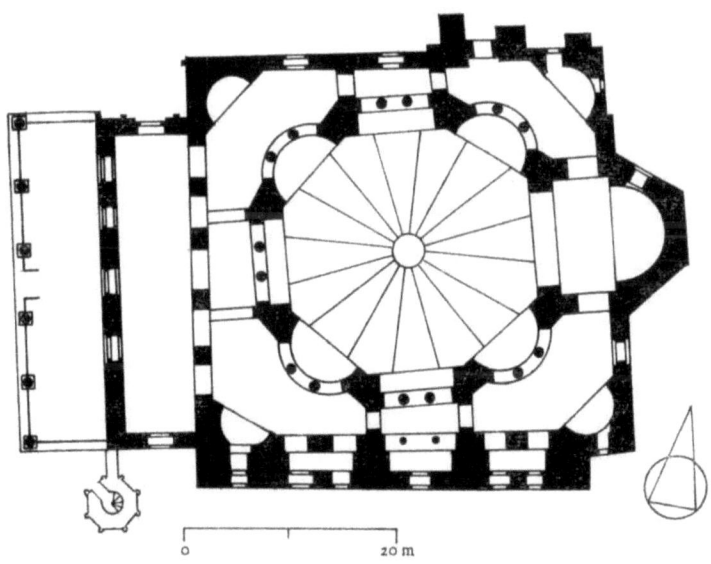

Konstantinopel, Sergios-und-Bakchos-Kirche, Grundriss aus [EFFENBERGER, 296]

Ephesos

Ephesos war eine antike Metropole und bis in byzantinische Zeit eine bedeutende Stadt des Byzantinischen Reichs. Im 7. Jh. soll durch die Einfälle der Sassaniden und die anschließenden Arabereinfälle die antike Phase der Stadt beendet worden sein. Im Jahr 1090 soll Ephesos von den Seldschuken erobert worden sein. Bis in das 14. Jh. soll Byzanz versucht haben, die Region um Ephesos zu sichern, bis Ephesos endgültig an die Türken fiel. Die Bevölkerung soll umgebracht oder deportiert worden sein.

Wie zu Konstantinopel bereits ausgeführt, ist die Zeit zwischen ca. 600 und Mitte des 11. Jh. als Phantomzeit auszuscheiden. Damit dürften die Sassaniden- und Arabereinfälle des 7. Jh. erfunden sein.

Auch wurde die "Eroberung" durch die Seldschuken bisher scheinbar falsch interpretiert. So vermeldet 2010 die Direktorin des Österreichischen Archäologischen Instituts (ÖAI), Sabine Ladstätter: "Wie Grabungen der vergangenen Jahre und eine neuerliche Aufarbeitung des bisherigen Fundmaterials gezeigt haben, wurde die Stadt - im Gegensatz zur bisherigen Ansicht - im 7. Jahrhundert nicht verlassen. Vielmehr blieben die byzantinischen Griechen in Ephesos und lebten während des Mittelalters in Koexistenz mit den türkischen Selcuken, die sich im nur zwei Kilometer entfernten Ayasoluk angesiedelt hatten. ... Im 7. Jahrhundert war Ephesos, zu ihrer Blütezeit eine der bedeutendsten Städte des Altertums, von einer schweren Krise betroffen: Die Archäologen fanden Zerstörungshorizonte mit Brandschichten. Was die Auslöser dafür waren, wissen die Forscher bisher noch nicht genau, historische Quellen liefern Erklärungen, die von Perser- und Arabereinfällen bis zu Erdbeben reichen."
[derstandard.at/1271374824372/Archaeologie-Ephesos-Geschichte-neu-geschrieben]

Dafür spricht auch, dass die Seldschuken in einiger Entfernung zur antiken Stadt siedelten und nicht in der Stadt selbst.

Der festgestellte Bedeutungsrückgang von Ephesos im 7. Jh. (= 11. Jh.) war nicht durch die Seldschuken bedingt, sondern eher durch die Versandung des Hafens.

Die unbekannte Katastrophe war vermutlich die Mega-Katastrophe 522/um 940 und die Versandung des Hafens eine Folge derselben.

Möglicherweise wurde die Johanneskirche in Ephesos errichtet, um nach dem Niedergang der wirtschaftlichen Bedeutung einen neuen Anziehungspunkt in der Stadt zu haben.

Die Stadt Ephesos wurde erst mit der Eroberung durch die osmanischen Türken im 15. Jh. zerstört.

Johanneskirche

Nach Wikipedia soll schon im 4. Jh. über dem Grab des Apostels Johannes eine Kirche erbaut worden sein, für die Steine und der Marmor von dem zerstörten Tempel Verwendung fanden. Weiter unten heißt es: "Über der Stelle des Grabes wurde zunächst ein Mausoleum ... errichtet."

Kaiser Justinian soll diesen ersten Bau durch eine kreuzförmige, dreischiffige Kuppelkirche mit sechs Kuppeln ersetzt haben. Sie gilt aufgrund der Gestalt und der Einwölbung mit Kuppeln als direkter Nachfolgebau der angeblich auch von Justinian errichteten Apostelkirche in Konstantinopel.

Wie der Autor den Kuppelbau der Apostelkirche in Konstantinopel nicht für den justinianischen Bau hält, so ist für ihn auch die Kuppelkirche in Ephesos kein justinianischer Bau, sondern ein Bau frühestens des 11. Jh.

Falls es einen justinianischen Bau (10. Jh.) gab, kommt nur die erste Kirche bzw. das Mausoleum infrage, das zur Verehrung des Apostelgrabes errichtet wurde, analog den justinianischen Bauten in Jerusalem über dem Grab bzw. in Bethlehem über der Geburtsgrotte. Dieser Bau dürfte ein Zentralbau gewesen sein. Für ihn könnte Material aus den in der Katastrophe zerstörten Bauten wiederverwendet worden sein.

Frühestens im 11. Jh. wurde der byzantinische Großbau, jetzt mit einem Grundriss in Form eines lateinischen Kreuzes errichtet.

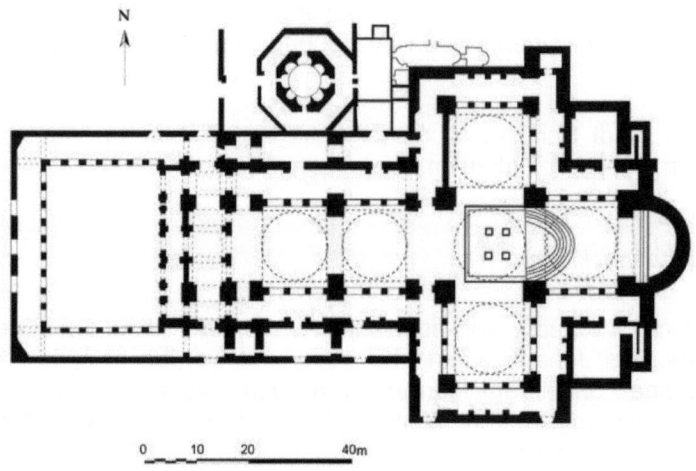

Johanneskirche.
Quelle: Von Marsyas - Eigenes Werk, CC BY 3.0, https://commons.wikimedia.org/w/index.php?curid=3676836

Die Johanneskirche reiht sich damit ein in die hinsichtlich ihrer Veranlassung und ihrer Gestalt verwandten Bauten - der Apostelkirche in Konstantinopel, die allen Aposteln gewidmet ist, sowie San Marco in Venedig über dem Grab des Apostels Markus.

In diese Reihe gehört - zumindest zeitlich - auch die Kathedrale von Santiago de Compostela (1075-1128), die angeblich das Grab des Apostels Jakobus beherbergt und natürlich im westlichen Stil erbaut wurde, jedoch in ihrer baulichen Gestalt bis auf die Kuppelwölbung große Ähnlichkeit mit der Johanneskirche hat.

Syrien

Kalat Siman

Auch in Syrien ist ein frühchristliches Pilgerheiligtum existent:
Kalat Siman.

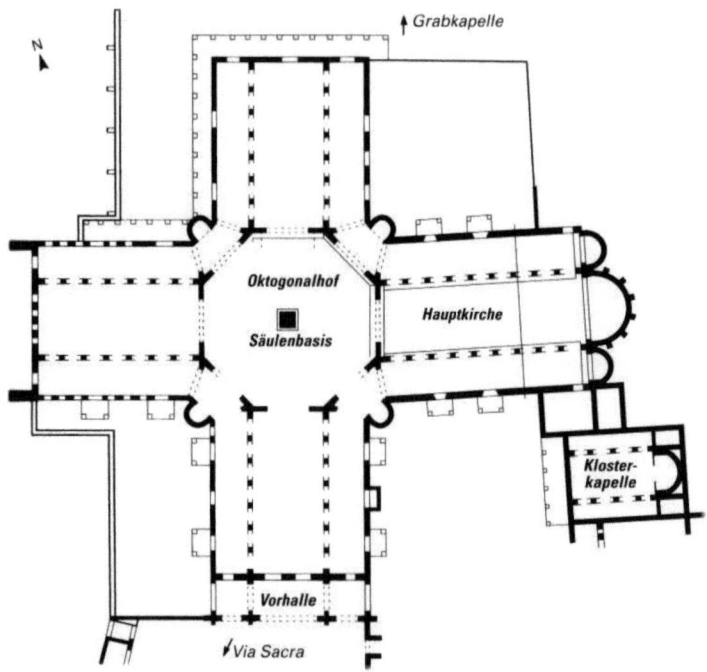

Grundriss aus [SCHECK/ODENTHAL, 287]

Kalat Siman ist als Pilgerheiligtum zur Verehrung des hl.
Symeon stylites des Älteren (gest. 459) bekannt. Dieses soll
476 bis 490 errichtet worden sein. Eine andere Quelle nennt

als Datum „unbekannt zwischen 459 und 560"
[www.archnet.org/library/sites zu St. Simeon Church
_12.05.09].
Die Anlage bestand aus dem so genannten Martyrium, einem
Oktogon, in dessen Zentrum sich angeblich die 20 m hohe
Säule befand, auf der der Heilige mehr als 30 Jahre verbracht
haben soll. Östlich schloss sich an das Oktogon eine
dreischiffige Basilika an, deren drei Schiffe in Apsiden
endeten. Nördlich, südlich und westlich schlossen sich an das
Oktogon weitere dreischiffige Hallen an, womit sich eine
kreuzförmige Grundrissgestalt ergab [EFFENBERGER, 327].
Ob das Oktogon überdacht war oder nicht, ist unklar
[LASSUS, 45].

Auffällig ist, dass der sonst sehr akkurate Grundriss für den
Ostarm in seiner Ausrichtung eine leichte Abweichung nach
Norden aufweist. Vermutlich war der Ostarm der
Ursprungsbau, eine „einfache" querhauslose dreischiffige
Basilika.
Die Erweiterung um den Oktogonalhof und die nach Norden,
Westen und Süden ausgerichteten Basiliken erfolgte später.
Möglicherweise war nur die Ostbasilika eine Kirche; die
anderen Basiliken dienten vielleicht der reibungslosen
Abwicklung des Pilgerbetriebs. Die Südbasilika mit dem
Narthex diente als Hauptzugang zu dem Pilgerheiligtum.

Der östliche dreiapsidiale Abschluss ist in der frühchristlichen
Architektur sonst nirgends zu finden, in der frühromanischen
Architektur dagegen häufig.

Wenn man sich die Reste von Kalat Siman ansieht, z. B. auch
die zweigeschossige Säulengliederung an der
Apsisaußenseite, kann man sich des Eindrucks nicht
erwehren, dass man kein spätantikes, sondern ein
romanisches Bauwerk vor sich hat.

Die traditionelle Datierung 476/490 oder 459/560 sind antike
Datierungen, die korrigiert 1178/1192 bzw. 1161/1262
entsprechen.

Von 1098 bis 1268 gehörte das Gebiet um Kalat Siman zum Fürstentum von Antiochia, einem der vier Kreuzfahrerstaaten.

Die Toten Städte Nordsyriens

Neben Kalat Siman werden von der Kunstwissenschaft in den so genannten Toten Städten Nordsyriens, im Belos (Gebiet westlich von Aleppo), weitere frühchristliche Basiliken gesehen, die alle im 4., 5. oder frühen 6. Jh. angehören sollen [SCHECK/ODENTHAL, 281ff].

Das sind die Bauten von Brad, Mushabbaq, Burjke, Fafertin, Basufan, Kharab Shams, Deir Turmanin, Dar Qita, Qalb Lhoze und zahlreiche andere. Ein paar Merkwürdigkeiten dieser Bauten:

Burjke weist ein Okulus in der Apsis auf (in Westeuropa später ein beliebtes Motiv)

Die Säulenbasilika von Deir Turmanin besitzt eine Art Doppelturmfassade (in Europa erst gegen 1100)

Auch Qalb Lhoze besitzt eine Doppelturmfassade mit einer Vorhalle, die sich in weitem Bogen nach Westen öffnet; in den Türmen Zugänge zur Westempore und den Emporen in den Seitenschiffen; außen an der Apsis eine zweigeschossige Säulengliederung wie auch in Kalat Siman.
SCHECK/ODENTHAL [306] zitieren dazu die Bemerkung des französischen Grafen Melchior de Vogué: „Unmöglich ist zu verkennen, dass in diesem Gebäude all die Elemente ihren Ursprung haben, welche den Vorbau der romanischen Kirchen bilden.

Das monophysitische Großkloster Tell Ade soll bis 962 bestanden haben, also über die islamische Eroberung der 30er Jahre des 7. Jh. hinweg (30er Jahre des 7. Jh. = Mitte des 11. Jh. u. Z. Damit erledigt sich diese Merkwürdigkeit.)

Die Datierung vom 4. bis in das 6. Jh. ist antik, womit sie dem 11. bis 13. Jh. entspricht.
Die Errichtung dieser Kirchen sieht der Autor im 12. Jh. unter der Herrschaft der Kreuzfahrer.
Mit den Kreuzfahrern kamen aus Europa nicht nur Abenteurer und Plünderer, sondern auch zahlreiche landarme Bauern mit ihren Familien, die sich eine neue Existenz aufbauen wollten und in dem eroberten Land siedelten. In den neuen Siedlungen errichteten sie neben ihren Wohnhäusern als erste Bauten Kirchen, wie sie sie aus ihrer Heimat kannten. Das Ende der Herrschaft der Kreuzfahrer beendete auch diese Siedlungstätigkeit.

Vor allem die falsche Datierung von Kalat Siman und den Toten Städten ist für die traditionelle Sicht der Entwicklung des byzantinischen Kirchenbaus verantwortlich, die vor den Kuppelbauten eine basilikale Phase einordnet. Bei richtiger Datierung entfällt diese basilikale Phase vollständig. Der byzantinische Kirchenbau beginnt unter Justinian mit kuppelgedeckten Zentralbauten. Die Saalkirchen und Basiliken entstehen erst im Kontext der Kreuzzüge als aus dem Westen "importierte" Bauform.

Armenien

Armenien rühmt sich, die früheste Kirche überhaupt zu beherbergen. Schon im Jahr 301, noch vor dem Mailänder Edikt, soll das Christentum in Armenien als Staatsreligion eingeführt worden sein.

Wikipedia: "Die Fundlage frühchristlicher Bauten ist eher bescheiden. Vollständig erhalten ist keiner. Anhand der Reste lässt sich vorsichtig formulieren, dass die für Byzanz geltende Entwicklung von der Basilika über die Vermischung mit dem Zentralbau zur Kreuzkuppelkirche ähnlich verlaufen ist."

Die Kunstwissenschaft sieht im 4.-6. Jh. die Basilika als beherrschenden Typ. Errichtet wurden einfache Saalkirchen, aber auch dreischiffige Basiliken.

Seit dem 5. Jh. werden Kuppelkirchen gebaut, die ihre architektonische Vollendung im Typus der Zentralkuppelbauten mit besonderer Betonung der Vertikalen erfahren, z. B. die Kirche des Hl. Sarkis in Tekor, die Kirche in Odsun, die Kathedrale und die Gajane-Kirche in Etschmiadsin, die Kirchen in Ptgni und Arutsch.
Höhepunkt der frühen armenischen Baukunst in der 1. Hälfte des 7. Jh., z. B. Ripsime-Kirche und die Kirche des hl. Gregor bei Etschmiadsin.
Bauten sind bereits im 5./6. Jh. reich ornamentiert und mit Skulpturenschmuck versehen. [TJASHELOW/SOPOZINSKI, 120f]

Angebliche Unterbrechung der künstlerischen Entwicklung durch den Einfall der Araber Ende des 7. Jh. Erneuter Aufschwung erst im 9. Jh. nach Vernichtung des Kalifats und Erlangung der Selbständigkeit.

"Die sich entwickelnden Städte wiederholen in ihrer Struktur den Stadttypus der vorangegangenen Zeit ..." [ebd., 124]

Im 10.-13. Jh. wird Ani wichtigstes Zentrum des Profan- und Sakralbaus. "Die Erbauer Anis strebten zunächst danach, den klassischen Bauten des 5. bis 7. Jahrhunderts nachzueifern." [ebd., 125f] Herausragende Beispiele sind die Kirche des hl. Gregor Gagiks I., die Apostelkirche in Wagarschapat und die Kathedrale von Ani.

Es ist nach Ansicht des Autors eindeutig, dass die von der Forschung vermeintlich getrennte Entwicklung des Sakralbaus des 5.-7. Jh. und des 10.-13. Jh. zusammengehören. Die Bauten des 5.-7. Jh. sind offensichtlich byzantinisch/spätantik datiert. Bei Korrektur wären sie etwa deckungsgleich mit den Bauten des 10.-13. Jh.

Die frühe Phase der Entwicklung des Kirchenbaus in Armenien ist ebenso der falschen Chronologie geschuldet.
Es ist zutreffend, dass die Entwicklung des Kirchenbaus in Armenien ähnlich der in Byzanz verlief. Wie in Byzanz so gibt es auch in Armenien keine frühchristliche basilikale Phase. Diese basilikale Phase gehört in viel spätere Zeit, nämlich in das 11.-13. Jh.

Vermutlich entstammt dieser Irrtum aus einer antiken/weströmischen Datierung der Bauten bzw. ihrer Protagonisten. Für die Korrektur in u. Z. muss eine Zeitdifferenz von ca. 700 Jahren zu der antiken/weströmischen Datierung hinzuaddiert werden. Damit gelangen diese Bauten in das 11.-13. Jh.
Auch das Jahr der Einführung des Christentums als Staatsreligion ist mit Sicherheit antik/weströmisch, womit sich korrigiert eine Datierung um 1000 ergibt.

Letztendlich gelangt man in Armenien zu einer völlig anderen Entwicklung des Kirchenbaus.

Ab dem späten 10. Jh. entstehen - von Byzanz ausgehend - kuppelgedeckte Zentralbauten, wie in Byzanz auch. Der von der Kunstwissenschaft gesehene Beginn im 5. Jh. ist zu früh. Es gibt für keinen Bau eine exakte Datierung. Die Datierungen

erfolgten von der Kunstwissenschaft nach stilkritischen Gesichtspunkten, sind also "unscharf".
Künstlerischer Höhepunkt dieser Bauten ist im späten 12./13. Jh.

Im 12./13. Jh. werden auch Longitudinalbauten, kleine Saalkirchen und dreischiffige Basiliken, errichtet. Die Wölbung dieser Bauten ist dann zeitgemäß.

Georgien

Der Vollständigkeit wegen soll auch der Kirchenbau in Georgien kurz abgehandelt werden. Die Parallelen zu Armenien sind kaum zu übersehen. Auch in Georgien soll schon Anfang des 4. Jh. das Christentum als Staatsreligion eingeführt worden sein.

Auch in Georgien gibt es angeblich im 5. Jh. eine erste Blütezeit mit Basiliken, z. B. die dreischiffige Zionskirche in Bolnisi.

Nach Mitte des 6. Jh. entstehen Kirchen des Typus der Zentralkuppelkirchen, wie die Kathedrale in Ninozminda (Tetrakonchos, 3. Viertel 6. Jh.), die Dshuari-Kirche in Mzcheta (586/87-604). [TJASHELOW/SOPOZINSKI, 141f]

Der arabische Überfall in der 2. Hälfte des 7. Jh. beendete zunächst die künstlerische Entwicklung. Erst mit der Schwächung der Macht des Kalifats Mitte des 8. Jh. neue kulturelle Blüte.

In der Periode vom 10.-13. Jh. ist ein bedeutender Aufschwung der materiellen und geistigen Kultur zu verzeichnen. Der Sakralbau erreicht seinen Höhepunkt in den größten Bauten des 11. Jh., z. B. der Kirche Bagrat III. in Kutaisi (975-1014), der Sweti-Zchoweli-Kirche in Mzcheta (1010-1029) und der Kathedrale in Alawerdi (1. Viertel 11. Jh.). [ebd., 144]

Die Lösung ist dieselbe wie für Armenien. Die Kirchen des späten 6. Jh./Anfang 7. Jh. sind byzantinisch datiert und gehören korrigiert an das Ende des 10. Jh./1. Viertel 11. Jh.

Die angeblich frühe basilikale Phase ist antik/weströmisch datiert. Die Bauten des 5. Jh. werden somit zu Bauten des 12. Jh.

Jerusalem und Bethlehem

Und die Großbauten im Heiligen Land? Jerusalem und das unmittelbar benachbarte Bethlehem gehörten bis 614 zu Ostrom. Im Jahr 614 wird Jerusalem/Bethlehem von den Persern eingenommen. Von 629 bis 637 gehörte Jerusalem noch einmal kurzzeitig zu Ostrom. Im Jahr 637 wurde es vom Islam erobert. 1099 eroberten die Kreuzfahrer Jerusalem und gründeten das Königreich Jerusalem, das 1187 durch Saladin beseitigt wurde. Ein nochmaliges lateinisches Intermezzo gab es von 1229 bis 1244, als sich Friedrich II. selbst zum König von Jerusalem erhob. Er hatte die Stadt zuvor durch Verhandlungen vom Sultan erhalten.

Die Datierungen in das 7. Jh. sind durchgängig byzantinisch und müssen zum Verständnis der zeitlichen Abläufe korrigiert werden. Die Einnahme Jerusalems im Jahr 614 fand 1032 statt. Die kurzzeitige Rückeroberung durch Ostrom 629 demzufolge 1047. Die islamische Eroberung 637 erfolgte 1055, d. h. Jerusalem gehörte zu Ostrom bis 1032 und zwischen 1047 und 1055. Jerusalem verzeichnete eine nochmalige christliche Phase am Ende des 11. Jh. mit dem Einzug der Kreuzritter, die jedoch nur 88 Jahre andauerte.

Nach der persischen Eroberung dürfte die christliche Entwicklung abrupt beendet worden sein, was durch das Schicksal dieser Bauten belegt wird. Übrigens ist sowohl für die Geburtskirche in Bethlehem als auch für die Grabeskirche in Jerusalem eine justinianische „Erneuerung" bezeugt.

Grabeskirche

Die Grabeskirche einschließlich der Rotunde ist i. W. ein Neubau des 12. Jh. Die tradierte Baugeschichte kennt mehrere Vorgängerbauten der Grabrotunde, den letzten aus dem 11. Jh.

Der Gründungsbau soll bei der Eroberung durch die Perser 614 (= 1032) durch Brand zerstört worden sein. Danach soll es nur bescheidenere Wiederaufbauten bis zum monumentalen Neubau des 12. Jh. gegeben haben.

Nach Auffassung des Autors ist nur die Grabrotunde selbst, also die Anastasis, der justinianische Gründungsbau, fertiggestellt vor 1032. Die sich nach Osten erstreckende basilikale Erweiterung erfolgte dann unter den Kreuzfahrern zwischen 1099 und 1187 sowie unter Friedrich II. zwischen 1229 und 1244.

Konstantinisches ist bei der Grabeskirche nichts auszumachen, was auch nicht anders sein kann, da Konstantin in das 1. Jh. gehört.

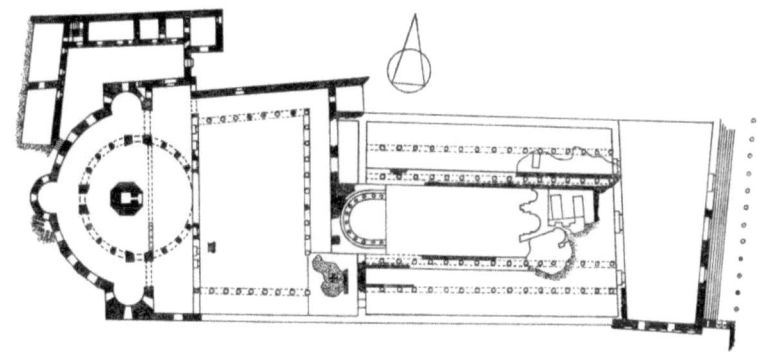

Jerusalem, Grabeskirche, Grundriss aus [EFFENBERGER, 134]

Geburtskirche

Die konstantinische Geburtskirche soll im Samariteraufstand 529 (= 947) beschädigt und danach vollständig abgerissen worden sein. Beim nur wenig größeren Neubau der Geburtskirche unter Justinian sollen die Architekten Justinians

das Mauermaterial der konstantinischen Basilika für den zweiten Bau der Geburtskirche verwendet haben [GORYS, 180].
Unter den Kreuzfahrern 1161-1169 ist die Kirche gründlich restauriert worden.
Über der vermeintlichen Geburtsgrotte wurde ein oktogonaler Bau ergraben, weshalb allgemein die konstantinische Basilika mit einem Oktogon als Westabschluss rekonstruiert wird.

Vom Autor wird diese Rekonstruktion grundsätzlich angezweifelt. Er sieht nur das ergrabene Oktogon als den justinianischen Gründungsbau. Die basilikale Anlage einschließlich des jetzigen Ostschlusses sieht der Autor als einen Bau des 12. Jh. unter den Kreuzfahrern.

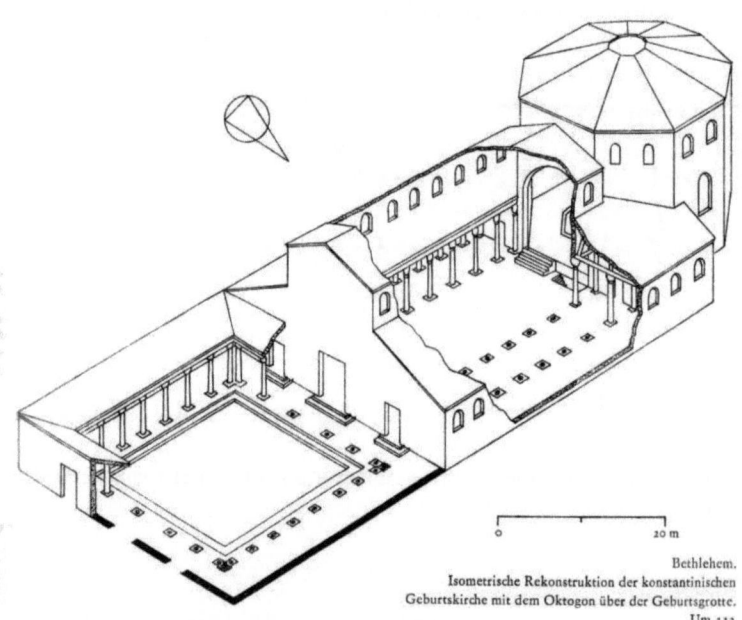

Bethlehem.
Isometrische Rekonstruktion der konstantinischen Geburtskirche mit dem Oktogon über der Geburtsgrotte.
Um 333

Isometrie aus [EFFENBERGER, 135]

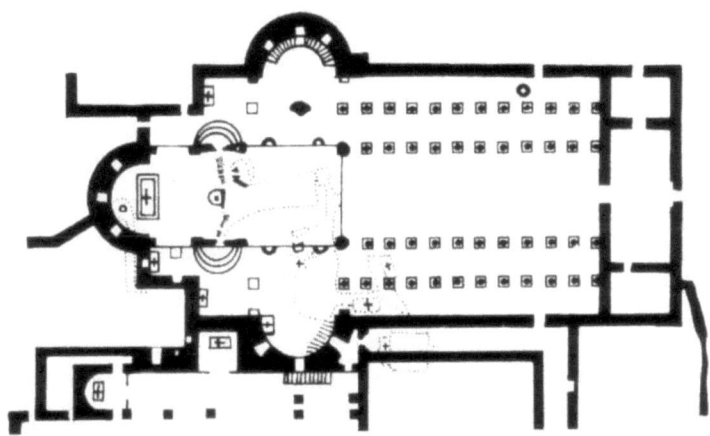

Bethlehem, Geburtskirche, Grundriss aus [GORYS, 179]

Felsendom

In Jerusalem ist nach Auffassung des Autors ein weiterer justinianischer Memorialbau noch existent ist, der Felsendom.

Der Felsendom, heute eines der Hauptheiligtümer des Islam, wurde über dem geheiligten Felsen errichtet, auf welchem Abrahams Opfer und Mohammeds „Himmelsreise" stattgefunden haben sollen [STIERLIN, 36]. „Merkwürdigerweise ist das erste architektonische Meisterwerk der Kalifen keine Moschee, sondern eine Art Martyrion, ein Gedächtnisbau,... An dieser Stelle ist darauf hinzuweisen, dass der Felsendom an die erste Grabrotunde in Jerusalem (335) erinnert, die sich ganz in der Nähe befand. Bei beiden handelt es sich um Zentralbauten mit doppeltem Umgang und einer Kuppel, deren Innendurchmesser 20,4 m beträgt. Beide umschließen einen heiligen Felsen, der eine Grotte schützt. ... Eine solche Übereinstimmung in Form und Funktion kann kein Zufall sein." [ebd. 36].

Wie bereits STIERLIN feststellt, hat dieser Bau von der Motivation her den gleichen Charakter wie der Bau über dem Grab Christi. Aber auch wie der Bau über der Geburtsgrotte. Auch hier wird eine für das Christentum besondere Lokalität durch den Bau hervorgehoben. Vermutlich war ursprünglich nur die Altarstelle gemeint. Die Himmelfahrt Mohammeds an dieser Stelle ist sicher erst später durch den Islam hinzugefügt worden. Vielleicht war eine völlige Umdeutung der Stelle nicht mehr möglich. Im Übrigen konnte der Islam aufgrund seiner christlichen Vorgeschichte auch gut mit der Abrahamlegende leben.

Nicht nur, dass die Veranlassung für den Bau des Felsendoms ähnlich der für die Geburtskirche und der Grabeskirche war, auch die bauliche Gestalt ähnelt dem der beiden anderen Bauten – wie STIERLIN ebenfalls feststellte.

Für den Autor wie auch für WEISSGERBER [706] mit Bezug auf ZELLER ist der Felsendom ein byzantinisch-christliches Bauwerk.

Da Jerusalem 614 von den Persern eingenommen wurde und erst wieder unter den Kreuzfahrern kurzzeitig in christlichen Händen war, müsste die Errichtung des Felsendom als byzantinisch-christliches Bauwerk zeitlich vor 614 oder nach 1099 liegen. Die tradierte Baugeschichte sieht die Erbauung unter dem Kalifen Abd al-Malik ibn Marwan (685-705) und dessen Sohn al-Walid I. ibn Abd aä-Malik (705-715).
Die vorgenannten Datierungen sind - bis auf 1099 - alle byzantinisch. Die Korrektur ergibt 614 = 1032, 685-705 = 1103-1123 und 705-715 = 1123-1133.
Seit 1099 u. Z. ist Jerusalem in der Hand der Kreuzfahrer, deren Herrschaft über Jerusalem erst 1187 endet.

Wenn diese o. a. Daten zutreffen, wäre der Felsendom ein ehemaliger Kreuzfahrerbau, der von Islam später entsprechend vereinnahmt wurde. Möglich ist jedoch auch eine Errichtung unter Justinian I., also vor 614 (=1032) im Zusammenhang mit der Aufwertung der Jesusstätten in Jerusalem und Bethlehem.

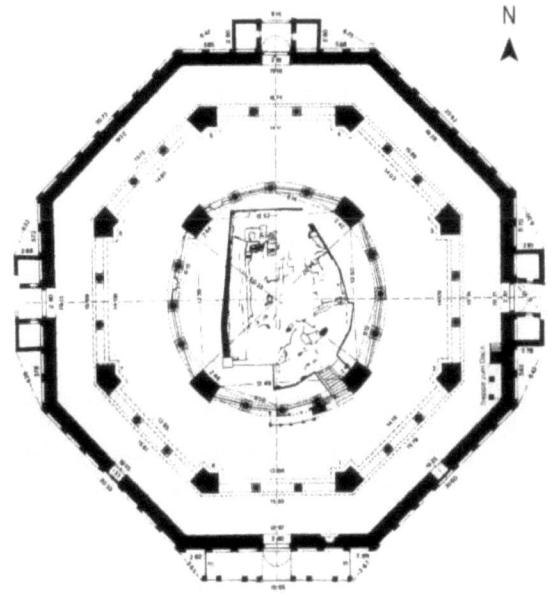

Felsendom, Grundriss aus [GORYS, 115]

Die Errichtung von oktogonalen oder auch runden Memorialbauten über bedeutenden Stätten des Neuen Testaments finden wir nicht nur bei der Grabeskirche und der Geburtskirche oder auch dem Felsendom. Die Bauform wurde, was nahe liegend war, der Mausoleumsbaukunst entlehnt.

Ein weiteres Oktogon soll im 4. Jh. auf dem Ölberg in Jerusalem errichtet worden sein, an der Stelle der Himmelfahrt Christi. Dort wird sein vermeintlicher Fußabdruck verehrt.
Der oktogonale Kirchenbau, die so genannte Himmelfahrtskapelle, soll nach Wikipedia 387 von einer Römerin Poimenia gestiftet und 614 von persischen Truppen zerstört worden sein.

LASSUS [34] zeigt einen Grundriss des Oktogons des 4. Jh. (Außenmaß etwa 21 m), von ihm irrtümlich als Auferstehungskirche bezeichnet.

Der heutige kleine oktogonale Bau wurde 1150 von Kreuzfahrern errichtet, wovon das Erdgeschoss erhalten ist. Tabour und Kuppel wurden im Zusammenhang mit der Umwandlung in eine Moschee 1187 durch Saladin errichtet.
Gut vorstellbar ist, dass das urprüngliche Oktogon unter Justinian errichtet wurde und im Zuge der persischen Eroberung untergegangen ist. Der heutige, deutlich kleinere Bau wurde dann von den Kreuzfahrern errichtet.

Ein Oktogon wurde auch in Kapernaum über dem so genannten Haus des Petrus ergraben. Vor Ort wird das Oktogon in das 5. Jh. datiert. Auch hier hält der Autor eine Erbauung unter Justinian für denkbar. Das entspräche allerdings dem byzantinischen 6. Jh. (= 10. Jh. u. Z.).

The Fifth Century
Octagonal Church

In the second half of the fifth century an octagonal church was erected on a raised level within the perimeter of the previous enclosure wall. The plan consisted of a small central octagon, of a larger concentric octagon, and of an outer semi-octagon from which one could reach both the interior of the church and the eastern sacristies.
In a second phase a baptismal font was added in the middle of the eastern apse. Some rooms were also built along the south flank of the enclosure wall.
In order to keep alive the memory of Peter's House, buried under the new mosaic floor, the Byzantines built the central octagon of their church right over the walls of the venerated room.
An anonymus pilgrim of Piacenza passing through Capharnaum around 560-570, writes about this final transformation.
"And so we came on to Capharnaum to the house of Saint Peter, which is now a basilica". Probably the church was destroyed during the Persian invasion in the early seventh century.
Several Middle Ages structures were built in the area of the abandoned church. The modern Memorial upon the House of Saint Peter was dedicated on June 29 1990.

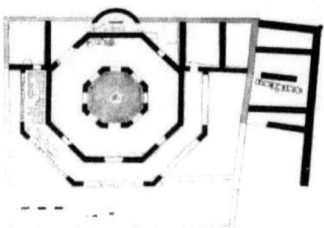

Ravenna

Dass es außerhalb der Mauern Roms auch andernorts in Italien angeblich Frühchristliches gibt, wurde oben schon gesagt. Da wäre an erster Stelle Ravenna zu nennen. Ravenna war von 402 bis 476 Hauptresidenz der weströmischen Kaiser (401 verlegte Honorius seinen Hof von Mailand nach Ravenna). 408 belagerten die Westgoten unter Alarich Ravenna.

Von 476 bis ca. 540 regierten die Ostgoten in Ravenna (Odoaker 476-493, Theoderich 493-526). Ab 540 gehörte Ravenna zu Ostrom und war Zentrum eines kaiserlichen Exarchats (Exarchat von Ravenna). Nach MEIER [99] fiel Ravenna endgültig erst 552 nach einer zwischenzeitlichen Wiedereroberung durch die Goten. 568 tauchen die Langobarden in Italien auf und gründen ein Langobardenreich mit der Hauptstadt Pavia (572). Ravenna blieb aber oströmisch.

Erst 751 sollen die Langobarden Ravenna erobert haben. 754 versprach der Karolinger Pippin der Jüngere im Vertrag zu Quierzy das ehemals byzantinische Exarchat von Ravenna dem Papst zu übergeben (Pippinische Schenkung). 756 besiegte Pippin die Langobarden und realisierte die Schenkung an den Papst, womit der Kirchenstaat begründet wurde. Seitdem herrscht im Namen des Papstes ein Erzbischof über das frühere byzantinische Gebiet.

Zuerst muss bezüglich der Datierungen Ordnung hergestellt werden. Sämtliche o. a. Datierungen sind byzantinisch und müssen zur Vergleichbarkeit in u. Z. korrigiert werden.
Die Verlegung des kaiserlichen Hofs von Mailand nach Ravenna erfolgte in antiken Jahr 117. Ravenna ist dann von 118 bis 192 Hauptresidenz der weströmischen Kaiser.
Von 192 bis ca. 256 (= 540 = 958) regierten die Ostgoten in Ravenna, also über die Katastrophe von um 940 hinweg. Ab 540 (=958) bzw. 552 (=970) gehörte Ravenna wieder zu

Ostrom. Ab 568 (=986) erobern die Langobarden große Teile Nord- und Mittelitaliens.

Die byzantinische Macht in Italien war nach den Eroberungen der Langobarden auf wenige Enklaven - darunter Ravenna - zurückgedrängt. Auch in diesen Restflecken dürfte in der Folgezeit die Macht von Byzanz weiter geschrumpft sein. Zum einen hatte Ostrom andere Prioritäten durch äußere Feinde im Norden und Osten sowie die Pest und Naturkatastrophen im Reich. Zum anderen beanspruchte Rom die kirchliche Führung in den ehemals weströmischen Gebieten, so auch in Ravenna.

Im 11. Jh. gehört Ravenna dem Städtebund mit Ancona, Fano, Pesaro, Senigallia und Rimini an. Aufgrund der fehlenden Zentralgewalt waren die aufstrebenden Städte gezwungen, untereinander Bündnisse zum Schutz gegen äußere Feinde als auch des Handels einzugehen. Das 12. Jh. sieht die Gebiete des ehemaligen so genannten Exarchats von Ravenna in der Hand der römischen Kirche. Die Fälschung um die Pippinische Schenkung sollte den *Status quo* nur nachträglich legitimieren.

Die angebliche Einnahme Ravennas durch die Langobarden im Jahr 751 und Feldzüge der Karolinger gegen die Langobarden sind ein Konstrukt und haben nie stattgefunden. Genauso ist die so genannte Pippinische Schenkung eine spätere Fälschung der römischen Kirche. Der Reichstag Ottos I. im Jahr 967 in Ravenna ist ebenfalls konstruiert, vermutlich durch sächsische Chronisten des 12. Jh.

Die traditionelle Forschung sieht einen vorjustinianischen Kirchenbau in Ravenna sowohl zur Zeit als Ravenna Hauptresidenz des Weströmischen Reiches war, also unter Honorius und Galla Placidia, als auch nach 493 unter Theoderich.
Dass die Ostgoten nach ihrem Einfall in Italien mit dem Christentum in Berührung kamen, war unausweichlich, da ein Teil der Bevölkerung der römischen Gebiete christlich war. Dieses Christentum, dass sie angetroffen haben, war das

später durch Justinian verketzerte arianische Christentum. Dass die Goten selbst christlich, d. h. arianisch waren, bleibt zu bezweifeln. Das arianische Christentum baute noch keine monumentalen Kirchen. Der Kirchenbau kam erst mit Justinians Erhebung des Katholizismus zur Reichsreligion und der Begründung der Reichskirche.

Erst mit der Einnahme Ravennas durch Ostrom, d. h. nach 958 bzw. 970, waren die Bedingungen für einen monumentalen Kirchenbau in Ravenna gegeben. Das Jahr 958 bzw. 970 ist damit als *terminus post quem* für den Kirchenbau in Ravenna vorgegeben.

Übrigens scheinen auch die ravennatischen Kirchen unmittelbar auf zuvor zerstörten römischen Bauten zu stehen. BENDAZZI/RICCI führen aus: " Die Kirche Santa Croce wurde errichtet auf Überresten eines großen römischen Gebäudes aus dem II.-III. Jhd. n. Chr. Dieses Gebäude, wie auch alle anderen dieses römischen Wohnviertels, wurden zwischen Ende des IV.- Anfang des V. Jhds. zerstört." [87] Dasselbe dürfte für die Kirche San Vitale zutreffen, die in unmittelbarer Nachbarschaft zu S. Croce steht. Diese Zerstörungen dürften auf die Katastrophe von 522 (spätantik) bzw. um 940 u. Z. zurückzuführen sein.
Traditionell ist für Ravenna eine stattliche Anzahl an angeblich frühchristlichen Kirchenbauten überliefert. Ravenna steht damit Rom nur wenig nach.

Wie oben bereits erwähnt, besitzen wir für die Datierung der ravennatischen Kirchenbauten leider keine so aussagefähige Quelle wie den *Liber Pontificalis* bei den stadtrömischen Kirchen. Die Datierungen um Justinian, die Ostgoten mit Theoderich sowie die Eroberung Ravennas sind auf jeden Fall spätantik. Ebenso spätantik ist die Datierung von kaiserzeitlichen Herrscherpersönlichkeiten, die jedoch nach Korrektur in die Antike rücken, z. B. Galla Placidia. Deren Bezug zu Kirchenbauten in Ravenna wurde nachträglich hergestellt und ist fiktiv.

Die traditionellen Gründungsdaten der Kirchen sind i. d. R. "unscharf", da keine wirklich belegten Baudaten vorliegen. Bei der Bezugnahme auf Personen ist natürlich zunächst nicht eindeutig, ob der Bezug auf die Person durch eine vorhandene Datierung oder ob die Datierung durch die Daten der Person erfolgt ist, weswegen die Datierungen trotzdem zu prüfen sind.

Für die Neudatierungen der ravennatischen Kirchenbauten gibt es leider keine einheitliche Regelung.
Sehen wir uns die angeblichen frühchristlichen Bauten Ravennas an:

San Giovanni Evangelista

Sie soll die älteste Basilika in Ravenna sein und 425 auf Wunsch der Galla Placidia begonnen worden sein.
Leider sind kaum frühchristliche Bauteile erhalten. Die Kämpfer über den Säulenkapitellen des Mittelschiffs sollen die ältesten(!) Ravennas sein. Die Kirche zeigt heute den Zustand der Restaurierung von 1921. Im 2. Weltkrieg wurde sie sehr stark zerstört und danach wieder aufgebaut.

Die Untergeschosse des über dem westlichen Joch des südlichen Seitenschiffs errichteten Campanile werden traditionell dem 10. Jh. zugerechnet. Nach BENDAZZI/RICCI [118] soll der Glockenturm bis zur Höhe der Drillingsschallöffnungen sogar dem 8. oder 9. Jh., darüber erst aufgrund des Rundbogenfrieses der Zeit um 1000 angehören.

Der nicht erhaltene Mosaikschmuck soll die Gründungslegende der Galla Placidia erzählt haben. Es gab angeblich unterhalb des heutigen Fußbodens zwei tiefer liegende Fußbodenebenen, eine vom angeblichen Gründungsbau und eine angeblich frühmittelalterliche (ca. 1,75 m tief, 10./11. Jh.). Von beiden Fußböden sind nur spärliche Fragmente erhalten (nicht in situ).

Mit dem Anheben des Fußbodenniveaus sollen auch die Mittelschiffssäulen erhöht worden sein. Insgesamt ist aufgrund der dürftigen Reste eine sichere Beurteilung schwer möglich. Vielleicht hilft die Datierung 425 weiter. Diese Datierung ist könnte antik sein, womit sich nach Korrektur das Jahr 1127 als Baubeginn ergibt. Nun passen besser ein paar andere Datierungen ins Bild: Die Glocken im Glockenturm wurden 1208 gegossen. Das Fußbodenmosaik mit Szenen des 4. Kreuzzuges, der Eroberung Konstantinopels, werden in das Jahr 1213 [BENDAZZI/RICCI 120] bzw. 1273 datiert [BUSTACCHINI, 102f]. Weitere Mosaikfragmente des mittelalterlichen Fußboden zeigen u. a. eine Szene, die ein sehr beliebtes Motiv in der mittelalterlichen Ikonographie darstellt [BENDAZZI/RICCI 121].

In der Apsis ein Marmorstuhl von 1267, angeblich die Kathedra des Abtes Benvenuto [BENDAZZI/RICCI 120].

Das Portal am Eingang in den ummauerten Vorhof der Kirche datiert in das 14. Jh.

In Summe ist daraus zu schließen, dass die Kirche um 1127 begonnen und im 14. Jh. fertiggestellt war. Die frühchristliche Gründung ist legendär bzw. dem Chronologiefehler geschuldet.

Außer der Gründungslegende, bei der der überlieferte Baubeginn mit der Regentschaft der Galla Placidia vermischt wurde, gibt es nichts Frühchristliches. Die Säulen und Kapitelle dürften wiederverwendete Bauteile aus in der Katastrophe untergegangenen antiken Bauwerken sein. Sie sind damit natürlich kein Beleg für einen frühchristlichen Kirchenbau.

Der Fußboden ist sicher nur einmal erhöht worden - wie bei verschiedenen anderen ravennatischen Bauten. Der mittelalterliche Fußbodenschmuck gehört zum Gründungsbau des 12. Jh. Das tiefere Fußbodenniveau könnte von der vorherigen Bebauung stammen, die vermutlich in der Katastrophe um 940 zerstört wurde. Schließlich ist die Kirche innerhalb des Stadtgebiets errichtet worden, was eine ursprüngliche Bebauung sehr wahrscheinlich macht. Die

Erhöhung des Fußbodens wird wie bei anderen ravennatischen Kirchen im 16. Jh. erfolgt sein.

Auffällig ist der fast identische Grundriss mit Sant'Apollinare in Classe und Sant'Apollinare Nuovo, die der Autor beide in das 13. Jh. datiert (siehe unten). San Giovanni Evangelista dürfte das Vorbild für die Grundrisslösung der beiden wenig später folgenden Kirchenbauten gewesen sein.

Baptisterium des Neon oder Baptisterium der Orthodoxen

Angeblich von Bischof Ursus Anfang des 5. Jh. als Baptisterium für seinen gleichzeitigen Dom, der nicht erhalten ist, erbaut. Die Mosaikausschmückung soll um 450 erfolgt sein. Die Kuppel soll im Rahmen einer Erweiterung Ende des 5. Jh. errichtet worden sein. Das ursprüngliche Fußbodenniveau lag 3 m tiefer. Die Wandmosaiken zeigen die zwölf Apostel.

Obwohl Bischof Ursus möglicherweise spätantik datiert ist und in das 2. Jh. gehört, könnte die Datierung des Baus in den Anfang des 5. Jh. wieder antik sein, womit sich als Baudatum Anfang des 12. Jh. ergibt. Die Mosaikausschmückung wäre dann um die Mitte des 12. Jh. erfolgt und die Kuppel stammt aus dem Ende des 12. Jh. Die Anhebung des Fußbodens wird wieder im 16. Jh. erfolgt sein.

Auffällig ist die Außenfassade im oberen Bereich. Sie zeigt eine Fassadengestaltung, die in frühromanischer Zeit besonders in den Gebieten südlich der Pyrenäen und der Alpen (Mittel- u. Oberitalien) verbreitet ist (von J. PUIG I CADAFALCH 1935 als Premier Art Roman bezeichnet).

Das Kuppelmosaik wirkt sowohl von der Komposition als auch von der Darstellung der Figuren ungelenk. Vom Motiv her ist das Kuppelmosaik im Wesentlichen eine Nachahmung des Kuppelmotivs im Baptisterium der Arianer. Die Stuckdekoration in der Zone unterhalb der Kuppel könnte man auch der Renaissance zuordnen. Auch hier sind gestalterische

100

Mängel offensichtlich, so dass mit Sicherheit nicht die besten Künstler am Werk waren. Für ein provinzielles Werk des 12. Jh. sicher nicht außergewöhnlich.

Mausoleum der Galla Placidia

Ein kleiner kreuzförmiger Bau, der als späterer (im 2.Viertel des 5. Jh.) südlicher Anbau an den Narthex der früheren Kirche S. Croce errichtet worden sein soll. Die Kirche S. Croce ist nur teilweise erhalten, die Grundmauern des Ostbaus sind freigelegt und zu besichtigen. Die Kirche besaß ursprünglich ein Ostquerhaus mit direkt angesetzter Apsis.

Die Kirche S. Croce soll als Hofkapelle durch Galla Placidia errichtet worden sein. Der kleine Anbau sollte ihr angeblich als Mausoleum dienen, wobei sicher ist, dass sie nie in diesem Bau bestattet wurde. Kann sie auch nicht:
Die Lebenszeit der Galla Placidia gehört in das 2. Jh. Ihre übliche Datierung 392-450 ist byzantinisch und entspricht den antiken Jahren 108-166. „Galla Placidia starb 450 in Rom, wo sie fast mit Gewissheit im Mausoleum der theodosianischen Familie in S. Peter im Vatikan bestattet ist." [SALERA-Führer,86]
Bei dem kleinen Bau ist eher an eine kleine Kapelle zur Verehrung des Märtyrers Laurentius zu denken.

Das Kuppelmosaik des so genannten Mausoleum mit lateinischen Kreuz und den Evangelistensymbolen, die Mosaiken des Kuppeltambour mit acht Aposteln. Die Lünettenmosaiken: In der südlichen Lünette der hl. Laurentius mit dem Feuerrost als Hinweis auf sein Martyrium, in der nördlichen Lünette über dem Eingang der jugendliche Christus als guter Hirte mit dem Kreuzzepter inmitten einer Schafherde. Die Mosaiken in den Lünetten, insbesondere das der nördlichen Lünette mit Christus als guten Hirten, wirken ikonographisch älter.

Der kleine kreuzförmige Anbau des „Mausoleums der Galla Placidia" gleicht auffällig ähnlichen Anbauten an das Lateransbaptisterium S. Giovanni in Fonte in Rom. Dort sind an den Bau des Baptisteriums im Nordosten und Südwesten kleine kreuzförmige Kapellen angebaut, die einmal S. Giovanni Evangelista und zum anderen S. Giovanni Battista gewidmet sind.
Da der Autor das Lateranbaptisterium als auch die Laterankirche als Bauten des 11. Jh. sieht, ordnet er auch das so genannte Mausoleum der Galla Placidia und die nicht mehr bestehende Kirche S. Croce frühestens dem 11. Jh. als Bauzeit zu. Sieht man die Datierung "2. Viertel 5. Jh." als antik an, ergibt die Korrektur das 2. Viertel des 12. Jh.

Die ikonographisch älter wirkenden Mosaiken im „Mausoleum der Galla Placidia" sprechen nicht zwingend gegen die späte Datierung. Solche älteren Bildthemen sind logischerweise noch längere Zeit parallel zu den neueren Bildthemen zu finden.

Erzbischöfliche Kapelle

Die Erzbischöfliche Kapelle ist eine kleine kreuzförmige Kapelle mit Apsis nach Norden und Narthex im Süden. Sie ist dem hl. Andreas geweiht. Sie soll die Privatkapelle der Bischöfe gewesen und zur Zeit Theoderichs errichtet worden sein. Die Apsis wurde zu Beginn des 20. Jh. erneuert.

Die angebliche Erbauung unter Theoderich ist nicht aufrecht zu erhalten. In welchem baulichen Zusammenhang befand sich die kleine Kapelle? Sie liegt unmittelbar östlich der Südostecke des heutigen Doms, also unmittelbar östlich der angeblichen Basilika Ursiana. Das ursprüngliche Bodenniveau des Vorgängerbaus des Doms aus der 1. Hälfte des 12. Jh. lag mehr als 2 m tiefer.
Die Basilika Ursiana ist legendär und hat es nicht gegeben. Der vermeintliche Vorgängerbau des Doms aus dem 12. Jh. ist der erste Dombau. Für die erzbischöfliche Kapelle ist von einer Anhebung des Fußbodens nirgendwo Rede. Sie befindet

sich etwa auf dem Niveau des heutigen Domes. Lag sie ursprünglich ca. 3 m oberhalb des Fußbodenniveaus des Neubaus des 12. Jh.? Kaum, denn sonst müssten unter ihr entsprechende Substruktionen vorhanden sein. Aufgrund der unmittelbaren Nähe zur Kirche ist eine Gründung ohne solche nicht möglich. Oder ist die Kapelle erst im 18. Jh. mit dem Neubau des Doms errichtet worden? Die Bemerkung von BENDAZZI/RICCI [181], dass das Mosaik in einem ausgezeichneten Erhaltungszustand sei und das ganze Werk zweifellos von einem hervorragenden Künstler stammt, stützt vielleicht letzte Vermutung.

Sant'Apollinare Nuovo

Sant'Apollinare Nuovo soll nach der Überlieferung eine Stiftung Theoderichs sein und 561 katholisiert worden sein. Eine Inschrift innen an der Westwand, die ursprünglich in der Apsis des 6. Jh. angebracht gewesen sein soll, benennt Theoderich als Erbauer. Das Patrozinium des hl. Apollinaris trägt die Kirche angeblich erst seit der Reliquienüberführung in der 2. H. des 9. Jh. Der Gründungsbau soll Christus, dem Erlöser, und nach der Rückeroberung durch Justinian dem hl. Martin geweiht gewesen sein. Der Zusatz "Nuovo" im Namen soll sich nicht auf Sant'Apollinare in Classe beziehen, sondern auf eine kleine alte Kirche Sant'Apollinare in Veclo.

Der Campanile soll dem beginnenden 11. Jh. angehören. Im 1. Weltkrieg wurde der Portikus durch eine Bombe zerstört. 1955 wurden nach dem Einsturz des Mittelschiffs beträchtliche Konsolidierungsarbeiten durchgeführt [BUSTACCHINI, 105].

Auch hier wurde der Fußboden im 16. Jh. (1514 bis 1520) höher gelegt, und zwar um 1,20 m. Dabei sollen aus der über den Arkaden befindlichen Mauerzone neue Arkaden herausgearbeitet worden sein. Dies ging zu Lasten der direkt unter dem Mosaikfries befindlichen Mauerzone, die angeblich ebenfalls mit vergoldetem Schmuck oder auch Mosaiken geschmückt war [BENDAZZI/RICCI, 135].

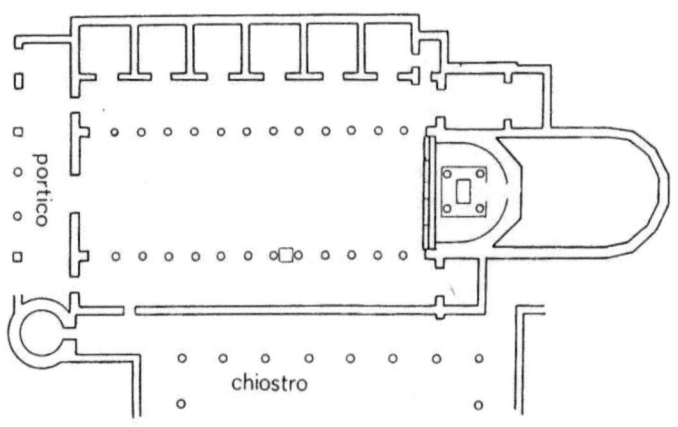

Ravenna, Sant'Apollinare Nuovo, Grundriss aus [BENDAZZI/RICCI, 122]

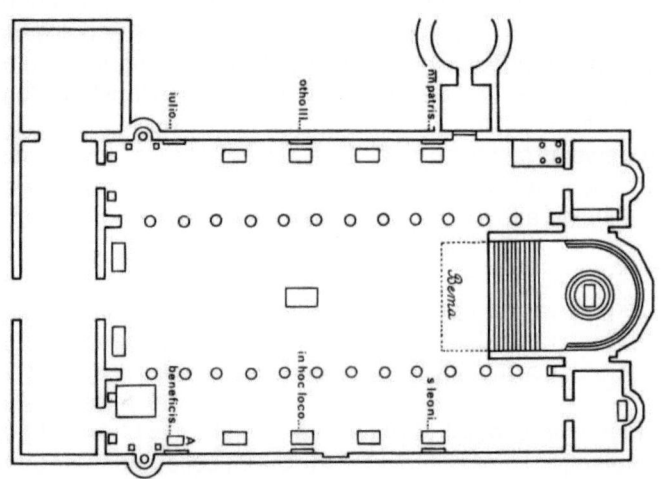

Ravenna, Sant'Apollinare in Classe, Grundriss aus [BENDAZZI/RICCI, 209]

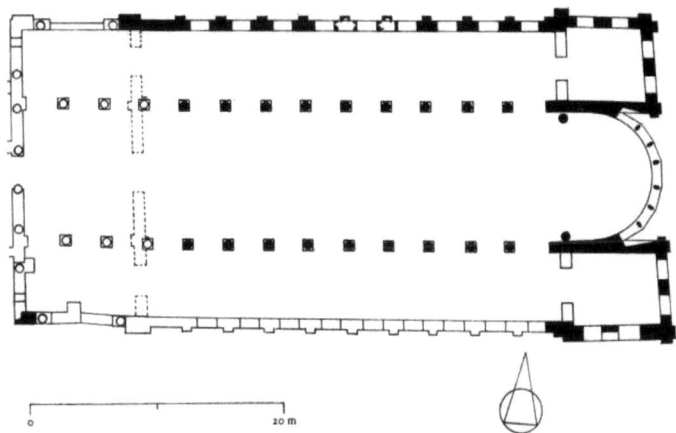

Ravenna, San Giovanni Evangelista, Grundriss
[BENDAZZI/RICCI, 120]

Eine solche Verfahrensweise wird auch für San Michele in Affricisco beschrieben [EFFENBERGER, 25]. Diese Arbeiten sollen zu dem späteren Einsturz des Mittelschiffs beigetragen haben [BUSTACCHINI, 105].

Die überlieferte Geschichte der Kirche ist offensichtlich konstruiert. Die o. a. Inschrift ist sicher kein ausreichender Beleg für die Gründung zur Zeit Theoderichs.
Lässt man Theoderich weg und nimmt das Datum der Katholisierung 561 (= 979) als Gründungsdatum und als byzantinische Datierung, so bewegen wir uns Ende des 10. Jh.; das wäre auf jeden Fall im Bereich des Möglichen. Damit ergäbe sich eine Bauzeit bis in das 11. Jh. u. Z.

Der Autor hält jedoch die Annahme, dass das Datum 561 antik ist, für die wahrscheinlichere. Damit ergibt sich das Jahr 1263 als Gründungsdatum. Wenn man die z. T. ziemlich späten "frühchristlichen" Kirchen in Rom sieht (siehe oben), erscheint diese Annahme keineswegs unbrauchbar.

Den Namen S. Apollinare Nuovo soll der Kirchenbau im Zusammenhang mit der Überführung der Reliquien von St. Apollinaris im Jahr 856 erhalten haben, die dadurch vor den Streifzügen der slawischen Piraten in Sicherheit gebracht werden sollten [BUSTACCHINI, 104]. Die Datierung 856 kann eigentlich nur byzantinisch sein und deutet damit auf das Jahr 1274, welches wiederum zu dem vom Autor favorisierten Gründungsdatum passt.

Nach einer Untersuchung durch Papst Alexander III. im Jahr 1173 ruhten die Gebeine des Hl. Apollinaris noch in Classe, weshalb BENDAZZI/RICCI annehmen, dass die Überführung nie stattgefunden hat. Bei der vorgeschlagenen Neudatierung wäre dieses Rätsel gelöst; San Apollinare in Classe behielt diese natürlich bis 1274.

Die hartnäckige Behauptung, dass sich "Nuovo" nicht auf Sant'Apollinare in Classe bezieht, verweist vermutlich gerade darauf.

Sant'Apollinare in Classe lag außerhalb der Stadtmauern Ravennas. In der 1. Hälfte des 13. Jh., in das der Autor den Bau von S. Apollinare verortet, hatte sicher der Hafen von Classe seine Bedeutung verloren. Ostrom war von der Apeninnenhalbinsel weitestgehend verdrängt. Die Entfernung zur Stadt Ravenna brachte sicher infrastrukturelle Probleme mit sich. Die Pilgerscharen brauchten Unterkunft, Verpflegung etc., was außerhalb der Stadt schwierig zu bewerkstelligen war. Auch sollten die Einnahmen aus dem Zustrom der Pilger ausschließlich der Stadt zugutekommen. Möglicherweise war dieser abseitige Standort auch Piratenangriffen besonders ausgesetzt.

Man verbrachte die Reliquien des hl. Apollinaris hinter die Stadtmauern von Ravenna und erbaute eine neue Kirche zur Aufbewahrung und Präsentation der Reliquien. Die neue Kirche hatte dieselbe Grundrisslösung, 3 Schiffe, 12 Säulenpaare im Mittelschiff, polygonale Apsis und Ringkrypta ähnlich Sant'Apollinare in Classe. Zur Krypta schreiben BENDAZZI/RICCI: "Sie hat die Form eines halben Ringes und ähnelt folglich der von Sant'Apollinare in Classe, ist aber wohl etwas jünger als diese, hat ein Tonnengewölbe und besaß

einen Mittelgang, der vielleicht nicht in die Kirche führte, sondern von ihr getrennt war durch ein Fenster." [136]
Die Verlegung der Reliquien in die Stadt und damit der Kirchenbau kann nicht allzu lange Zeit nach der Innutzungnahme von Sant'Apollinare in Classe erfolgt sein. Die Wahl derselben Grundrisslösung und die Ringkrypta sprechen dafür. Die Verlegung im Jahr 1274 erscheint durchaus glaubhaft. Der Campanile wird auch im 13. Jh. errichtet worden sein. Die Campanile in Ravenna sind durchweg viel zu früh datiert.

BENDAZZI/RICCI datieren die Mosaiken mit dem Zug der 22 Jungfrauen und den hl. Drei Königen und diejenigen der 26 Märtyrer in justinianische Zeit. Sie hielten folgende Erklärung für erforderlich: "...während sich die Mosaikkünstler der Zeit Justinians nach den Gesetzen einer neuen Kunstvorstellung ausdrückten, die wir byzantinisch nennen, die die Tendenz hat, die menschliche Figur zu stilisieren, sie zu entmaterialisieren und also gleichsam zu vergeistigen, indem die Künstler sie in eine unwirkliche goldene Atmosphäre tauchen, wodurch sich diese Kunst der musikalischen Abstraktion nähert, nämlich durch ihren ständig wiederholten Rhythmus und durch regelmäßige Intervalle." [BENDAZZI/RICCI, 130] Die Beschreibung ist vom Grundsatz her zutreffend, jedoch noch nicht für die Zeit Justinians, sondern um einiges später. Für das 13. Jh. kann dem voll zugestimmt werden.
Die byzantinische Darstellung der thronenden Maria mit dem frontal auf ihren Knien sitzenden Kind gehört schon der Romanik an. Die Mosaiken am westlichen Ende des Jungfrauenzuges als auch des Märtyrerzuges sind ikonographisch unverständlich. Wieso kommt der Jungfrauenzug aus Classe, wieso der Märtyrerzug aus dem Palast des Theoderich, wie BENDAZZI/RICCI die Stadtdarstellungen interpretieren [131f]?
Sind diese Mosaiken vielleicht spätere Zutaten? An den Stadtdarstellungen scheinen auch die größten nachträglichen Änderungen vorgenommen worden sein. Nach traditioneller Erklärung wurden hier "arianische" Darstellungen bzw.

Personen, die für den "Arianismus" stehen in justinianischer Zeit entfernt.

Es könnten aber auch während einer späteren Restaurierung, z. B. im 19. Jh. Personen entfernt worden sein, die der Bauzeit im 13. Jh. entstammten und der Legende der Gründung durch Theoderich entgegenstanden. Beispiele solcher "Korrekturen" sind nicht so selten. Merkwürdig ist, dass die "Korrekturen" in der Stadtmauer von Classe nicht mit Mosiksteinen aus Glas, sondern mit Marmor erfolgt sind [BUSTACCHINI, 118]. Zu justinianischer Zeit dürfte eine solche Verfahrensweise undenkbar sein.

Die vielleicht noch spätantik wirkenden Mosaiken mit der Lebensgeschichte Jesu sind auch im 13. Jh. vorstellbar. Es ist zu bedenken, dass die Mosaikkunst in Ravenna auf eine lange Tradition zurückblickt und sogar noch 1916 hervorragende Mosaizisten aus Ravenna bei der notwendig gewordenen Ergänzung der 1916 zerstörten Mosaiken tätig waren.

Die Kunstgeschichte hat offensichtlich ein generelles Problem mit der zeitlichen Einordnung der Mosaikkunst in Italien. Für sie ist die ehemals hohe antike Kunstfertigkeit in den „dunklen Jahrhunderten" verloren gegangen. Dadurch werden von ihr qualitativ hochwertige Mosaiken i. d. R. in antike Zeit datiert. Nach der HEINSOHN-These schließt das 10. Jh. unmittelbar an die Antike an. Von der Kunstgeschichte ist die Einschätzung des 10. bis 14. Jh. diesbezüglich sicher neu zu überdenken.

Baptisterium der Arianer

Angeblich auch eine Gründung Theoderichs von Ende 5.Jh./Anfang 6. Jh. Die Katholisierung soll 556 durch kaiserliches Edikt erfolgt sein.

Ursprünglich war das Bauwerk von einem gewölbten Wandelgang umgeben, der in Resten noch erkennbar ist. Das Kuppelmosaik zeigt im Zentrum die Taufe Christi und darunter eine Apostelprozession. Der ursprüngliche Fußboden lag 2,3 m unter Straßenniveau.

Abgesehen davon, dass unter Theoderich kein Kirchenbau und auch kein Baptisterium errichtet wurden, stellt sich auch hier die Frage, wieso die Katholisierung erst 16 Jahre nach der Wiedereinnahme durch Ostrom erfolgt sein soll.

Bei dem Mosaik sind zwei verschiedene Künstler (zeitgleich?) am Werk gewesen. Die Apostel tragen hier zum allerersten Mal in der Kunstgeschichte einen Heiligenschein. Ein Indiz für die zu frühe Einordnung?

Im Übrigen erinnert der Grundriss an San Vitale in Kleinformat. Der erhaltene Kernbau ist auch ein Oktogon, aus dem die Apsiden oder Nischen herausragen. Vielleicht waren die Wände zum umgebenden achteckigem Umgang früher geöffnet? Ist dieser Bau eventuell von San Vitale inspiriert und damit zeitlich nach San Vitale einzuordnen? Das Ende des antiken 5. Jh. verweist auf das Ende des 12. Jh. Das antike Jahr der Katholisierung 556 wäre dementsprechend 1258.

Spirito Santo

Sie soll die "alte Kathedrale des arianischen Kultus" gewesen sein und von Theoderich Anfang des 6. Jh. gegründet worden sein [BUSTACCHINI, 105].

Dreischiffige Säulenbasilika mit 14 Säulenpaaren. Vom Ursprungsbau sei wenig erhalten. Die Kapitelle und Kämpfer sollen noch aus der Zeit Theoderichs sein. Mit diesen wenigen Angaben ist eine zeitliche Einordnung kaum möglich.

Eine Datierung in vorjustinianische Zeit ist abzulehnen. Die antike Datierung Anfang 6. Jh. verweist auf eine Gründung Anfang 13. Jh.

San Vitale

Dieser Kirchenbau fällt unter allen ravennatischen Kirchenbauten aus dem Rahmen. Er ist - abgesehen von den beiden Baptisterien der Arianer und der Orthodoxen - der einzige Zentralbau.

Der Baubeginn von San Vitale soll 526/527 unter Bischof Ecclesius erfolgt sein, der die Idee des Zentralbaus von seinem Aufenthalt in Konstantinopel mitgebracht haben soll. Als bauliches Vorbild für San Vitale gilt allgemein die noch heute erhaltene Kirche Sergios und Bakchos in Konstantinopel. Diese soll unmittelbar nach der Thronbesteigung Justinians im Jahr 527 begonnen worden sein. Angenommen, der Baubeginn im Jahr 527 (= 945) von Sergios und Bakchos ist zutreffend, so ist es äußerst unwahrscheinlich, dass der Bau in Ravenna zur selben Zeit begonnen wurde. Ravenna war zu dieser Zeit noch ostgotisch.

Erst 540 (= 958) oder sogar erst 552 (= 970) konnte Ostrom die Herrschaft in Ravenna erringen. Wenn man bei einem Baubeginn 526/527 für San Vitale bleiben möchte, müsste San Vitale ohne Vorbild oder ein anderer, bis heute unbekannter Kirchenbau das Vorbild für San Vitale gewesen sein. Schwer vorstellbar.

Auf jeden Fall ist der Baubeginn von San Vitale nach der justinianischen Rückeroberung einzuordnen, also nach 540 (= 958). Schon EFFENBERGER sieht den Baubeginn erst 540, seine Weihe dann 547 [246].

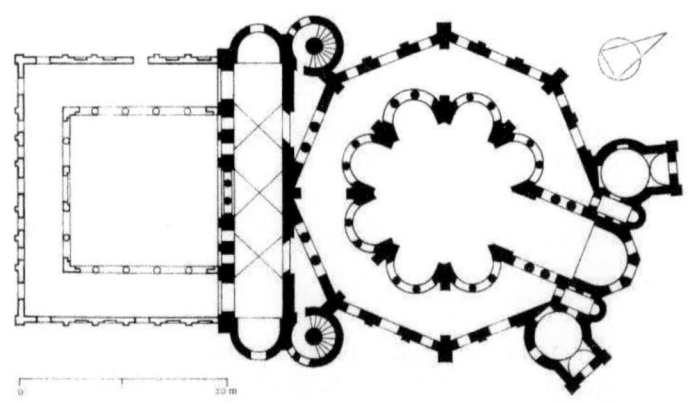

Ravenna, S. Vitale. Grundriss aus [EFFENBERGER, 245]

Für den Autor ist San Vitale der früheste Kirchenbau Ravennas, vermutlich sogar ganz Italiens. Die Bauform ist offensichtlich ein Import aus Konstantinopel. Die Zentralbaulösung - Oktogon oder Rundbau mit Umgang - gilt eigentlich immer als Nachbildung der Anastasis über dem Grab von Jesus, ist aber grundsätzlich erst einmal die Bauform eines Memorialbaus.

Nach Auffassung des Autors ist hier in Ravenna im 10. Jh. ein Memorialbau für Justinian errichtet worden, wofür die auf Justinian fokussierte Mosaikausstattung spricht. In dieser Eigenschaft als Memorialbau wurde San Vitale im 11. Jh. wiederum zum Vorbildbau für die so genannte Pfalzkapelle in Aachen, dort als Memorialbau für Karl den Großen.

Der Bau besaß vermutlich ursprünglich noch nicht das Patrozinium des Hl. Vitalis. Der Hl. Vitalis taucht im Bildschmuck der Kirche nur ein einziges Mal auf; in der Kalotte der Hauptapsis. Auffällig ist, dass das Mosaik der Hauptapsis stilistisch von den anderen Mosaiken des Prebyteriums stark abweicht. Die offizielle Begründung hierfür ist, dass ein Künstler mit byzantinischem Einfluss zu Werke war, während die Mosaiken des Presbyteriums eindeutig der römisch-hellenistischen Tradition entstammen. Das Apsismosaik wird darüber hinaus bezüglich der "idyllischen Atmosphäre" mit den Mosaiken von Sant'Apollinare in Classe verglichen [BUSTACCHINI, 50]. Der Autor geht davon aus, dass ein ursprüngliches Apsismosaik - welches wir nicht kennen - durch dieses ersetzt wurde. Diese Aktion dürfte im Zusammenhang mit der späteren Umwandlung des Baus in eine dem hl. Vitalis geweihte Kirche stattgefunden haben.

Sant'Apollinare in Classe

Die Weihe soll im Jahr 549 stattgefunden haben. Die Krypta soll aus dem 9. Jh., der Campanile aus dem 10 Jh. stammen.

Die Jahresangabe für die Weihe 549 könnte byzantinisch, was dem Jahr 967 u. Z. entspräche, oder aber antik sein, was dem

Jahr 1251 entspräche. Als Weihedatum ist 967 deutlich zu früh, da Ravenna erst 958 u. Z. wieder zu Ostrom gehört.

Also bleibt nur noch das Weihedatum 1251. Die Datierungen der Krypta und des Campanile sind keine wirklichen Datierungen. Sie orientieren sich an der angeblichen Bauzeit ab dem 6. Jh. Krypta und Campanile dürften dem Gründungsbau zuzuordnen sein, welcher 1251 geweiht wurde. Die Kirche ist als Memorialbasilika "neben einem christlichen Friedhof" [BUSTACCHINI, 139] errichtet worden. Die halbringförmige Krypta mit einem mittigen, längs verlaufenden Gang, der ursprünglich angeblich in das Mittelschiff führte, soll nachträglich eingefügt worden sein. Wenn die Rekonstruktionen richtig sind, haben wir hier eine ziemlich reine Ringkrypta mit Grabstollen, Confessio und Fenestella vor uns. Es gab sicher ursprünglich keinen Durchgang zum Mittelschiff. Möglicherweise befand sich in der Wand zwischen Gang und Mittelschiff die Fenestella, durch die die Gläubigen vom Mittelschiff aus das Heiligengrab einsehen und ihre Devotionalien in die Confessio reichen konnten. Die früheste dieser Anlagen kennen wir aus Alt-St. Peter in Rom, welche im 1. Viertel des 11. Jh. errichtet wurde. Rom kennt aber auch deutlich spätere Ringkryptenanlagen. Da eine Memorialbasilika ohne Heiligengrab eigentlich keinen Sinn macht, dürfte die Kryptenanlage - wie oben bereits erwähnt - zum Ursprungsbau gehören und ist nicht nachträglich eingefügt worden.

Wenn man sich den Mosaikschmuck betrachtet, so spricht gegen eine Datierung in das 13. Jh. wenig. Außer den Mosaiken in der Apsiskalotte mit der Verklärung Christi am Berg Tabor, den vier Bischofsfiguren zwischen den Fenstern und den Bildnissen der Erzengel Gabriel und Michael sind sämtliche anderen Mosaiken bereits in der traditionellen Datierung Werke des 7., 9., 11. oder sogar 12. Jh. [BENDAZZI/RICCI, 209ff]
Zum Mosaik der Apsiskalotte bemerkt BUSTACCHINI "Blumen so groß wie Bäume und riesige Schafe; Abstraktionen, die dem mittelalterlichen Kunstverständnis vorgreifen." [141] Wir haben hier keinen Vorgriff auf das

mittelalterliche Kunstverständnis vorliegen, sondern betrachten einfach ein mittelalterliches Kunstwerk. Im Übrigen sieht BUSTACCHINI nur in den Mosaiken zwischen den Fenstern eine Dekoration aus der Bauzeit Mitte des 6. Jh. [141]. Hier dürfte er irren. Aus der Bauzeit ja, aber aus dem 13. Jh.

Santa Maria Maggiore

Errichtung angeblich durch Bischof Ecclesius "um die Jahre 525-532" [BENDAZZI/RICCI, 86]. Der Glockenturm soll dem 9.-10. Jh. angehören.
Der Ursprungsbau soll eine dreischiffige Kirche mit Querhaus gewesen sein. In der Apsis befand sich ein Mosaik, das die Mutter Gottes darstellte [ebd. 86].

Die alte Apsis ist noch erhalten, "außerdem noch die zwölf Säulen aus griechischem Marmor und die dazugehörigen byzantinischen Kapitelle aus dem VI. Jhd." [ebd. 86f] in Wiederverwendung.

Nach BUSTACCHINI [69] ursprünglich ein Zentralbau, dem im Westen ein dreischiffiges Langhaus mit niedrigen Querarmen angefügt wurde. Der Zentralbau jetzt Apsis.

Heutiger Bau von 1671. Eine Datierung des Gründungsbaus aufgrund der wenigen Angaben erscheint schwierig. Das angeblich ursprünglich vorhandene Querhaus verweist in das 12. Jh., analog S. Croce (siehe oben).

Die Datierung "um 525-532" dürfte wieder antik sein, so dass sich die 1. Hälfte des 13. Jh. ergibt. Da die Glockentürme offensichtlich generell zu früh angesetzt sind, wäre auch von der Gleichzeitigkeit von Kirche und Glockenturm auszugehen.

San Francesco

Der Ursprungsbau soll von Bischof Neon nach 450 errichtet worden sein. Der heutige Bau geht auf einen angeblichen Wiederaufbau um 1000 zurück. Das antike Jahr 450 entspricht korrigiert dem Jahr 1152.

Der Glockenturm steht wie bei S. Giovanni Evangelista über dem westlichen Joch des südlichen Seitenschiffs. Seine Errichtung wird in das 9. bis 11. Jh. datiert. "Vom ursprünglichen Bau ist so gut wie nichts erhalten,..." [BENDAZZI/RICCI, 101] Der Fußboden des Ursprungsbaus lag angeblich 3,6 m tiefer. Darüber gibt es einen Fußboden, angeblich aus dem 11. Jh., der 1,7 m unter dem heutigen Fußboden lag. Das östliche Säulenpaar steht auf diesem Niveau, ebenso der Fußboden der dreischiffigen Hallenkrypta. Die heutige Fußbodenhöhe wurde Anfang des 16. Jh. hergestellt, wie bei den übrigen ravennatischen Kirchen.

Der Grundriss gleicht auffällig den Kirchen San Giovanni Evangelista, Sant'Apollinare in Classe und Sant'Apollinare Nuovo, die ich alle dem 13. Jh. zuordne (siehe dort).

Wenn das östliche Säulenpaar auf der Ebene des Kryptafußbodens steht, dann war die Krypta im Bau des 13. Jh. nicht eingetieft, d. h. sie hat in voller Höhe herausgeragt, womit der Chorfußboden sehr erhöht gewesen sein muss. Eine solche Lösung ist für das 13. Jh. denkbar.

Möglicherweise ist sie wegen des hohen Grundwasserstands gewählt worden. Denkbar ist aber auch, dass der Bau des 13. Jh. gar keine Krypta hatte und diese erst bei Anhebung des Fußbodens im 16. Jh. zur Schaffung eines erhöhten Chores aus Spolien errichtet worden ist, wobei man den damals sicher noch zeitweiligen Grundwasserstand in der Krypta in Kauf genommen hat. Die zusammengestoppelten Stützen der Krypta könnten ein Indiz dafür sein.

Vorstellbar ist, dass man im 16. Jh. einen alten Zustand für diesen Ort, an dem angeblich einst das Grabmal des Bischofs

Neon stand und an dem im Mosaikfußboden eine diesbezügliche Inschrift sich noch heute befindet [ebd. 103], vortäuschen wollte. Das in 3,6 m Tiefe aufgefundene Fußbodenniveau gehört mit Sicherheit zu einer vorherigen an diesem Ort vorhandenen Bebauung, möglicherweise eine vorkatastrophische Bebauung, die in der Katastrophe um 940 zerstört wurde. Ein Beleg, dass das eine Kirche war, existiert außer in späteren Schriftquellen oder Inschriften nicht. Die angeblich ursprünglich vorhandenen, nicht erhaltenen Mosaiken mit Darstellungen von Petrus und Paulus könnten auf die römischen Märtyrerkirchen des 11. Jh. hinweisen.

Sant'Agata

Angeblich gegen Ende des 5. Jh. erbaut. Durch spätere Umbauten stark verändert. Dreischiffige Kirche mit zehn Säulenpaaren. Alle Kapitelle und Kämpfer ganz verschieden, z. B. Kompositkapitell, korinthisches Kapitell mit Akanthusblättern, korinthischen Leierkapitell, Kapitelle aus der Renaissance.
Fußbodenerhöhung Ende des 15./Anfang des 16. Jh. [BENDAZZI/RICCI, 107] analog zu anderen ravennatischen Bauten.
Erhalten vom Bau des 5. Jh. sollen der untere Teil der Apsis und Mauern des nördlichen Seitenschiffs sein, sowie Mosaikfragmente der Apsis, des Triumphbogens und des Fußbodens. Die Mosaiken sollen den thronenden Christus zwischen zwei Erzengeln dargestellt haben.

Die dürftigen Reste erlauben keine zeitliche Einordnung. Der Grundriss und das Sammelsurium an Kapitellen und Kämpfern sprechen auf jeden Fall für eine nachkatastrophische Entstehung, als nämlich antike Bauteile, die als Spolien Verwendung finden konnten, in großer Zahl zur Verfügung standen. Die Datierung Ende des 5. Jh., die durch eine Kämpferinschrift mit Hinweis auf Bischof Petrus II. (494-519) unterstützt wird, ist wieder antik, womit sich korrigiert eine Bauzeit Ende des 12. Jh. ergibt.

Dom

Angeblich die erste große katholische Kirche Ravennas, geweiht zu Beginn des 5. Jh. durch Bischof Ursus, deshalb auch Basilika Ursiana genannt. Sie soll eine fünfschiffige Basilika ohne Querhaus gewesen sein. "Im Laufe der Zeit machte sie so viele Restaurierungen und Veränderungen durch, dass sie ihren ursprünglichen Charakter fast verlor und den einer Basilika des 9.-10. Jhds. annahm." [BENDAZZI/RICCI, 189] 1733/34 wurde sie abgerissen und durch einen Neubau ersetzt.

Vom Gründungsbau ist so gut wie nichts erhalten. Um 1000 sollen die Säulen erhöht und vielleicht auch die Außenwände erneuert worden sein [ebd. 189]. Die Krypta soll dem 10. Jh. entstammen; der Glockenturm aus dem 10.-11. Jh. An den Fenstern des Glockenturms ist erkennbar, dass das ursprüngliche Fußbodenniveau tiefer gelegen haben muss. Der ursprüngliche Fußboden lag mehr als zwei Meter unter dem heutigen [ebd. 190]. Von einem ursprünglich "grandiosen" Mosaikschmuck aus dem Jahr 1112 sind Fragmente erhalten.

Die Datierung Anfang des 5. Jh. ist antik und entspricht Anfang des 12. Jh. Das Mosaik von 1112 entstammt der Bauzeit; die Krypta mit Sicherheit ebenfalls. Die Fünfschiffigkeit wurde vielleicht von den römischen Kirchen des 11. Jh., der Laterankirche, Alt-St. Peter und Sankt Paul vor den Mauern übernommen. Die angebliche Anhebung des Fußbodens um 1000 gab es sicher nicht. Erst mit dem Neubau im 18. Jh. wurde das Fußbodenniveau angehoben, was bei den anderen ravennatischen Bauten schon im 16. Jh. erfolgt ist.

San Michele in Affricisco

Stiftung der Kirche im Jahr 545. Aufhebung der Kirche 1805. Wenige Reste der Kirche in der jüngeren Überbauung noch erhalten.

Ursprünglich dreischiffige Pfeilerbasilika mit polygonaler Apsis. Das Apsismosaik befindet sich im Bodemuseum in Berlin. Erhöhung des Fußbodens um ca. 1,9 m - wie bei anderen ravennatischen Kirchen - im 15./Anfang 16. Jh. Das Datum der Stiftung ist antik und entspricht dem Jahr 1247.

Zusammenfassend ist in Ravenna nichts Frühchristliches zu finden. Die so genannten frühchristlichen Kirchen Ravennas sind - wie in Rom auch - die fehlenden Bauten des 11. bis 13. Jh.

Jetzt schließt sich auch die Lücke von rund 500 Jahren in der Mosaikkunst zwischen den angeblich frühchristlichen Mosaiken z. B. in Rom, Thessaloniki, Ravenna und der Fortsetzung in Torcello, Venedig, wie sie von ILLIG und NIEMITZ in ihrem Artikel „Hat das dunkle Mittelalter nie existiert?" [1991] festgestellt wurde. Da die Mosaiken generell zu früh datiert sind, ergibt sich nicht nur eine Lücke von 500 Jahren, sondern von ca. 700 Jahren; ziemlich exakt die Differenz zwischen der weströmischen Datierung und unserer heutigen Datierung.

Aquileia

Die traditionelle Rekonstruktion der Bauten um den Dom von Aquileia nach GLASER [GLASER/POCHMARSKI, 59f]:

"1. Römische Häuser aus den letzten Jahren vor und um Christi Geburt.

2. Stadtviertel von gutem Standard (2.-3. Jh.) in der Nähe von Nutzbauten.

3. Baukomplex mit zwei christlichen Kultsälen nach dem Jahr 313. Der Stifter, Bischof Theodorus von Aquileia (ca. 308-319), nahm im Jahr 314 am Konzil in Arles teil.

4. Dreischiffige Basilika des Bischofs Fortunatianus (ca. 342-357) über dem nördlichen Kultsaal.

5. Dreischiffige Basilika des Bischofs Chromatius (ca. 388-408) über dem südlichen Kultsaal.

6. Dem Patriarchen Maxentius (811-833) wird der Einbau der Krypta und der Umbau des Presbyteriums zugeschrieben.

7. Patriarch Poppo (1019-1042) errichtet einen Glockenturm und erneuert die südliche Basilika, die er im Jahre 1031 weihte.

9. (8. gibt es nicht - MM) Das Erdbeben des Jahres 1348 gab Anlass für die gotische Erneuerung der Basilika, der Patriarch Marquard von Randeck (1365-1381) alles opferte, um sie vom Ruin zu retten."

Entwirrung ist notwendig. In der traditionellen Geschichte Aquileias werden antike und spätantike Datierungen vermischt, was zu einer falschen Ereignisgeschichte führt. Nach Korrektur der spätantiken Datierungen verdichtet sich die Geschichte Aquileias auf die Zeit von seiner Gründung als

Kolonie im Jahr 181 v. Chr. bis zur Katastrophe im Jahr 238 n. Chr. In der Katastrophe von 238 (= dem spätantiken Jahr 522 = 940 u. Z.) wird Aquileia offenbar gründlich zerstört. Die Tradition sieht die Zerstörung Aquileias im Zusammenhang mit der Eroberung durch die Hunnen unter Attila im Jahr 452. Diese spätantike Datierung ist korrigiert das Jahr 168, womit der Einfall der Hunnen an den Beginn der Mark-Aurel-Krise des 2. Jh. gehört. Darüber hinaus ist schon zu fragen, wie Reiterhorden eine massive Stadt so gründlich zerstören konnten? MARCUZZI [45] erwähnt, dass die Säulen des Forums vor der Restaurierung "zerstückelt, zusammengestürzt in eine einzige Richtung in Folge irgend eines Erdbebens" lagen.

Nach diesem Ereignis gibt es das antike Aquileia nicht mehr, das einst die neuntgrößte Stadt des römischen Imperiums war. Das urbane Leben und die wirtschaftliche Entwicklung findet neu in der Lagunenstadt Grado statt. Grado wird der neue und auch in der Folgezeit wichtige Adriahafen. Vielleicht schon Ende des 10. Jh. und im 11. Jh. entstehen in Grado die Kirchenbauten S. Eufemia, S. Maria delle Grazie und die in ihren Fundamenten aufgedeckte so genannte byzantinische Kirche.

Zurück zu Aquileia: Das zerstörte Aquileia wird von Byzanz im 6. Jh. (= 10. Jh.) zum militärischen Vorposten ausgebaut - vermutlich zum Schutz des Hafens in Grado. Der Hafen von Grado war nach dem Ausfall des Hafens von Aquileia einer der Hauptumschlagplätze für den Handel zwischen Byzanz und Oberitalien und war natürlich auch der Hafen, über den die byzantinischen Truppen für den Kampf gegen die Ostgoten und gegen die ab 568 (= 986 u. Z.) einfallenden Langobarden nach Oberitalien verbracht wurden.

Die Byzantiner errichteten mitten durch das zerstörte Aquileia eine neue zickzackförmige Stadtmauer, deren genaue Datierung umstritten ist [GLASER/POCHMARSKI, 30]. Der Beginn des ersten Gotenkrieges im Jahr 535 (= 953 u. Z.) ist als *terminus post quem* für die Errichtung dieser Stadtmauer anzusehen. Die Mauer führte in west-östlicher Richtung mitten durch die ehemalige römische Stadt und schloss mit der vielleicht noch vorhandenen, antiken Stadtmauer nur noch die südliche Hälfte der ehemaligen Stadt ein. Ehemalige wichtige römische Bauten wie das Forum und der Circus wurden nicht mit eingeschlossen, da sie wie die anderen römischen Bauten damals bereits nicht mehr bestanden haben dürften. Möglicherweise hatten die römischen Speicherbauten (*horrea*) südlich des ehemaligen christlichen Kultkomplexes die Katastrophe einigermaßen überstanden, da sie später zum Patriarchenpalast umgebaut wurden. Mit der Eroberung Oberitaliens durch die Langobarden dürfte die byzantinische Phase beendet worden sein.

Nun zu den frühen christlichen Kirchenbauten Aquileias: Die im Bereich des heutigen Doms aufgefundenen und freigelegten zwei christlichen Kultsäle dürften tatsächlich vorkatastrophisch und damit antik sein. Deren Anfänge sind jedoch scheinbar etwas unscharf. Unter dem nördlichen Kultsaal wurden Reste eines römischen Wohnbaus der südöstlichen *insula* des römischen Aquileia aus der Zeit des Augustus (31 v. Chr.-14 n. Chr.) aufgedeckt, welche mit dem Kultsaal, der ursprünglich zu einem Wohnbau aus der mittleren römischen Kaiserzeit (2.-3. Jh.) gehörte, überbaut wurden. Zwei Fundamente, die über dem Horizont der augusteischen Zeit liegen, werden Speicherbauten zugeordnet, die die Raumaufteilung der christlichen Kultbauten beeinflussten [GLASER/POCHMARSKI, 60]. Bischof Theodorus soll den Raum des Wohnbaus zum Saal für Gottesdienste umgewandelt haben.
Eine andere Quelle sieht über der *domus* noch Lagerhäuser aus dem 3. Jh., die von Bischof Theodorus im Zusammenhang mit der Errichtung der Kultsäle abgerissen worden seien [www.basilicadiaquileia.it/tour_virtuale-de.html].

Die Zuschreibung zu Bischof Theodorus (ca. 308-319, korrigiert ca. 24-35) erfolgt aufgrund einer Inschrift im Fußbodenmosaik des Südsaals. Nach Wikipedia lässt der Text der Inschrift vermuten, dass dieser erst nach dem Tod des Theodorus angebracht worden ist. Es ist natürlich kaum anzunehmen, dass der um die Zeitenwende errichtete Wohnbau nach so kurzer Zeit wieder abgerissen wurde, zumal noch eine, wenn auch ziemlich unklare Nutzungsphase als Speicherbau dazwischen liegt. Der Autor sieht die Errichtung der Kultsäle eher in der zweiten Hälfte des 2. Jh., aber auf jeden Fall vor der Katastrophe im Jahr 238. Möglicherweise ist auch an eine spätere Hinzufügung der Inschrift zu denken. Trotz alledem hätten wir damit in Aquileia eine wirklich sehr frühe und fast einzigartige christliche Anlage vor uns. Mit der Umnutzung eines Wohnhauses zum Kultsaal dürften in Aquileia Reste einer so genannten Hauskirche erhalten sein. Die ursprüngliche Hauskirche könnte in der Folge sukzessive zu dem bei den Grabungen aufgedeckten Kultkomplex erweitert worden sein. Diese frühe Kultanlage wurde in der Katastrophe 238 zerstört.

Die Anlage in Aquileia wird gelegentlich mit der angeblichen römischen Doppelkirchenanlage unter dem Trierer Dom und der benachbarten Liebfrauenkirche verglichen, welche nach Meinung des Autors jedoch keine christlichen Kirchen waren, sondern die kaiserliche Palastanlage.

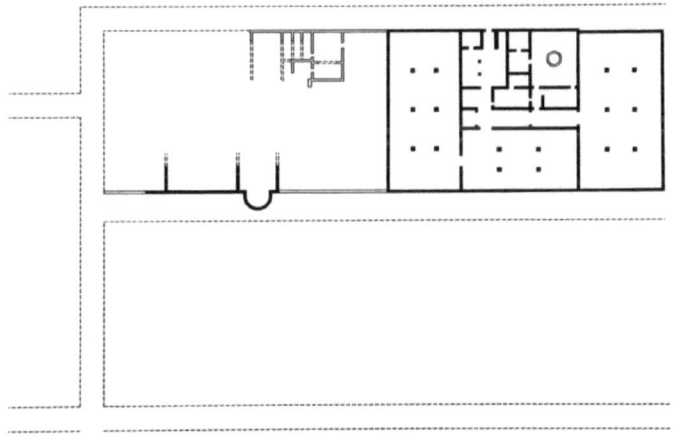

Aquileia. Frühchristliche Kultsäle 2. Jh. (rechts) und Bischofspalast (links)
[Grafik entspr.Tafel am ehem. Bischofspalast]

Für die nach der Zerstörung des antiken Aquileia folgende byzantinische Phase ist ein Kirchenbau zwingend vorauszusetzen. Justinian hatte nicht lange zuvor den Katholizismus als Reichsreligion bestimmt und die Reichskirche begründet. Diese Reichskirche wollte er nicht nur in Ostrom, sondern auch in den rückeroberten Gebieten des Westreichs durchsetzen. Dazu hatte er u. a. Rom als Patriarchat bestimmt. (Dass Rom eigene Pläne hatte und selbst die Führungsrolle im Westen beanspruchte, war so sicher nicht geplant.)

Nach Meinung des Autors ist das von der Forschung in das 5. Jh. datierte oktogonale Baptisterium die ehemalige byzantinische Kirche. Der oktogonale Bau hatte ursprünglich von innen gesehen vier halbrunde und halbhohe, nach außen springende Nischen in jeder zweiten Seite der Außenwand, die nach außen als Apsiden in Erscheinung traten. Auch unter diesem Bau wurden Reste römischer Häuser des 1. bis 3. Jh. festgestellt.

Südlich des Baptisteriums befand sich eine Halle mit einem direkten Zugang zu diesem, in welcher Mosaiken aus der Zeit des Bischofs Chromatius aufgedeckt wurden. Der Autor sieht Bischof Chromatius Ende des 11./Anfang des 12. Jh. (siehe unten). Die so genannte Südhalle des Baptisteriums brannte zu unbekannter Zeit ab und wurde aufgegeben. Die Fläche wurde später für Bestattungen genutzt.

Nach der These des Autors sind die ersten, noch von Konstantinopel inspirierten Kirchenbauten durchgängig Zentralbauten gewesen. Erst mit der Verdrängung der oströmischen Kirche im Westen durch die römische Kirche (Westkirche) werden basilikale Kirchenbauten errichtet. Die Zäsur ist um die Jahrtausendwende anzusetzen. Wie bekannt, endet der Streit zwischen Ost- und Westkirche mit der Spaltung im Jahr 1054. Das so genannte "Aquileienser Schisma" sowie die Platzierung der Legenden vom Wirken des Evangelisten Markus in Aquileia und der Taufe des Hermagoras durch Petrus zum ersten Bischof von Aquileia dürften in den Umkreis dieser Auseinandersetzungen gehören. Die Gründung des Patriarchats Aquileia um 559 (= 977 u. Z.) ist ebenfalls in diesem Kontext zu sehen. Der Patriarch von Aquileia, vermutlich von Rom als Gegenpart

gegen die widerspenstige, weil ostromhörige Kirche in Aquileia eingesetzt, befand sich von Anfang an sicher gezwungenermaßen im Exil in Grado. Erst nach dem Rückzug der Byzantiner aus Aquileia konnte der Patriarch von Aquileia wieder dort residieren. Möglicherweise ist Poppo (1019-1042) der erste Patriarch, der wieder in Aquileia amtiert.
Übrigens ist ein weiterer Zentralbau südlich des antiken Forums, ebenfalls ein Oktogon, in Aquileia vorhanden gewesen - S. Ilario (Hilarius). Dieser ist offenbar in baulicher Verbindung mit der byzantinischen Zickzack-Stadtmauer gewesen und wurde über dem antiken *cardo maximus* errichtet, dessen Straßenbelag unter der Kirche erhalten blieb. Er wurde 1799 abgetragen.

Der erste, jetzt von Rom inspirierte Kirchenbau über dem Nordsaal, eine 73 m lange und 31 m breite dreischiffige Basilika mit Narthex und einem Säulenhof im Westen wird Bischof Fortunatianus (trad. ca. 342-357) zugeschrieben. Das Mittelschiff ist exakt doppelt so breit wie die Seitenschiffe, was schon etwas an das gebundene System der Romanik erinnert. Der Autor sieht diesen Bau im 11. Jh. Wenn die Zuschreibung zu Bischof Fortunatianus und dessen Realexistenz und Datierung zutrifft, könnte hier eine antike Datierung vorliegen, womit die Amtszeit auf ca. 1044-1059 zu korrigieren wäre. Möglicherweise ist der Baubeginn schon unter Patriarch Poppo (1019-1042) erfolgt. Vielleicht hat Poppo auch zunächst das byzantinische Oktogon mangels eines anderen verfügbaren Baus genutzt und die von ihm überlieferte Weihe von 1031 bezog sich auf diesen Bau.

Zeitgleich mit dem Bau der ersten Basilika - dürfte die Umnutzung des byzantinischen Oktogons als Taufkirche bzw. Baptisterium erfolgt sein. Vermutlich kurze Zeit später wurde diesem Bau ein östlicher zweigeschossiger Anbau angefügt - nach Meinung des Autors ein Ostchor mit darüber liegender Kapelle. Die halbrunden Wandnischen in den Längswänden sind auch in der frühen Romanik Deutschlands zu finden, z. B. im Chor der Liebfrauenkirche in Magdeburg. Möglicherweise stammen die inneren Säulen im Oktogon und die ehemals von ihnen getragene Galerie erst aus dieser Zeit. Die heute im sog. Baptisterium vorhandene Taufpiscina ist eine Rekonstruktion der 2. H. des 19. Jh. Die beiden älteren Vorgänger des sechseckigen Taufbeckens sind nach GLASER noch nicht näher untersucht [GLASER/POCHMARSKI, 80]. Die überlieferte Bezeichnung des Anbaus ist "chiesa dei pagani". GLASER bezeichnet diesen Anbau als schmale Kirche, deren Erdgeschoss dem Heiligen Petrus geweiht war [GLASER/POCHMARSKI, 81].

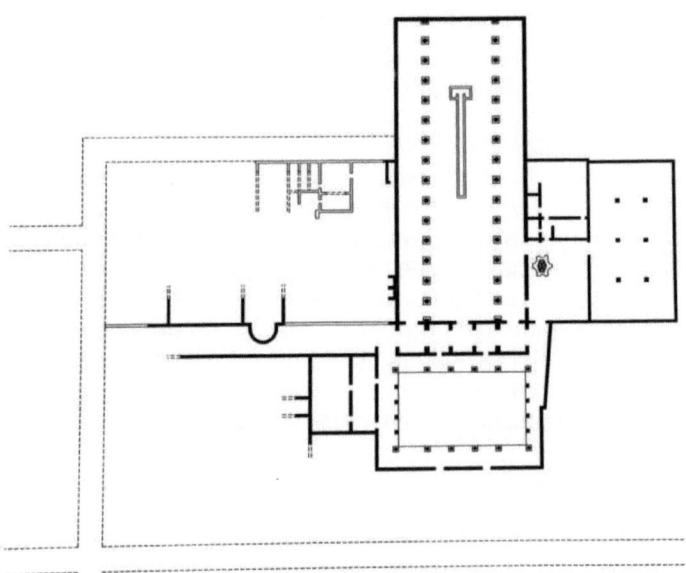

Aquileia. Basilika des Fortunatianus 11. Jh.
[Grafik entspr.Tafel am ehem. Bischofspalast]

Offensichtlich genügte die erste Basilika schon nach relativ kurzer Zeit nicht den Ansprüchen, weshalb südlich, unmittelbar daneben ein Neubau (jetzt über den frühchristlichen Südsaal) errichtet wurde. Dieser Bau wird Bischof Chromatius (trad. 388-408) zugeordnet. Auch hier könnte eine antike Datierung vorliegen. Die korrigierte Amtszeit wäre 1090-1108.

Nach Auffassung des Autors ist dieser Neubau der heutige Dom. Nach der Bauform der Ostteile ist eine Errichtung um 1100 oder etwas später durchaus plausibel. Diesem Bau des 12. Jh. gehören die Krypta und die Ostteile einschließlich Apsis und die skulptierte Schrankenanlage an, die von der Forschung irrigerweise einem Umbau in karolingischer Zeit zugeordnet werden. Die Krypta erhielt ihre Ausmalung zeitnah nach Fertigstellung (um 1180) und keinesfalls Jahrhunderte später. Die Apsismalereien entstanden ebenfalls unmittelbar nach Fertigstellung des Baus. Die dort vorhandene Inschrift bezüglich der Weihe 1031 wurde im 13. Jh. nur nachgemalt - wie GLASER meint -, möglicherweise aber auch korrigiert.

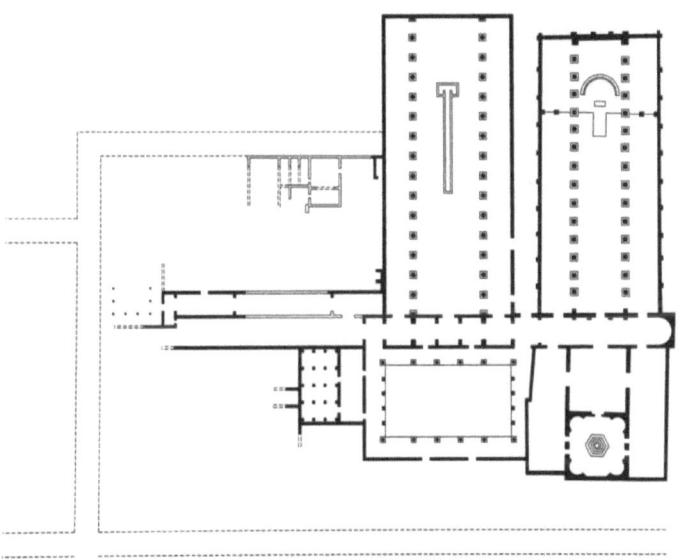

Aquileia. Basiliken des Fortunatianus (links) und des Chromatius (12. Jh.) sowie Baptisterium (unten rechts) [Grafik entspr. Tafel am ehem. Bischofspalast]

Die behauptete angebliche Vorbildwirkung von St. Michael in Hildesheim sieht der Autor nicht. Maximal erinnern die breiten

Seitenschiffe mit der Doppelarkade zum Querhaus an St. Michael. Hier dürfte die Breite der Seitenschiffe und des Mittelschiffs auf die Nutzung der Fundamente des Südsaales zurückzuführen sein, was eine Zwischenstützung am Durchgang zwischen Seitenschiff und Querhaus erforderte. Ansonsten hat dieser Bau so gut wie nichts gemein mit St. Michael, weder in der Grundrisslösung, noch in der Bauornamentik.

Auch wenn die Person des Patriarchen Poppo vielleicht real ist, so dürfte die Verbindung zu Kaiser Konrad II. konstruiert sein, wie nach Meinung des Autors die gesamten so genannten Italienaktivitäten des deutsch-römischen Kaisertums des Mittelalters ein Konstrukt sind. Die in der Apsis zwischen den Heiligenfiguren dargestellten weltlichen Personen (rechts Kaiser Heinrich III. sowie seiner Eltern, Kaiser Konrad II. und seine Gemahlin Gisela; links Poppo und sein Bruder Ozi (?)) verweisen auf die deutlich spätere Erstellung der Apsismalereien (nach Schaffung des Konstrukts des deutsch-römischen Kaisertums ab dem 12. Jh.), sofern sie keine Fehlinterpretation sind.

Zeitnah mit dieser Kirche, also im 12. Jh. und nicht im 11. Jh., wie die traditionelle Forschung meint, wurde unmittelbar nördlich der Campanile errichtet. Dieser steht an der Stelle der vorangegangenen Basilika, setzt also den Abbruch des Vorgängerbaus voraus. Damit sind Spekulationen eine Doppelkirchenanlage in Aquileia obsolet. Die Auffassung GLASERs, dass die gemeinsame Vorhalle der Basilika des Fortunatianus und der des Chromatius das gleichzeitige Bestehen beider Basiliken belegt, kann nicht zutreffen. Die Vorhalle dürfte das bereits vorher vorhandene Baptisterium mit der Kirche des Fortunatianus verbunden haben, vermutlich bevor die "chiesa dei pagani" errichtet wurde.

Dass sowohl für den Dombau als auch für den Campanile Spolien aus zerstörten römischen Bauwerken Verwendung fanden, ist sicher nicht verwunderlich, da diese ja in großer Menge zur Verfügung standen.

Nun gibt es im Umkreis von Aquileia weitere Kirchen, die in frühchristliche Zeit zurückreichen sollen. Zuerst ist da sicher die bei Grabungen freigelegten Reste einer Kirche in dem nordöstlich von Aquileia gelegenen Monasterio zu nennen. Die Basilica di Monastero, eine dreischiffige Basilika, mit ornamentalen Mosaiken im Schiff und mit polygonaler Apsis im Osten sowie Narthex und Atrium im Westen gehört eindeutig in das 11./12. Jh. Von der Forschung wird dieser Kirchenbau in dieselbe Zeit wie die Basilika des Chromatius datiert, welche der Autor im 12. Jh. sieht.

Mailand

Neben Ravenna rühmt sich auch Mailand, Frühchristliches in seinen Mauern zu beherbergen.

Mailand, in der zweiten Hälfte des 4. Jh. (353-402) zeitweilige kaiserliche Residenz, verweist auf einige angeblich frühchristliche Bauten aus dieser Zeit.

Darüber hinaus führen verschiedene mailändische Kirchenbauten ihre Gründung auf den hl. Ambrosius (339-397) zurück. 539 wurde Mailand von den Ostgoten mit Unterstützung des Merowingers Theudebert, der den Ostgoten 10 000 Burgunder beistellte, zurückerobert. Angeblich zerstörten die Eroberer die Mauern, töteten die Männer und überließen die Frauen den Burgundern. [DEMANDT, 175] Nach Wikipedia sollen die Ostgoten Mailand sogar zerstört haben.

Spätestens mit dem Ende der Gotenherrschaft 552 dürfte Mailand wieder oströmisch geworden sein.

569 fällt Mailand an die seit 568 in Italien eindringenden Langobarden. 572 erfolgt die Gründung eines Langobardenreichs, das offensichtlich nicht lange Bestand hatte. Als Hauptstadt wählten sie nicht Mailand, sondern das nur wenig entfernt gelegene Pavia. In der Folgezeit dürften die Langobarden aufgrund ihrer relativ geringen Anzahl (geschätzt werden 100 000 - 150 000) in der ansässigen Bevölkerung aufgegangen sein. Heute ist Mailand die Hauptstadt der Lombardei, deren Name an die Langobarden erinnert.

Bevor die Bauten besprochen werden, müssen die o. a. Datierungen geklärt werden. Die Zeit der kaiserlichen Residenz ist der Geschichte des römischen Kaisertums entnommen, die in Byzanz aufgeschrieben wurde und byzantinisch datiert ist. Korrigiert in die antike Datierung ergibt sich für die kaiserliche Residenz der Zeitraum 69-118.

Bei den Lebensdaten des hl. Ambrosius ist sich der Autor unsicher, welche der beiden Datierungsmöglichkeiten zutrifft. Sind die traditionellen Lebensdaten byzantinisch, würden sie korrigiert den antiken Jahren 55-113 entsprechen. Die zweite Möglichkeit ist, dass diese antik datiert sind und damit 1041-1099 entsprächen.

Im ersten Fall wären die Gründungen durch den hl. Ambrosius nichts als fromme Legende; im zweiten Fall wären sie möglicherweise real, gehörten jedoch dem 11. Jh. an. Die Datierungen um die Gotenkriege und die Langobarden sind auf jeden Fall spätantik und gehören damit in das 10. Jh.

Ein Kirchenbau in Mailand ist nicht vor der endgültigen byzantinischen Wiedereroberung 540/552 (= 958/970 u. Z.) denkbar. Vermutlich haben die Langobarden die kirchliche Entwicklung nicht beeinträchtigt.

Nach EFFENBERGER [136] sind die frühchristlichen Kirchen in Mailand folgende:

Basilika des Simplicianus (San Simpliciano)

Angeblich eine Gründung des hl. Ambrosius. Der jetzige Bau ist romanisch. Portal und Glockenturm 12. Jh. Keine Anzeichen von Frühchristlichem.

Kirche der Apostel (San Nazaro)

Die kreuzförmige Kirche soll nach einem Brand im Jahr 1075 unter Verwendung der alten Substanz wiederaufgebaut worden sein. 1571 wurde sie verändert, von 1946-1963 restauriert. Auch hier kein Beleg für Frühchristliches.

Bischofskirche der hl. Thekla mit Baptisterium

Fünfschiffige Basilika mit abgetrennten Presbyterium und Baptisterium östlich vor der Kirche an der Stelle des heutigen Doms, angeblich vom hl. Ambrosius erbaut. Das Baptisterium ist ein Oktogon mit acht Nischen, abwechselnd halbrund und rechteckig, so dass sich sowohl für die halbrunden als auch für die rechteckigen ein eingeschriebenes griechisches Kreuz ergibt. Die Orientierung des Baptisteriums stimmte nicht mit der der Kirche überein. Im 14. Jh. wurde die Kirche abgebrochen. Die unter dem heutigen Dom ergrabene fünfschiffige Kirche sehe ich in der Nachfolge der fünfschiffigen Märtyrerkirchen Alt-St. Peter und St. Paul in Rom. Als Bauzeit dürfte frühestens das 12. Jh. infrage kommen.

San Lorenzo Maggiore

Der bedeutendste, angeblich frühchristliche Bau Mailands. Zentralbau mit ursprünglich im Westen vorgelagertem Atrium. An den Konchen außen Oktogone angefügt. Der oktogonale Tambour neuzeitlich verändert. Seitlich der flachen Konchen vier Ecktürme.
Eine jüngere Detailuntersuchung der Wände identifizierte fünf Bauphasen, von Theodosius I. bis zur frühen lombardischen Periode [http://en.wikipedia.org/wiki/Basilica_of_San_Lorenzo _Milan, 01.03.2009].

Der Bau wurde auf einem künstlichen Hügel errichtet. Für den Bau wurde Material des nahen Kaiserpalastes und des römischen Amphitheaters zweitverwendet.
Im 10. Jh. soll die Kuppel unter Beteiligung byzantinischer Bauleute erneuert worden sein. Im 11./12. Jh. haben angeblich mehrere Katastrophen dem Bau schwer zugesetzt, insbesondere der Brand von 1071 sowie mehrere Erdbeben. Die Kirche soll im 12./13. Jh. restauriert (einschl. Erneuerung der Pfeiler, die die Kuppel tragen) und nach einem Einsturz im 16. Jh. im Barockstil wiedererrichtet worden sein. [https://en.wikipedia.org/wiki/Basilica_of_San_Lorenzo,_Milan, 20.12.2016]

Die Fundamente wurden errichtet aus "enormous blocks taken from other Roman sites" .

Die Kirche wurde im 11. Jh. wiedererrichtet und im 16. Jh. stark renoviert. [www.sacred- destinations.com /italy /milan-san-lorenzo-maggiore, 01.03.2009]
Das an der südlichen Konche angebaute Oktogon - ursprünglich angeblich ein Mausoleum - ist erhalten (Kapelle Sant' Aquilino).
In dem zugehörigen Narthex und in der Kapelle sind Reste eines Mosaikschmucks und Wandmalereien angeblich aus dem 4. Jh. erhalten. [EFFENBERGER, 136f]
Das Mosaik im Narthex zeigt Christus als "Lawgiver" oder möglicherweise als Lehrer [http://en.wikipedia.org/wiki/Basilica _of_San_Lorenzo_Milan, 01.03.2009]. Ihm zur Rechten und Linken je sechs Apostel.

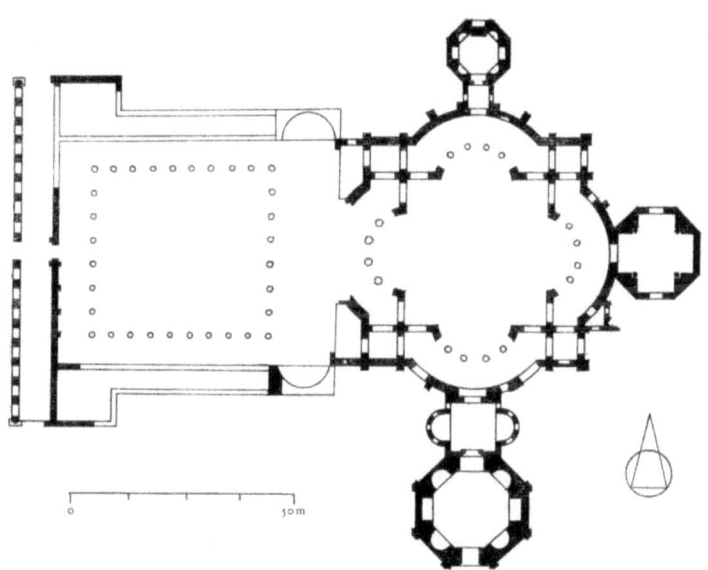

Mailand, S. Lorenzo Maggiore. Grundriss aus [EFFENBERGER, 138]

Der Grundriss von S. Lorenzo steht im frühen Kirchenbau des Westens weitgehend isoliert da. Nirgendwo sonst in Italien gibt es einen so gewaltiger Zentralbau. Das Vorbild für S. Lorenzo

131

Maggiore ist in Konstantinopel zu suchen. Der Bau könnte eine reduzierte Hagia Sophia sein.

Die englische Wikipedia sieht die Errichtung zwischen 390 und 402, wobei sich die Forscher betreffend der Funktion uneins sind. Während die einen in dem Bau eine imperiale Basilika sehen, denken die anderen an ein Mausoleum der Theodosianischen Dynastie. Nach der englischen Wikipedia ist das Patrozinium S. Lorenzo erst 590 bezeugt, das ist korrigiert 1008 u. Z.

Mit der Funktion des Baus haben nach Auffassung des Autors beide Lager unrecht. Die Datierung der frühesten Bauphase in die Zeit Theodosius I., der traditionell byzantinisch datiert ist und korrigiert den antiken Jahren 95-110 angehört, könnte darauf hinweisen, dass bei der Errichtung von San Lorenzo Teile eines antiken Baus Verwendung fanden, vielleicht der Thermen von Kaiser Maximian, zu denen wahrscheinlich auch die so genannte "Colonne di San Lorenzo" gehörte.

Der antike Bau dürfte in der Katastrophe weitgehend zerstört oder stark beschädigt worden sein.
Die Errichtung von Fundamenten aus wiederverwendetem Material von anderen römischen Bauwerken sowie die Verwendung von Werkstücken des Kaiserpalastes und des Amphitheaters weisen eindeutig auf eine Errichtung nach der Katastrophe.
Für das 10. Jh. ist eine Rekonstruktion belegt, die unter Mitwirkung von byzantinischen Bauleuten stattgefunden haben soll. Damals soll die Kuppel erneuert worden sein.
Diesen Neubau oder Wiederaufbau - jetzt als Kirchenbau - sieht der Autor in byzantinischer Zeit etwa ab 970. Später, d. h. im 11. Jh. ist diese Bauform kaum denkbar. Die römische Kirche, die sich im Westen im 11. Jh. gegen die oströmische Kirche durchsetzen konnte, hätte mit Sicherheit keinen Zentralbau errichtet. Der Autor sieht in S. Lorenzo Maggiore einen der frühesten Kirchenbauten auf italienischen Boden, der noch direkt von Ostrom initiiert wurde.

Der Anbau der Kapelle Sant' Aquilino wird im 11. oder 12. Jh. erfolgt sein. Das Mosaik kann ohne Probleme dem 11./12. Jh. zugeordnet werden.

Der Bau war sicher kein Mausoleum; möglicherweise ein Bau zur Verehrung des hl. Aquilin, der vor 1018 in Mailand verstorben sein soll, ähnlich dem so genannten Mausoleum der Galla Placidia in Ravenna aus dem 11./2. Viertel des 12. Jh., dort für den hl. Laurentius.

Außer den von EFFENBERGER aufgeführten frühchristlichen Bauten behauptet Sant'Ambrogio, eine Gründung des hl. Ambrosius zu sein:

Sant'Ambrogio

Der Vorgängerbau der heutigen Kirche, ein dreischiffiger Bau, soll im 4. Jh. vom hl. Ambrosius gegründet worden sein. Die Kirche steht über seinem vermeintlichen Grab.

Der heutige Bau ist ein einheitlicher Bau des 12./13. Jh. Der Vorgängerbau wurde unter der heutigen Kirche ergraben. Die Datierung der Gründung in das 4. Jh. ist vermutlich antik und verweist auf das 11. Jh. Das ist durchaus glaubhaft.

Diesem Vorgängerbau folgte schon in relativ kurzer Zeit der heutige Bau. Ein ergänzender Hinweis in diese Richtung ist die vom Vorgängerbau erhaltene Krypta, die im späten 10. Jh. im Zuge einer "großen Renovierung der Ostteile der Basilika" errichtet worden sein soll [http://www.sacred-destinations.com/italy/milan-basilica-sant-ambrogio].

Wenn der hl. Ambrosius in das 11. Jh. gesetzt wird (siehe oben), ist eine Gründung durch ihn im Bereich des Möglichen. Sollte der hl. Ambrosius in das 1./2. Jh. gehören, ist eine Kirchengründung in Mailand durch ihn nur fromme Legende.

Damit ist auch in Mailand nicht Frühchristliches zu vermelden.

Cimitile/Nola

Die Universität Münster untersucht als Forschungsschwerpunkt in Verbindung mit der Soprintendenza Archeologica und der Soprintendenza ai Monumenti (Neapel) sowie mit Unterstützung des Deutschen Archäologischen Instituts in Rom das frühchristliche Pilgerheiligtum in Cimitile/Nola, „das neben den Apostelheiligtümern in Rom das bedeutendste Pilgerzentrum der italischen Halbinsel in der Spätantike war." [www.uni-muenster.de/Archaeologie/forschung/cimitile.html, 15.01.2009]

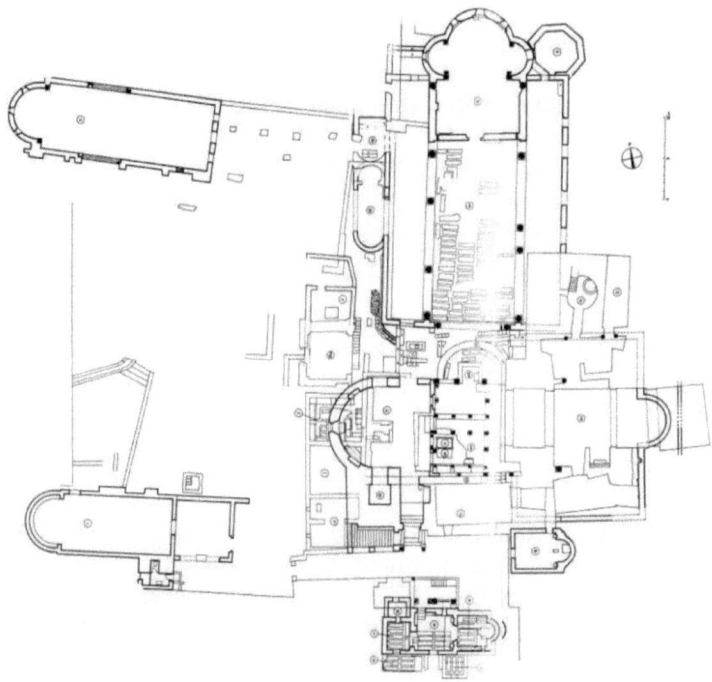

Grundriss aus [LEHMANN, Falttafel 2]

Nola - heute der Ort Cimitile - liegt nordöstlich von Neapel unweit des Vesuv. Der heutige Gebäudekomplex umfasst verschiedene Sakralbauten, die nach der traditionellen Forschung der Zeit vom 3. bis 14. Jh. zugeordnet werden. Das sind nach [http://digilander.libero.it/centrostudicimitile/sezioni /basiliche.htm_15.01.2009]:
1. Basilica di S. Tommaso (6./7. Jh.)
2. Cappella dei Ss. Martiri (3. Jh./E.9./A.10.Jh)
3. Basilica di S. Felice (4. Jh.)
4. Cappella di S. Calionio (5.Jh.)
5. Capella di S. Maria degli Angeli (14.Jh.)
6. Basilica nova, poi S. Giovanni (401-403)
7. Basilica di S. Stefano (6. Jh.)
Nach der Literatur haben wir in Nola ein frühchristliches Pilgerheiligtum - z. T. nur als Ruine erhalten - vor uns. Der Aktivität der Uni Münster verdanken wir eine umfängliche Veröffentlichung von LEHMANN, die aus meiner Sicht insbesondere wegen der ausführlichen Beschreibung der doch recht unübersichtlichen überlieferten Bausubstanz zu schätzen ist.

Neben der Beschreibung der Bauten bzw. Baureste versucht LEHMANN die verschiedenen Bauten zeitlich einzuordnen und versucht sich an einer Rekonstruktion der Basilica Nova unter Zuhilfenahme der überlieferten "umfangreiche(n) Beschreibungen des römischen Exkonsuls und Bischofs von Nola Paulinus" [www.unimünster.de/Archaeologie/forschung /cimitile.html_15.01.2009].
Die Entwicklung des Komplexes sieht LEHMANN wie folgt:

1. Über dem Grab des Hl. Felix (Nekropole aus dem Anfang 4. Jh.) wird zwischen 335 und 340 eine einschiffige Halle mit Apsis im Norden (sog. Aula) errichtet.

2. Östlich der Aula wird nach 335/340 die Basilica Vetus errichtet, die von Paulinus Nolanus angeblich um 400 renoviert wurde (Diese Ende 18. Jh. überbaut.).

3. Nördlich der Aula wird die Basilica Nova errichtet (Anfang 5. Jh.).

4. Bau der Kirche S. Tommaso. Ende 6./Anfang 7. Jh.

5. Bau von S. Stefano zeitlich nach Basilica Nova

Der von LEHMANN vorgetragenen Entwicklung des Komplexes einschließlich der Datierung der Bauten kann der Autor nicht folgen. Offensichtlich stand für LEHMANN das Ergebnis im Voraus fest. Dieses Pilgerzentrum musste eine spätantike Anlage sein.
Die Datierung der Bauten gewinnt LEHMANN auf folgende Art: Bei den Ausgrabungen wurde eine Asche- und Schwemmlandschicht gefunden, die möglicherweise von einem Vulkanausbruch des Vesuv herrührt und die die Zerstörung des Komplexes hervorgerufen hat. (Soweit kann der Autor dem noch folgen.)

Die Ausgrabungen haben ergeben, dass die Basilica Nova als auch S. Stefano vor der Katastrophe errichtet wurden, während z. B. S. Tommaso in die Schwemmlandschicht hineingebaut wurde. Auch die Westapsis der Basilica Vetus wurde nach der Katastrophe errichtet.
Die Schwemmlandschicht wurde jedoch nicht überall angetroffen, was aber auch auf frühere wenig fachgerechte Ausgrabungen zurückgeführt werden könnte, wo diese nicht dokumentiert wurden. Nun musste LEHMANN nur noch das Datum der Katastrophe finden. Das fand er natürlich.
In der Schwemmlandschicht wurde ein Teller gefunden, der "drei Tauben angeordnet um ein lateinisches Kreuz" zeigt [LEHMANN, 55]. Damit ordnet er die Schwemmlandschicht der Zeit um 500 zu und verbindet die Katastrophe mit zwei Schriftquellen: "Zum einen mit einem Eintrag in der Chronik 'Paschale Campanum' unter dem 9. November 505 (Mons Besubius eructavit) und zum anderen mit einem Brief des Theoderich aus den Jahren 507-512, worin es um Steuererleichterungen für das Nolanum territorium geht, da dieses vor kurzem von einem gewaltigen Vesuvausbruch und dadurch ausgelösten massiven Überschwemmungen schwer getroffen wurde." [LEHMANN, 55f]

Der Autors versucht nachfolgend, über die Korrektur der Datierungen eine glaubhaftere Rekonstruktion abzuleiten: Die antike Nekropole mit z. T. zweistöckigen Sepulkralbauten überwiegend ab Ende des 2./Anfang des 3. Jh. Diese Datierung wurde vorwiegend nach zwei aufgefundenen Sarkophagen aus dem 1. Drittel des 3. Jh. gewonnen. Ein Mausoleum mit drei Arkosolgräbern mit frühchristlichen Malereien aus der 2. Hälfte 3. Jh. Ein weiteres Mausoleum von 303/305 mit u. a. dem vermeintlichen Bodengrab des Confessor Felix aus dem letzten Viertel des 3. Jh. Die Nekropole erstreckte sich über ein größeres Areal und bestand in dem uns interessierenden Bereich eben aus z. T. zweistöckigen Grabbauten und Mausoleen, angeordnet um einen kleinen Platz. Die vorgenannten Datierungen sind alle byzantinisch und entsprechen dem antiken -1. Jh. bis zum 1. Jh., d. h. die Nekropole bestand bereits im 1. Jh. vor der Zeitenwende und wurde im 1. Jh. noch genutzt.

An der Nordseite dieses kleinen Platzes stand - mit der Fassade zu diesem Platz ausgerichtet - ein relativ großer dreischiffiger Bau, angefüllt mit Gräbern des 6. und 7. Jh. in zwei Schichten übereinander [LEHMANN, 69f]. Dieser relativ große dreischiffige Bau ist die so genannte Basilica Nova. Der Zeitpunkt der Errichtung ist unbekannt. Sie soll vor der Katastrophe von 505 bestanden haben. Der Autor sieht in diesem Bau eine spätantike Zömeterialbasilika und keine Kirche.

Die Katastrophe, die LEHMANN im (byzantinischen) Jahr 505 (= 923) annimmt, dürfte die Katastrophe um 940 gewesen sein. Seit der Katastrophe ist das antike Laufniveau "durch eine ca. 30 cm hohe Schicht von vulkanischen Aschen und Lapilli und darüberliegender gut 1 m hohen Schwemmlandschicht versiegelt...." [LEHMANN, 55]

LEHMANN sieht in der Höhenquote der Schwemmlandschicht das Kriterium für die vor- bzw. nachkatastrophische Errichtung der Gebäude und Baumaßnahmen.

Es erscheint nicht sicher, ob das wirklich so einfach zu handhaben ist. So könnte bei späteren Baumaßnahmen eine zumindest teilweise Geländeregulierung erfolgt sein. Die Entfernung von ca. 1,3 m Schwemmlandschicht auf einer begrenzten Fläche war sicher kein exorbitantes Problem.

Die Zerstörung der Basilica Nova bringt LEHMANN mit einem Brand und Einsturz im 10. Jh. in Zusammenhang, was durchaus zu dem Katastrophenszenario um 940 passt. Trotzdem soll die Basilica Nova im 6. Jh./7. Jh. (= 10./11. Jh.) noch in Benutzung gewesen sein, was durch die Anlage von Gräbern im späteren 6. Jh. belegt sei [LEHMANN, 71].

Wurde der Bau nach der Katastrophe trotz Zerstörung noch genutzt oder gehören die Bestattungen in eine frühere Zeit?

Der westliche Apsisnebenraum befand sich zu dieser Zeit angeblich nicht mehr in Nutzung. Die Schwemmlandschicht in diesem Raum wurde erst bei den Grabungen 1995-1999 beseitigt [ebd. 113]. Auch aus dem östlichen Seitenschiff (im Süden) wurden die Eruptions- und Schwemmlandschichten nicht mehr entfernt [ebd. 78]. Merkwürdig erscheint schon, dass trotz der Nutzung die Schwemmlandschichten im Gebäude nicht entfernt wurden.

Über dem angeblichen Felixgrab wurde eine einschiffige Halle mit Apsis im Norden (Aula absidata) errichtet. Das Apsisfundament wird durch eine Bronzemünze (335/337) in die Jahre 335-340 datiert. Die Datierung dürfte antik sein und entspricht 1037-1042.

Man brach einige störende kleinere Grabbauten ab und baute über dem angeblichen oder vielleicht sogar realen Felixgrab einen kleinen Saalbau mit einer weiten Apsis im Norden, die von LEHMANN bekannte Aula über dem Felixgrab. Die Nord-Süd-Ausrichtung des Baus war durch die vorhandene Bebauung um den kleinen Platz prinzipiell vorgegeben. Dieser kleine Bau wurde südlich in relativ geringen Abstand vor die Fassade der Zömeterialbasilika gesetzt.

Im Zusammenhang mit der Errichtung oder Erweiterung der Basilica Vetus wurde die Apsis abgebrochen. Die Niederlegung der Apsis berichtet Paulinus Nolanus in den Jahren 401/402. Diese Datierung ist ebenfalls antik und entspricht 1103. Paulinus von Nola lebte 354-431 und ist antik datiert, d. h. er lebte tatsächlich 1056-1133. Paulinus von Nola begegnet uns auch in Rom, nämlich bezeugt er eine Armenspeisung an Alt-St. Peter für das Jahr 396 [BRANDENBURG, 94]. Wie oben ausgeführt, wurde Alt-St. Peter erst im 11. Jh. erbaut.

Im 3. Viertel des 4. Jh. erfolgte der Neubau einer ost-west-orientierten, breit gelagerten, dreischiffigen Basilika mit kleiner Apsis im Osten, der von LEHMANN beschriebenen Basilica Vetus, von Paulinus um 400 angeblich renoviert. Von diesem Bau sind nur spärliche Reste übrig. Er wurde im Osten von der Pfarrkirche des 18. Jh. überbaut.
Vor der angeblichen Renovierung des Paulinus hatte die Basilica Vetus keine Säulen, sondern Pilaster (gemeint sind sicher Pfeiler) [LEHMANN, 48].

Ausgehend von der Annahme, dass die vorgenannten Datierungen weströmisch antik sind, ergeben sich als Baudaten für die Errichtung das 3. Viertel das 11. Jh. und die Renovierung um 1100. Es ist denkbar, dass dieser Bau ursprünglich als dreischiffige Pfeilerbasilika erbaut wurde. Bei dem späteren Umbau erhielt sie statt der Pfeiler Säulen. Das Verhältnis von Mittelschiffsbreite zur Breite der Seitenschiffe beträgt ziemlich exakt 2:1. Das erinnert sehr an das gebundene System der Romanik [ebd. 47].

Die Malereien an der Außenseite der Ostapsis, die eine Marmorinkrustation imitieren, sind romanisch.

Westlich des so genannten Felixgrabs, in der Achse der Basilica Vetus, wurde um 510 (= um 1210) eine zweite, wesentlich größere Westapsis errichtet. Möglicherweise war ein großer Neubau geplant, der das Heiligengrab mit einschließen sollte, der jedoch nie zur Vollendung kam. Mit dem Bau der Westapsis entstand eine doppelchörige Anlage.

Der Westchor könnte der Verehrung des örtlichen Heiligen Felix zugedacht gewesen sein.

Wie oben erwähnt, wurde der möglicherweise geplante Neubau nicht mehr komplett ausgeführt. Denkbar wäre, dass die Bauarbeiten wegen Geldmangels steckengeblieben sind. Vielleicht war die Anziehungskraft des Felix doch nicht so groß wie behauptet. Anders kann sich der Autor den langsamen Verfall der Anlage (auch des Areals der Basilica Nova) nicht erklären.

Dem einstigen Zömeterialbau, der Basilika Nova, wurde im Norden eine Apsis angefügt, später auch noch Apsisnebenräume. Der Bau wurde damit umfunktioniert zur christlichen Kirche. Im 2. Drittel des 5. Jh. soll der östliche Apsisnebenraum abgebrochen und ein Oktogon (Baptisterium?) errichtet worden sein.

"Das im Norden aus dem Langhaus hervorspringende Sanktuarium ist der am besten erhaltene Baukörper der Basilica Nova." [LEHMANN, 90]. "In der Architektur der Antike ist mir eine parallele Konstruktion nicht bekannt." [ebd. 94]

Im Übrigen ist die Apsis vom Langhaus als auch von den Apsisnebenräumen durch eine Baunaht getrennt. [ebd. 94, 112] Diese Baumaßnahmen dürften erst im Zusammenhang mit der Errichtung der Kirche S. Giovanni um 1300 erfolgt sein.

Es gibt noch einen Zömeterialbau in dem betrachteten Gebäudekomplex - die heutige Kirche S. Tommaso. Auch dieser Bau ist mit gleichmäßig angeordneten Gräbern in 2 Schichten übereinander angefüllt. Bau und Gräber entstammen einer einheitlichen Planung [ebd. 124], d. h. der Bau wurde für die Grablegen erbaut. S. Tommaso ist in die Schwemmlandschichten hineingebaut, d. h. nach LEHMANN wurde der Bau nach der Katastrophe errichtet. Vielleicht war die bisherige Zömeterialkirche so schwer geschädigt, dass lieber ein neuer Zömeterialbau errichtet wurde, als den alten Bau wieder aufzubauen.

Ein zeitlich vor der Naturkatastrophe errichteter Bau ist die heutige Kirche S. Stefano. Im Gegensatz zu S. Tommaso ist

sie offensichtlich nicht ausschließlich für die Aufnahme von Bestattungen erbaut worden. Die Langhauswände des gewesteten (Westapsis), einschiffigen Baus sind im Abstand von 5 m von der Apsisstirnwand durch je eine weite Arkadenöffnung durchbrochen, die später vermauert worden ist [ebd. 128].
Die korinthische Marmorkapitelle der Säulen des Apsisbogens datiert LEHMANN in das 2. Jh. Sie sollen einschließlich der attischen Basen Spolien sein.

Der Autor sieht diesen Bau zugehörig zur Basilica Nova. Diese hatte keinen Bereich für die Abhaltung des Totenkults. Diese Funktion wurde ausgelagert in einen gesonderten Bau. Dieser Bau war gewestet wie auch die römischen Zömeterialbasiliken, da der Auferstandene von Osten erwartet wurde. Die Eingangsfassade war im Osten. Offensichtlich war der Bau mit der Basilica Nova auch räumlich verbunden, was die Baureste nahelegen. Die Errichtung dieses Baus wird etwa zeitgleich mit der Basilica Nova erfolgt sein. LEHMANN datiert diesen Bau in das letzte Drittel des 5. Jh.
Diese Datierung ist mit Sicherheit byzantinisch und entspricht Ende des 2. Jh. Damit passen auch die Marmorkapitelle aus den 2. Jh. bestens. Die Annahme, dass diese Spolien sind, entfällt damit logischerweise. Frühestens im 11./12. Jh. oder sogar deutlich später wurde dieser Bau zur Kirche umfunktioniert. Die Kirche St. Stefano wird 1551 erstmals erwähnt. Die Arkadenöffnungen - nach LEHMANN zum Ursprungsbau gehörend - führten vielleicht zu Annexräumen. In der Ersterwähnung von 1551 führt die Kirche in ihrer Bezeichnung "lo crucifisso", was auf einen kreuzförmigen Grundriss hinweist. Um im 17. Jh. in die Kirche zu gelangen, musste man 11 Stufen hinabsteigen [ebd. 126]. Diese Höhendifferenz ergab sich offensichtlich aus der Schwemmlandschicht von 1,3 m Dicke, was einer Stufenhöhe von ca. 12 cm entspricht.

Die heutige Capella dei Ss. Martiri ist nach LEHMANN ein im 10. Jh. umgebauter spätantiker Grabbau [ebd. 41].

Der Vollständigkeit halber soll die Kapelle S. Calionio noch erwähnt werden, ebenso wie Ss. Martiri ein ehemaliger Grabbau, der im 10. Jh. mit drei Blockaltären und Malereien in der Apsis ausgestattet wurde [ebd. 41]. Die Ostapsis ist vermutlich ebenfalls erst zu dieser Zeit angefügt worden. Die Baumaßnahmen an Ss. Martiri und S. Calionio dürften entgegen LEHMANN zeitgleich mit der Errichtung der so genannten Aula im 11. Jh. erfolgt sein.

Die im 11./12. Jh. in Rom errichteten Märtyrergedenkstätten für St. Peter und St. Paul und der daran geknüpfte Erfolg der Präsentation haben auch andernorts ähnliche Ideen aufkeimen lassen. Man hatte in Cimitile zwar keinen Märtyrer aber angeblich einen bekennenden Christen Felix zu bieten und eine spätantike Nekropole.

"Die Geschichte der christlichen Gemeinde Nolas in Spätantike und Frühmittelalter wird in der Forschung fast ausnahmslos durch das Sanktuarium in Cimitile bestimmt, da von Cimitile unabhängige Quellen nicht vorliegen. In der Stadt Nola konnte z. B. bisher kein frühchristlicher Kirchenbau literarisch oder archäologisch nachgewiesen werden." [LEHMANN, 46]

Punktuell sind in Italien weitere angeblich frühchristliche Bauten in der Literatur vermerkt. So z. B. in Neapel und in Perugia.

Neapel

In Neapel ist als frühchristlicher Bau lediglich das Baptisterium mit seinem Mosaikschmuck erhalten. "Das Baptisterium soll durch Bischof Severus um 400 gestiftet worden sein. Aus dieser Zeit stammt jedenfalls das Kuppelmosaik, das somit das älteste erhaltene eines Taufhauses ist." [EFFENBERGER, 237]

Das Kuppelmosaik zeigt neben Aposteln die Evangelistensymbole sowie Szenen aus dem Leben Jesu.

Die Datierung um 400 ist antik und entspricht um 1100. Dem wäre nichts hinzuzufügen.

Perugia

Perugia, Zentralbau Sant' Angelo

In Reiseführern allgemein als frühchristlicher Bau bezeichnet und um 500 datiert, ist ähnlich wie S. Stefano in Rom offensichtlich eine Nachbildung der Grabesrotunde in Jerusalem.
Wie auch S. Stefano ist der Rundbau mit Umgang durch 4 Kreuzarme durchdrungen, wovon nur noch die rechteckige Apsiskapelle erhalten ist.

Die Datierung um 500 ist wieder antik und entspricht um 1200. Der Bau folgt damit Santo Stefano Rotondo in Rom, den der Autor in das 12. Jh. datiert.

Poreč

Wie sieht es außerhalb Italiens aus? In Poreč auf der kroatischen Halbinsel Istrien steht die Euphrasius-Basilika: Um 380 soll eine erste Basilika an der Stelle der heutigen Euphrasius-Basilika errichtet worden sein. Eine im 19. Jh. aufgefundene Steinplatte "bezeugt" die Übertragung der Reliquien des hl. Mavro im 4. Jh. In der 1. Hälfte des 5. Jh. soll eine große so genannte vor-euphrasische Basilika erbaut worden sein. In der Mitte des 6. Jh. (543-554) wurden dann durch Bischof Euphrasius die heute noch bestehende Kirche, das Atrium, das Baptisterium und der Bischofssitz errichtet. Die *cella trichora* soll in der 2. Hälfte des 6. Jh. erbaut worden sein.

Zuerst ist wieder Ordnung bzgl. der Datierungen herzustellen. Die Datierungen sind durchweg weströmisch antik. Danach ist die erste Basilika 1082 erbaut worden.
Die vor-euphrasische Basilika wäre dann in der 1. Hälfte des 12. Jh. und die Euprasius-Basilika selbst 1245-1256 errichtet worden.
Dazu passt zeitlich das Ziborium von Bischof Otto aus dem Jahr 1277.
Zwischen dem 6. Jh. und dem 13. Jh. gibt es offensichtlich keine baurelevanten Nachrichten. Es ist einleuchtend, wieso. Ab dem 13. Jh. erfolgen die Datierungen in u. Z., so dass sich hier die Differenz von ca. 700 Jahren zwischen der antiken weströmischen Datierung und der Datierung nach u. Z. bemerkbar macht.

Am Ende ist alles klar: Die Euphrasius-Basilika ist ein Bau des 13. Jh. Die Nähe zur byzantinischen Kunst ist damit nachvollziehbar.

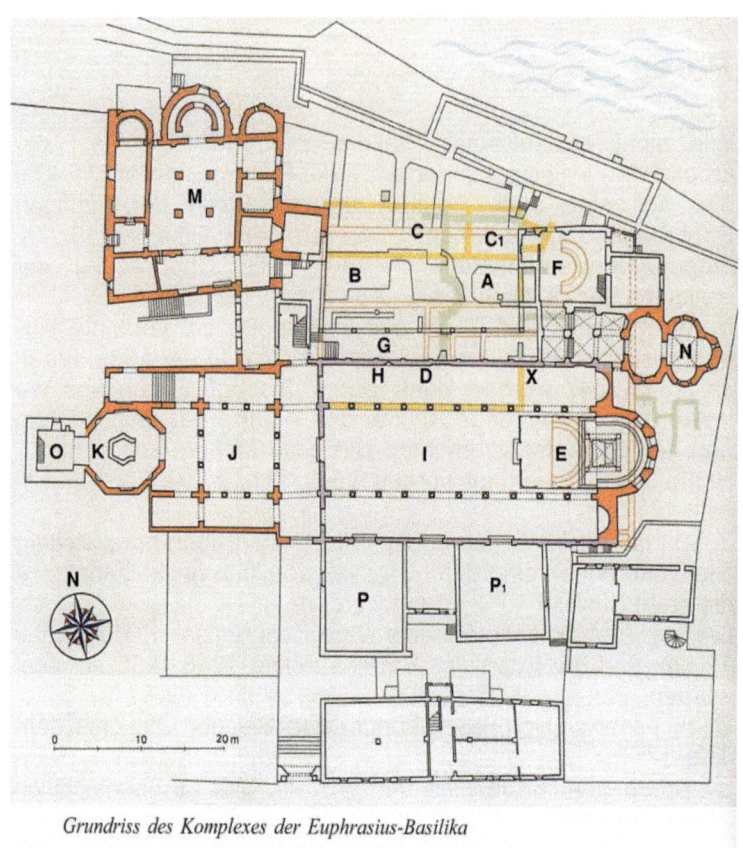

Grundriss des Komplexes der Euphrasius-Basilika

Grundriss aus [MILOHANIĆ, 20]

Thessaloniki

In Griechenland ist sicher die Demetriusbasilika in Thessaloniki der bekannteste Bau. Der Gründungsbau der Demetriusbasilika soll ein kleines Oratorium gewesen sein, das kurz nach 313 in den Ruinen eines römischen Bades errichtet wurde. Im 5. Jh. wurde angeblich an seiner Stelle eine dreischiffige Basilika errichtet, die Opfer eines Brandes geworden sein soll. Von 629-634 soll sie zu einer fünfschiffigen Basilika erweitert und ausgebaut worden sein. 1917 wurde dieser Bau bei einem großen Stadtbrand vernichtet. Der Wiederaufbau dauerte bis 1949.

Das kleine Oratorium als Gründungsbau dürfte fromme Legende sein. Die Datierung kurz nach 313 sieht sehr nach dem Mailänder Edikt Konstantins aus. Konstantin und das Mailänder Edikt gehören in das antike 1. Jh., die traditionelle Datierungen der Lebenszeit Konstantins und des Mailänder Edikts 313 sind byzantinisch.

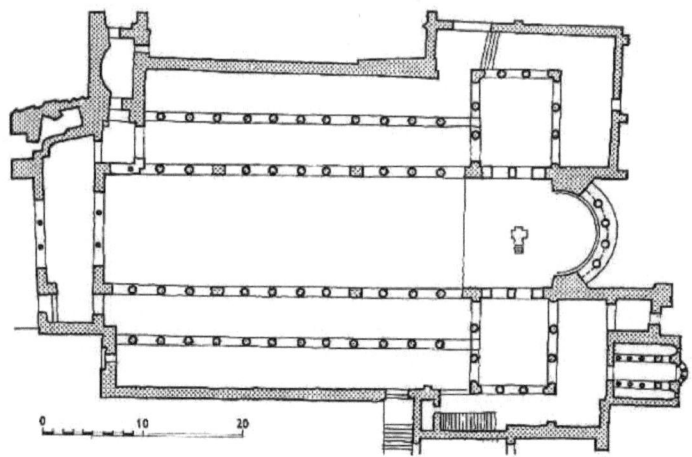

Thessaloniki, Demetriusbasilika, Grundriss aus [MAJOR, 66]

Nach Auffassung des Autors ist der Gründungsbau die dreischiffige Basilika. Die Datierung des Umbaus zur fünfschiffigen Basilika 629-634 ist byzantinisch und entspricht 1047-1052.

Die dreischiffige Basilika als Vorgängerbau dürfte kurz vorher errichtet worden sein. Für sie gilt vielleicht die Datierung kurz nach 313, jetzt jedoch als antike Datierung, was korrigiert kurz nach 1015 entspricht.

Nordafrika

In Nordafrika sind zahlreiche größere und kleinere vermeintlich frühchristliche Kirchenbauten aus der Literatur bekannt. Datiert werden diese Bauten in der Regel vor der vandalischen Eroberung im Jahr 429. Unterstützt wird diese Datierung durch vermeintlich originale Schriftquellen, die für das 3. bis 5. Jh. von einem regen christlichen Leben und zahlreichen Kirchenbauten berichten.

Der Autor erachtet den Kenntnisstand über diese Bauten jedoch für äußerst problematisch. Die zugehörigen bauarchäologischen Untersuchungen stammen fast ausschließlich aus dem 19. und der 1. Hälfte des 20. Jahrhundert. Weder die Ausgrabungsmethoden noch deren Dokumentation waren damals auf einem hinreichend befriedigendem Stand. Die Interpretation der Funde erfolgte zwangsläufig vor einem veralteten Geschichtsbild.

Neuere Forschungen sind aufgrund der immer noch schwierigen politischen Verhältnisse in der Region rar. (Ausnahme: Leptis Magna (Libyen), wo von ca. 1920 bis 1969 durch Italien und in jüngerer Zeit durch italienische und deutsche Archäologen mehr oder weniger kontinuierlich gegraben wird).

Hochinteressant die Archäologie-Doku über Leptis Magna von 2010 (ausgestrahlt von ARTE am 04.09.2010, 20.15 Uhr). Leptis Magna, das Rom Afrikas – eine mit Rom verbündete punische Stadt an der Meeresküste des afrikanischen Tripolis, deren glanzvoller Ausbau unter dem in Leptis Magna geborenen Kaiser Septimius Severus (193-211) erfolgte - wurde 439 von den Vandalen eingenommen und 534 von justinianischen Truppen zurückerobert.
„Karl-Uwe MAHLER, Archäologe, Universität Mainz: <Man kann sagen, dass hier im 6. Jahrhundert ein Bauboom einsetzte, was Kirchen angeht. Es scheint eine ganz gezielte, bewusste Politik des Justinians gewesen zu sein, hier diesen

Stadtraum einerseits zu befestigen mit einer massiven Mauer und andererseits dann im Inneren zu strukturieren durch zahlreiche Kirchenbauten.>" [ARTE, Archäologie-Doku] „Aus der severischen Basilika wird eine christliche Kirche..." [ebd, Kommentar], d. h. die Palastbasilika STÜTZERs (siehe Teil 1) wird zu einer christlichen Kirche umgebaut.

Nach MAHLER, der zu einer Arbeitsgruppe aus Mainz gehört, die mit der Ausgrabung der Kirche am alten Forum begonnen hat, wurde ein vorhandenes, älteres, ursprünglich punisches Gebäude im 6. Jahrhundert in eine christliche Kirche umgebaut.

„Man weiß noch nicht sehr viel über die Entwicklung des Christentums vor der byzantinischen Zeit. Nach einigen historischen Quellen gibt es in Leptis ab dem 3. Jahrhundert einen Bischof, doch die Archäologen haben dafür noch keine Beweise." [ebd, Kommentar]

Zunächst ist wieder Ordnung bzgl. der Datierungen herzustellen. Bis auf die Regierungszeit von Septimus Severus (193-211), die antik datiert ist, sind alle o. a. Datierungen byzantinisch. Die vandalische Eroberung erfolgte 429 byzantinisch, was dem antiken Jahr 145 entspricht. Die Rückeroberung von Leptis Magna durch Justinian war 534 byzantinisch = 952, also rund einhundert Jahre nach der vandalischen Eroberung. Ein Kirchenbau in Leptis Magna erfolgte frühestens ab der 2. Hälfte des 10. Jh.

UNTERMANN [21f] beschreibt z. B. die Melleus-Basilika in Haïdra (Westtunesien), die aufgrund von Bischofsgräbern als Bischofskirche identifiziert wird.

Die Kirche soll um 440 von den Vandalen erbaut oder übernommen worden sein. Die Datierung um 440 ist vermutlich weströmisch antik und entspricht 1142. Damit dürfte sie mit den Vandalen nichts zu tun haben. Für UNTERMANN schwer erklärbar ist die dichte Belegung mit Gräbern, da sich die Kirche nicht in der Nekropole sondern innerhalb der Stadt befindet. Ihren Namen erhielt sie von dem byzantinischen Bischof Melleus. Um 1142 u. Z. ist sicher nicht mehr von einer Zömeterialbasilika auszugehen. Der Grund für die dichte Belegung mit christlichen Gräbern dürfte im Umfeld der christlichen Gemeinde zu suchen sein. Im 12. Jh. dürfte sich in Nordafrika bereits die neue Religion ausgebreitet haben - der Islam. Möglicherweise gab es für katholische Christen keine andere Bestattungsmöglichkeit.

Zu der Basilika in der nordalgerischen Stadt Ech Cheliff (frz. Orleansville, nach der französischen Kolonialherrschaft in Al Asnam umbenannt, später nochmals umbenannt in Ech Cheliff) sieht sich JACOBSON [(1992), 191] in dem Abschnitt über doppelchörige Kirchen veranlasst zu bemerken: „Eines der wenigen, wenn auch mit Vorbehalt datierbaren Beispiele war hier die Basilika von Al Asnam, ...die gegen 326 errichtet worden war und an die vermutlich um 475 eine halbkreisförmige Westapsis gefügt wurde, als man dort den Bischof Reparatus bestattete."
Nimmt man die Datierungen 326 und 475 als antik an, so ergeben sich korrigiert die Datierungen 1028 und 1177.

Tebessa

Ein sicher interessantes Objekt ist das als frühchristliches Pilgerheiligtum bekannte Tebessa, im äußersten Osten von Algerien gelegen.
In Tebessa - außerhalb des antiken Stadtgebietes über einem heidnischen Friedhof - sind uns Reste eines umfangreichen Kirchenkomplexes überliefert, welcher in der einschlägigen Literatur als bedeutendes frühchristliches Pilgerheiligtum geführt wird.
Die bisher erfolgten Rekonstruktionen der Kirche liefern eine dreischiffige geostete Emporenbasilika mit an der Südseite angebauten Trikonchos. Die Apsis ist von zwei Nebenräumen flankiert und außen inklusive der Nebenräume rechtwinklig umschlossen. Die Mittelschiffspfeiler hatten zum Mittelschiff ein vorgestelltes mehrgeschossiges Säulensystem. Über den Seitenschiffen ursprünglich Emporen. Die gesamte Anlage steht auf einem gemauerten Podium, das im Westen ca. 2,5 m, im Osten durch den Geländeabfall ca. 5 m hoch ist. Im Westen war der Basilika ein Atrium vorgelagert.

Unter dem Trikonchos wurden „einige unzusammenhängende Mauerzüge von kleineren Gebäuden" [CHRISTERN,107] als Vorgängerbauten ergraben, wahrscheinlich Zömeterialbauten, in denen u. a. mehrere christliche Gräber - durch Mosaikepitaphen mit Christusmonogrammen gekennzeichnet - aufgefunden wurden. Die Mosaikepitaphen wurden später durch einen neuen Mosaikfußboden (Novellusmosaik) überbaut. Auf diesem ist eine Märtyrerinschrift - umgeben von Scheinepitaphen (Epitaphe ohne Grab) - erhalten, die sieben unbekannte Märtyrer nennt. Man vermutet kühn, dass diese die aus Märtyrerakten bekannten Leidensgenossen der in Tebessa hingerichteten Hauptheiligen der Stadt, Crispina, waren. Einmal im Schwung vermutet man weiter, dass das eigentliche Verehrungsobjekt die Reliquien der Crispina gewesen seien müssen und dass diese Kern und Veranlassung für den Bau der Gesamtanlage war. [ebd. 293]

Durch aufgefundene Münzen des Constantius (351-354) ist für die Schichten unterhalb des Novellusmosaiks ein *terminus ante quem* gegeben. Das Novellusmosaik datiert CHRISTERN in das 3. Viertel des 4. Jh. [CHRISTERN,128].

Nach Auffassung des Autors irrt CHRISTERN. Die Datierung von Constantius 351-354 ist auf jeden Fall byzantinisch und entspricht den antiken Jahren 67-70. Ob das Novellusmosaik wirklich kurz danach errichtet wurde, ist fraglich. Auf jeden Fall sind das Novellusmosaik und der zugehörige Zömeterialbau vorkatastrophisch, d. h. im 2. Jh., spätestens zu Beginn des 3. Jh.
Der Trikonchos ist ca. 1-1,25 m oberhalb dieser Vorläuferbauten errichtet worden. Diese Erhöhung des Geländeniveaus dürfte der Katastrophe im antiken Jahr 238 (= um 940) geschuldet sein. Das bedeutet auch, dass der Trikonchos nach der Katastrophe errichtet wurde, also frühestens ab Mitte des 10. Jh.

Die Errichtung des Baus auf einer ehemaligen Nekropole würde die Annahme einer Märtyrerkirche stützen. Dagegen spricht das Fehlen eines Grabes sowie jeglicher baulicher

Einrichtungen zur Verehrung eines Märtyrergrabes. Ob der Trikonchos diese Funktion erfüllt hat, ist anzuzweifeln.

Nach CHRISTERN ist die Anlage einheitlich um 400 erbaut. Die Datierung basiert maßgeblich auf einem 1870 gefundenem Mosaikepitaph mit der Jahresangabe 508 (heute zerstört), das ein vandalisches Kindergrab markierte, welches „unzweifelhaft" nachträglich in den Boden der Vierung des Trikonchus eingebracht worden sei, und auf Münzfunden (die jedoch nur aussagen, dass die Fundschicht nicht älter sein kann, sofern die Münzen richtig datiert sind).
Weiterhin werden stilistische Vergleiche, insbesondere zur Kapitellplastik herangezogen sowie bemerkt, dass der Baubeginn als auch die Vollendung eines solchen Baus nach dem Vandaleneinfall um 430 nicht denkbar sei [225].

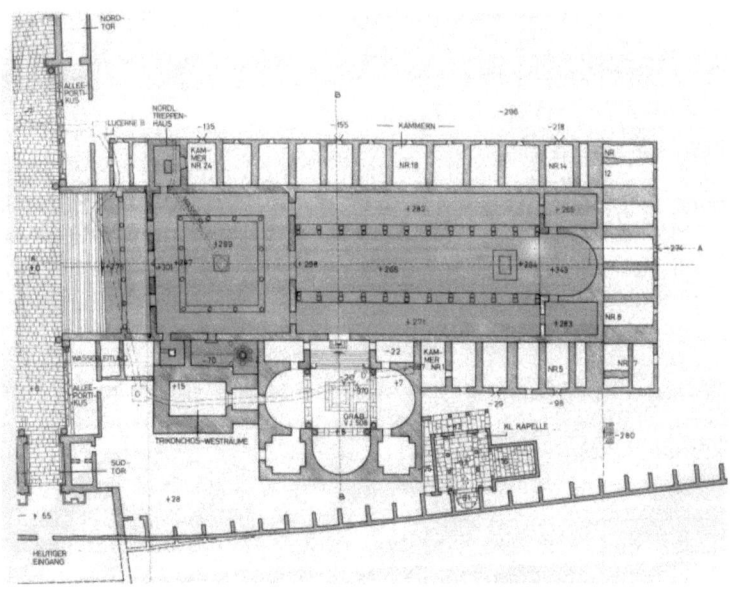

Tebessa, Grundrissausschnitt aus [CHRISTERN]

UNTERMANN datiert Tebessa um etwa 100 Jahre später, also um 490/500 in die vandalische Zeit, schreibt es jedoch dem katholischen Kult zu [22].

CHRISTERN hält die Anlage der Basilika und des Trikonchos für einheitlich. Dem widersprechen jedoch die Baufugen zwischen dem Podium der Basilika und den Außenmauern des Trikonchos. CHRISTERN verweist dagegen auf die fehlende Fuge zwischen dem Podest und den Treppenwangen der zum Trikonchos hinabführenden Treppe.

Vermutlich stand bei der Errichtung der Basilika der Zömeterialbau mit dem Novellusmosaik noch und von der Basilika bestand dort ein direkter Zugang über eine Freitreppe zu diesem Bau. („Die Treppe ist in zwei aufeinander folgende Läufe geteilt: einem schmalen oberen mit vier Stufen und einem freitreppenartigen Abschnitt mit neun Stufen, der die ganze Breite der Vierung einnimmt." [CHRISTERN,75])
Später wurde der Zömeterialbau einschließlich der Freitreppe mit dem Trikonchos überbaut.

Die Datierung CHRISTERNs um 400 und auch UNTERMANNs Datierung um 500 können nur weströmisch antik sein und entsprechen um 1100 bzw. um 1200. Die Datierung des Kindergrabes wäre dann 1210. Das Argument "Vandalenherrschaft " ist bei dieser Neudatierung gegenstandslos.

Inwieweit die Datierung wirklich an dem o. a. Kindergrab mit dem datierten Mosaikepitaph festgemacht werden kann, kann heute nicht mehr überprüft werden. Alle anderen Mosaikepitaphen, die ausschließlich im Fußbodenniveau unter dem Novellusmosaik gefunden worden, sind undatiert.
Der Fundort im Mosaikfußboden der Vierung des Trikonchos erscheint ungewöhnlich. Der Mosaikepitaph ist heute zerstört; auch der Bauzusammenhang ist heute nicht mehr nachzuvollziehen. Eine zweifelsfreie Dokumentation der Grabung um 1870 liegt nicht vor und ist sicher damals auch noch nicht zu erwarten.

Die von CHRISTERN vorgeschlagene Chronologie [127f] kann zwangsläufig aufgrund des von ihm nicht erkannten Datierungsproblems nicht zutreffen.

Wann wurde die dreischiffige Basilika erbaut? Nach CHRISTERN gibt es keine direkten epigraphischen oder literarischen Quellen [222]. Er geht von zwei seiner Auffassung nach wichtigen Daten aus.
Erstens dem o. a. Kindergrab von 508 und zweitens von einem Münzfund unter der Treppe von der Basilika zum Trikonchos, einem Goldsolidus Theodosius I. vom Jahr 388. Da die Fundumstände nicht genau bekannt sind, ist die Bedeutung der Münze für die Datierung vermindert [222].

Das Kindergrab hatte der Autor in das Jahr 1210 datiert (siehe oben). Die traditionelle Regierungszeit von Theodosius I. ist byzantinisch datiert, womit das Jahr 388 dem antiken Jahr 104 entspricht. Offenkundig hilft der Münzfund nicht weiter. CHRISTERN sieht sich mit der Münze des Theodosius zwar bestätigt, da diese sich mit den Münzfunden des Arcadius (395-408) unter den Trikonchos deckt, übersieht natürlich dass der Memorialbau unter dem Trikonchos durchaus in das 1. Jh. datiert werden kann, was für die Basilika aber nicht geht.
Er verweist weiter auf vergleichbare Kapitelle in der Kirche von Benian, deren Erbauung zwischen 434 und 439 datiert ist [223], übersieht jedoch auch hier, dass diese Datierungen antik sind und 1136 und 1141 entsprechen. Auch ein stilistischer Vergleich des Bodenmosaiks mit dem Bodenmosaik der Kirche von El Asnam, das inschriftlich 324 datiert ist, führt nicht zum Ziel, weil auch dieses antik datiert ist und folglich 1026 entstanden ist.
Den Datierungsvorschlag um 430 von GSELL für die Einziehung der Emporen lehnt CHRISTERN ab, da diese Zeit in die Vandalenzeit fällt [225]. Um 430 antik entspricht um 1132.

Schlussendlich bleibt, dass die Basilika ein Bau des 12. Jh. ist. Der Trikonchos ist sicher nur kurze Zeit später errichtet worden, vielleicht noch im 12. Jh. oder am Beginn des 13. Jh.

Auffällig ist der zurückhaltende Bauschmuck. Es gibt überhaupt keine eindeutig christlichen Motive, nur allgemein dem Christentum zuzuordnende Motive wie Weinranken, Vögel etc., vielleicht vergleichbar mit dem zurückhaltenden Bauschmuck der mittel- und westeuropäischen Reformorden des späten 11. und des 12. Jh.

Ein paar Zitate von CHRISTERN zum Bauschmuck:
„Es ist zu betonen, dass die tebessaner Fenstertransennen nicht nur die ältesten bekannten mit vegetabiler Ornamentik sind, sondern auch die einzigen bekannten mit gegenständlichen Darstellungen; sie stehen in Qualität und Dekoration den späteren Gitterwerkplatten in Ravenna nicht nach." [CHRISTERN,204]

"Der stilistische Gegensatz zu den kaiserzeitlichen Vorbildern lässt sich folgendermaßen umreißen: Verlust an Plastizität, Verflachung, Kerben statt Bohrrillen, Vereinfachung der Konturen, weitgehender Verzicht auf Details, ..." [ebd., 206]

„In der tebessaner Bauornamentik zeigen sich nun schon bereits stilistische Merkmale, die man gemeinhin als charakteristisch für die Plastik der Zeit um 500 ansieht, und man würde die Stücke, wären sie aus ihrem lokalen und zeitlichen Kontext gerissen, womoglich später datieren." [ebd.,263]

„Dieser größere Abstand zum klassischen Formenapparat ist aber nicht – im qualitativen Sinne – als provinzielle Rückständigkeit zu verstehen; im Sinne der Gesamtentwicklung ist vielmehr die Provinz – an Tebessa exemplifiziert – der Hauptstadt entwicklungsgeschichtlich sogar voraus." [ebd.,275]

Nach der herkömmlichen Geschichtsdarstellung bleibt Nordafrika bis zum Jahr 698 (= 1116) römisch und christlich; das sind immerhin 164 Jahre nach der justinianischen Rückeroberung. Selbstredend verschwinden die christlichen Gemeinden nicht schlagartig.

Die Basilika von Tebessa steht nicht isoliert, sondern sie gehört zu einer regionalen Bautengruppe in Nordafrika.

Die Beschreibung der Bauten dieser nordafrikanischen Bautengruppe durch CHRISTERN [7f] mit vorgestellten Säulen in mehreren vertikalen Zonen als Wandgliederung, Emporen über den Seitenschiffen, Hallenkrypten, kreuzgewölbte Seitenschiffe, Tonnengewölbe etc. lassen sofort an romanische Bauten des 11./12. Jh. denken, keinesfalls an spätantike Bauten.

Nach CHRISTERN sind Doppelstützen als Mittelschiffsstützen eine charakteristische Besonderheit des nordafrikanischen Kirchenbaus [7], wobei natürlich Tebessa keine richtigen Doppelstützen besitzt, sondern ein vor die Mittelschiffspfeiler gestelltes Säulensystem – ähnlich dem der ehemaligen Palastbasilika in Leptis Magna, die – wie oben bereits erwähnt – im 6. Jh. (= 10. Jh.) zu einer Kirche umgebaut wurde.

Vielleicht ist das nahe Leptis Magna das Vorbild für dieses Gestaltungselement. Die Bauten der Tebessaner Gruppe sieht der Autor genauso wie Tebessa im 12. Jh. Möglicherweise ist Djemila, das traditionell in das 1. Viertel des 4. Jh. datiert wird [CHRISTERN, 144], etwas früher. Bei angenommener antiker Datierung ergibt sich das 1. Viertel des 11. Jh.

Mittel- und Westeuropa

Auch in Mittel- und Westeuropa kennt die traditionelle Architekturgeschichte frühchristliche Kirchen. Hauptsächlich wären diesbezüglich Trier, Boppard und Xanten näher zu betrachten.

WESSEL (eine zugegeben etwas ältere Quelle) berichtet über Bauuntersuchungen und Grabungen unter dem Münster in Bonn, in Kempten, unter der Liebfrauenkirche in Koblenz, in Köln (St. Georg, St. Gereon, St. Severin, St. Ursula), in Metz, unter St. German in Speyer, in Trier (St. Martin, St. Maximin, Dom u. Liebfrauenkirche) und unter dem Dom St. Victor in Xanten.
Die neuere Forschung sieht in den meisten dieser ergrabenen Bauten spätantike Grabbauten und keine christlichen Monumente. "Während nach dem Zweiten Weltkrieg an allen wichtigen Heiligengrabstätten im Rheinland "frühchristliche Kirchenbauten" gefunden wurden, stößt die Deutung dieser Befunde seit einigen Jahren auf heftige Kritik. Die jüngere Forschung lehnt für alle in diesen Regionen ergrabenen frühen Bauten des 4./5. Jahrhunderts die gängige Deutung als "Kirchen" ab." [UNTERMANN; 38]
Die Datierung 4./5. Jh. ist byzantinisch und entspricht dem 1./2. Jh. weströmisch.

Für das französische Gebiet stützt sich der Autor auf HEITZ: "Gallia Praeromanica", wobei nur die Bauten betrachtet werden, die traditionell in das 5. Jh. bis zum Ende der Merowingerzeit um 750 datiert werden, auch wenn der Autor die merowingische Geschichte nach Dagobert I. (bis 639) für konstruiert erachtet. Wie schon JACOBSON [1982] in seiner Rezension zu HEITZ bemerkt, ist der Titel etwas irreführend, da nicht nur vorromanische, sondern auch die frühromanischen Denkmäler behandelt werden. Das macht die Arbeit mit dieser Quelle zwar etwas mühsamer, aber sonst hätte HEITZ wahrscheinlich nur ein dünnes Bändchen zusammenbekommen, da die materiell überlieferten vorromanischen Denkmäler äußerst überschaubar sind.

Sicher ist zu beachten, dass HEITZ die Bauwerke vorwiegend nach stilistischen Kriterien einordnet. Seine Vergleichsbauten sind natürlich nach der traditionellen Chronologie zeitlich eingeordnet. Eine möglicherweise antike oder auch byzantinische Datierung ist ihm unbekannt.

Trier, Doppelkirchenanlage

Von besonderer Bedeutung ist sicher die unter dem Dom und der Liebfrauenkirche in Trier ergrabene angeblich konstantinische Doppelkirchenanlage.
Trier war von 293 bis 392 eine der Residenzen der römischen Kaiser im Westen. WESSEL schwärmt in den höchsten Tönen über diesen großartigen Kirchenbau. Dieser soll ab 324 an der Stelle einer kaiserlichen Palastanlage errichtet worden sein. "Damit bestätigt sich die frühmittelalterliche Tradition, nach der Helena ihren Palast der Kirche zu Ehren des hl. Petrus geschenkt habe." [WESSEL, 360]

Wenn der Palast niedergelegt wurde, wo hat dann der Kaiser residiert? Trier bleibt bis 392 Regierungssitz des Weströmischen Reiches. Ist ein neuer Palast errichtet worden? Hat man ihn gefunden?
Es gibt nur eine vernünftige Erklärung. Der ergrabene Bau ist die ehemalige kaiserliche Palastanlage, keine Kirche. Der Bau hatte keine Apsiden und zahlreiche Nebenräume, deren Verwendungszweck nicht ermittelt werden konnte; Altarfundamente wurden auch nicht gefunden. [WESSEL, 361]

Im Übrigen schreibt WESSEL selbst, dass die vergleichbare Zweikirchenanlage in Aquileja aufgrund neuerer Forschungen als Fehldeutung "abgeschrieben" werden musste [WESSEL, 361]. Erstaunlich, dass ihm keine Zweifel bei Trier aufgekommen sind.

Die o. a. Datierungen sind byzantinisch und müssen für eine Beurteilung in die Antike korrigiert werden. Die kaiserliche Residenz bestand demnach von 9 bis 108. Der Kirchenbau soll ab dem Jahr 40 errichtet worden sein, was mit Sicherheit für einen Kirchenbau nicht geht. Das Jahr 40 kann maximal die Errichtung der kaiserlichen Palastanlage kennzeichnen. Die Rekonstruktion der noch vorhandenen und der ergrabenen Reste als Kirchenbau entspringt vermutlich der Idee der Kultkontinuität aufgrund der heute an dieser Stelle befindlichen Kirchenbauten des 11. Jh. (Dom) und 13. Jh. (Liebfrauenkirche) in Verbindung mit der Helena-Legende.

Der Autor geht davon aus, dass die noch vorhandenen Reste der Palastanlage für beide Kirchenbauten genutzt wurden, was die exakt gleiche Ausrichtung mit der ergrabenen Palastanlage erklärt. Für das 10. Jh. („bis spätestens 955") wird für die so genannte Südkirche (unter der Liebfrauenkirche) ein „Umbau zu Saalkirche mit Flügelräumen" vermerkt [JACOBSON/SCHAEFER/ SENNHAUSER, 421].
Der heute noch stehende Dombau, der antike Substanz nutzt, wird um 1000 begonnen. Die darüber hinaus an der römischen Palastanlage ergrabenen baulichen Veränderungen des angeblichen 5. bis 10. Jh., dürften profanen Nutzungen der antiken Reste nach der Katastrophe bis zum Kirchenbau im 11. Jh. zuzuordnen sein.

Boppard, St. Severus

Die Kirche wurde an der Stelle eines ehemaligen römischen Militärbads im ehemaligen römischen Kastell Boppard errichtet. Nach Abzug der römischen Truppen soll das Bad in eine Kirche umgewandelt worden sein.
Bei Ausgrabungen unter St. Severus wurden Reste einer angeblich frühchristlichen Kirche des 6. Jh. mit schlüssellochförmiger Kanzelanlage (Ambo) und einem frühchristlichen Taufbecken gefunden.
Der heutige Bau wurde im 12./13. Jh. errichtet.

OSWALD sieht eine erste Saalkirche im 5. Jh. und eine zweite in karolingischer Zeit. Im 10. Jh. Neubau als Rechtecksaal [OSWALD/SCHAEFER/SENNHAUSER, 400].

UNTERMANN hält die erste Saalkirche für umstritten. Ambo, *solea* und Taufbecken mit Ziborium datiert er in das späte 6. Jh. [40].

JACOBSEN [JACOBSEN/SCHAEFER/SENNHAUSER, 61] sieht den Rechtecksaal aufgrund der gefundenen Pingsdorfer Keramik nach 900, welche nach Wikipedia von ca. 900 bis zum 13. Jh. vorkommt.

Vorschlag für eine alternative Rekonstruktion:
Das Ende der römischen Herrschaft am Mittelrhein im Jahr 454 ist spätantik/byzantinisch datiert und entspricht dem antiken Jahr 170 und gehört damit in die Marc-Aurel-Krise.
Die erste Brandzerstörung des Badegebäudes dürfte zu der Eroberung des Kastells durch die Germanen (vermutlich Rheinfranken) gehören.
Durch diese erfolgt für eine weitere unbekannte Nutzung ein teilweiser Wiederaufbau des Gebäudes. Es gibt keinerlei Hinweise auf eine christliche Nutzung. Orientierung des Baus und Ostapsis gehörten schon zum römischen Bau.

Die zweite Brandzerstörung und die Zerstörung des Kastells im Zusammenhang mit der globalen Katastrophe um 238 (= 940).
Ende des 10. Jh. erfolgt die Errichtung einer Kirche auf den zerstörten Resten des vorangegangenen Gebäudes. Diese Kirche ist der von den Ausgräbern gefundene Rechtecksaal (Bau II),.
Diesem Bau ist der Ambo, die *solea* sowie das Taufbecken zuzuordnen. UNTERMANNs Datierung dieser Ausstattung in das späte 6. Jh. ist ebenso spätantik/byzantinisch datiert und ergibt korrigiert eine Datierung um 1000 u. Z.

Nach Wikipedia: Gregor von Tours erwähnt 590 die Errichtung eines Oratoriums des Mallosus, das allgemein auf Xanten bezogen wird. 752 soll eine erste Kirche über einem Gräberfeld mit Gräbern aus dem 4. Jh. errichtet und das Stift *ad sanctos*, um das sich die Stadt entwickelte, gegründet worden sein. Zu Beginn des 9. Jh. soll ein Neubau und wenige Jahrzehnte später der Bau einer dreischiffigen Kirche erfolgt sein, die 863 von Normannen zerstört wurde.
Danach erfolgte zwischen 967/69 der ottonische Neubau. Nach Bränden im 11./12. Jh. Wiederherstellung. Der heutige gotische Bau ab 1263.

OSWALD [OSWALD/SCHAEFER/SENNHAUSER, 386ff] sieht fünf frühchristliche bzw. frühmittelalterliche Bauten. Davon sind Bau I und II *Cella memoriae*, also römische Grabbauten. Bau II vermutet er bis 450. SCHAEFER sieht dagegen Bau II im letzten Viertel des 6. Jh. wegen der Überschneidung durch fränkische Gräber [JACOBSEN/SCHAEFER/SENNHAUSER, 466].
Erst Bau IIa hält OSWALD für eine Saalkirche mit Rechteckchor, errichtet um oder nach 768. Diesem Bau vor oder um 800 folgt Bau III, ebenfalls eine Saalkirche mit eingezogenem Chor und abgesondertem Altarraum.
Bau IV ist eine dreischiffige Anlage, die von den Normannen 863 zerstörte Kirche. Schließlich Bau V, ebenfalls eine dreischiffige Anlage, datiert in die 2. Hälfte des 10. Jh.

Nach UNTERMANN lässt sich das von Gregor überlieferte *oratorium* des Mallosus, das im späten 6. Jh. Nebenraum einer neu gebauten *basilica* wurde, mit den Grabungsergebnissen nicht korrelieren [40f].
Der kleine spätrömische Memorialbau wurde dort erst im 8. Jh. durch Anbau eines Altarraums zur Kirche umgestaltet. [40f]. UNTERMANN: "Schwer deutbar sind die kleinen Saalkirchen an rheinischen Märtyrergräbern. Der spätantike Memorialbau erhielt in Xanten nach 752 einen neuen Estrich, eine Schrankenanlage und ein rechteckiges Sanktuarium; in Bonn ..." [97f]

Alternative Rekonstruktion:

Das von Gregor überlieferte *oratorium* aus dem späten 6. Jh. ist wie die Merowinger überhaupt spätantik/byzantinisch datiert und liefert korrigiert eine Datierung um 1000 u. Z.

Die Aufgabe dieses Gebiets durch die Römer erfolgte etwa in den 170/180 Jahren während der Marc-Aurel-Krise. Die Franken siedelten in diesem Gebiet und nutzten den römischen Friedhof weiter. Da Bau II fränkische Gräber überschneidet, ist dieser kleine Steinbau offenkundig nach der Eroberung durch die Rheinfranken entstanden. Ob Bau II schon als Kirche angesprochen werden kann, ist unsicher. SCHAEFER datiert den Bau II in das letzte Viertel des 6. Jh. Diese spätantike/byzantinische Datierung würde um 1000 u. Z. entsprechen. Möglicherweise ist es dieser Bau, den Gregor als *oratorium* bezeichnete.

Bau IIa und Bau III sehe ich im unmittelbaren Zusammenhang mit Bau II, möglicherweise eine und vielleicht eine zweite Planänderung. Ob Bau II und IIa überhaupt als eigenständige Kirchenbauten genutzt wurden ist fraglich.

Auch Bau IV ist schwer zu beurteilen, da nur Fundamente der Nord- und Südwand ergraben wurden. Vielleicht ist Bau IV ein nicht ausgeführter Neubau (siehe Bau V).

Bau V: Das Mittelschiff ist doppelt so breit wie die Seitenschiffe. Das erinnert an das gebundene System der Romanik. Dieses ist jedoch erst ab etwa 1100 vorkommend. Der Westbau von um 1050 vermutlich zugehörig. Die Datierung des Westbaus um 1050 möglicherweise zu früh. Möglicherweise wurden auch Westbau und Ostabschluss zuerst und gleichzeitig errichtet, wobei der Ostabschluss unbekannt ist. Vielleicht aus dem Wunsch nach dem "modernen" gebundenen System die Planänderung des Langhauses (Bau IV).

Zusammenfassend bleibt der Beginn des Kirchenbaus in Xanten um 1000. Ein fassbarer Neubau um 1100. Danach ständige bauliche Aktivitäten bis zum rezenten Bau ab 1263. Einen frühchristlichen Bau kann der Autor nicht ausmachen.

Mainz, St. Johannis

Im Februar des Jahres 2014 geht die Meldung durch die Presse [FUNKE, ROMMEL, SCHUG], dass St. Johannis in Mainz laut Experten die wohl zweitälteste Kirche in Deutschland sei (nach Trier).

Im Rahmen von Sanierungsarbeiten ist man beim Einbau einer Fußbodenheizung auf Reste eines älteren Fußbodens - angeblich aus dem 9. Jh. - gestoßen. Da Experten schon länger in St. Johannis einen älteren Bau vermuteten, nahm man diesen Fund zum Anlass, weiter zu graben.
Der daraufhin angetroffene Befund wird als archäologischer Sensationsfund betrachtet. Man spricht von der ältesten Kirche nach dem Trierer Dom und dem einzigen erhaltenen karolingischen Dom Deutschlands.

Das Bauforscherteam von Prof. Matthias UNTERMANN von der Universität Heidelberg entdeckte im Keller und an der Empore Mauerreste aus dem 7. und 8. Jh., damit angeblich aus frühkarolingischer Zeit. Angemerkt wird weiterhin, dass der historische Fußboden knapp drei Meter unter dem heutigen Bodenniveau lag, und dass eine Krypta vermutet wird, die noch ergraben werden soll. Darüber hinaus wurden zwei Bestattungen gefunden, davon eine ältere – vermutlich aus dem 7. Jh., die andere – ein Sarkophag ohne Deckel - frühmittelalterlich.

UNTERMANN beschreibt den aufgedeckten frühmittelalterlichen Kirchenbau wie folgt: zweipolige Kirche mit Altar im Osten und im Westen, kleines Mittelschiff, Querschiff mit Querarmen im Westen, Seitenschiffe später abgetrennt, Gesamthöhe i. W. erhalten, Bau war im Osten deutlich länger, große Fenster und Rundfenster noch aus der Zeit Hattos I., vermutlich Krypta.

Am 05.12.2014 vermeldet Archäologie online unter der Überschrift: „Einzigartiger Kirchenbau aus dem 7. Jh. in Mainz nachgewiesen":

• In St. Johannis haben sich große Teile eines frühmittelalterlichen Dombaus erhalten.

• Mehrere Gesteinsproben belegen, dass große Teile des untersuchten Mauerwerks aus dem 7. Jh. stammen, womit sie fast 250 Jahre älter sind als bisher angenommen.

• Die Datierung erfolgte mit der Radiokarbonmethode durch das in Europa führende Klaus-Tschira-Archäometrie-Zentrum an der Universität Heidelberg auf der Grundlage von Holzkohleproben im Mauermörtel.

• St. Johannis wurde innerhalb eines großen spätantiken Bauwerks errichtet, dessen Mauerwerk z. T. in den Neubau integriert wurde und noch bis zu 10 m hoch erhalten ist.

• Unter Erzbischof Hatto I. (891-913) erfolgten Reparaturen im Obergadenbereich; ein zweiter Umbau um 980 (Rundfenster im östlichen Altarraum).

• Der Alte Dom war eine dreischiffige Basilika mit vier Langhausarkaden mit einem Querschiff im Westen, dessen Arme auch heute noch die Breite der Seitenschiffe aufgreifen. Das Laufniveau der ehemals doppelchörigen Anlage wurde im Laufe der Jahrhunderte mehrfach angehoben und lag im Frühmittelalter etwa 2,80 m unter dem derzeitigen Fußboden.

• In den heutigen Kellerräumen sind noch frühmittelalterliche Arkadenpfeiler zu sehen, oberhalb der Arkaden reicht das Mauerwerk des alten Doms bis unter das Dach. Auch im ehemaligen östlichen Altarraum sind große Teile des frühmittelalterlichen Mauerwerks erhalten.

• 1036 zog das Domkapitel in den neugebauten Willigis-Dom. Der Alte Dom wurde zur Stiftskirche umgebaut.

Man ist sich darin einig, dass St. Johannis, die in der Tradition auch „Aldedum" genannt wurde, der Vorgängerbau des Doms St. Martin ist, d. h. sie war einst die Kathedralkirche des Bistums Mainz.

St. Johannis und der spätere Dom waren durch einen Verbindungsgang, das so genannte „Paradies", miteinander verbunden.
Das Stift St. Johannis wird erstmals 1128 urkundlich erwähnt, soll aber bereits im 11. Jh. bestanden haben. Im Norden von St. Johannis der Kreuzgang, die Kapitelstube und die Bonifatiuskapelle (1293 erstmals erwähnt).

Zunächst noch etwas zum Domneubau durch Erzbischof Willigis (975-1011). Nach Wikipedia zum Willigis-Bardo-Bau:

• Vermutlich kurz nach 975 veranlasste der damalige Erzbischof Willigis den Bau eines neuen Domes. Möglicherweise begann Willigis den Bau auch erst gegen 998.

• Willigis ließ seinen Dom auf einer Brache vor dem damaligen Stadtkern bauen. In römischer Zeit hatte sich dort eine Besiedlung befunden, die in fränkischer Zeit aber vermutlich aufgegeben worden war. Unter dem Dom sind Mauerreste aus römischer Zeit nachweisbar.

• Am Tag der Weihe 29.August 1009 wurde der Bau durch einen Brand zerstört. Unter Erzbischof Bardo (1031-1051) wurde der Bau vollendet und am 10. Nov. 1036 geweiht.

• Erster im noch nicht vollendeten Dom bestatteter Erzbischof ist Aribo (1021-1031). Willigis ist in der Stephanskirche bestattet. Die früheren Erzbischöfe sollen in St. Alban bestattet sein.

Am 13.09.2015 hat der Autor den Tag des offenen Denkmals genutzt, die Ausgrabungen in St. Johannis zu besichtigen. An diesem Tag gab es keine offizielle Führung, aber es bestand die Gelegenheit, mit dem Leiter der Ausgrabungen, Herrn Dr.

KNÖCHLEIN, ein paar Worte zu wechseln. Er gab dem Autor mündlich folgende Zusatzinformationen:

- vermutlich im 4. Jh. gab es ein Ereignis, wonach die gesamte römische Bebauung eingeebnet wurde

- das romanische Laufniveau lag bei -2,80 m und entspricht dem Laufniveau des benachbarten Doms

- das karolingische Laufniveau lag weitere ca. 40 cm tiefer

- das römische Laufniveau lag ca. noch einen Meter tiefer

Ein dort ausgelegter Flyer der Evangelischen Kirche in Hessen und Nassau informiert über den Werdegang des Bauwerks, wozu KNÖCHLEIN jedoch anmerkte, dass er die Darstellung des Flyers nicht unterschreiben würde. Es gäbe außer derselben Ausrichtung nicht einen Anhaltspunkt, dass der Großbau, der auf den römischen Resten errichtet wurde, eine Kirche war. Dieser Großbau ist weder von seiner Gestalt noch von seiner Nutzung wirklich fassbar. Zum anderen spricht KNÖCHLEIN von einem karolingischen statt von einem merowingischen Laufniveau. Er datiert offensichtlich den Kirchenbau nicht in das 7. Jh. sondern später.

Auszug aus der Zeittafel des Flyers:

Römische Zeit bis Mitte 7. Jahrhundert

In der Mitte des 3. Jh. n. Chr. gab es bereits eine römische Bebauung im Gebiet der heutigen St. Johanniskirche. Später wurde hier ein Großbau mit rechteckigem Grundriss errichtet. Er ist 20 Meter breit und axial zur heutigen St. Johanniskirche ausgerichtet. Seine Länge ist nicht bekannt, ebenso die ursprüngliche Funktion. Im 5./6. Jh. möglicherweise Umnutzung als Kirche, ältester Kirchenbau in Mainz.

Zweite Hälfte 7. Jahrhundert

In merowingischer Zeit wurde der Dom neu gebaut, teilweise wurden Mauerzüge des Vorgängerbaus übernommen. Der

Dom ist als dreischiffige Basilika mit zwei Altarräumen, einer Vierung im Westen und einem Westquerhaus angelegt. Er zeichnet sich durch weite Seitenschiffe (7 Meter) und ein breites Mittelschiff (13 Meter) aus. Diese Dimensionen sind für diese Zeit ungewöhnlich.

Um 900

Die merowingische Domkirche erhält durch Erzbischof Hatto eine Reparatur (Verschönerung).

Um 980

Im Osten erfolgt ein erneuter Umbau. Insbesondere wurden Okuli-Fenster über den Rundbogenfenstern des 7. Jh. eingesetzt.

1002

Erzbischof Willigis krönt Heinrich II. im Dom (=St. Johannis) zum Deutschen König.

1009 (28./29. August)

Der romanische Domneubau unmittelbar neben der St. Johanniskirche brennt am Tag der Weihe bis auf die Grundmauern nieder. St. Johannis bleibt weiterhin Bischofskirche.

1024

Erzbischof Bardo krönt Konrad II. im Dom (=St. Johannis) zum Deutschen König.

1036

Der neue Dom wird unter Bischof Bardo fertiggestellt. Er liegt in einer Achse mit dem Alten Dom. Beide Kirchen sind mit einem Paradiesgang verbunden.
Im "Aldedum" wird Johannes der Täufer zum Hauptpatron, dennoch bleibt das Kirchweihfest der 11. November (Martinstag). St. Johannis wird als Stiftskirche umgebaut und erhält eine aufwändige Raumfassung.

KLEINER, Projektmitarbeiterin bei UNTERMANN an der Uni Heidelberg, veröffentlichte einen kurzen Vorbericht zu den noch nicht abgeschlossenen archäologischen und bauforscherischen Untersuchungen.

Der in der Johanniskirche erhaltene frühmittelalterliche Bau, den KLEINER ab der 2. Hälfte des 7. Jh. datiert, verwendet Teile eines monumentalen Vorgängerbaus. Mauern dieses Monumentalbaus sind "im Bereich der heutigen Orgelempore bis zu 10 m über dem zugehörigen Fußboden erhalten". Den Vorgängerbau sieht KLEINER in fränkischer Zeit, "vielleicht aus dem 5./6. Jahrhundert". Weitere Untersuchungen sollen zusätzliche Erkenntnisse u. a. über die Bauphasen des fränkischen Vorgängerbaus und dessen Nutzung erbringen.

Die bisherigen Untersuchungen haben für den stehenden Bau mindestens drei frühmittelalterliche Bauphasen ergeben. C14-Analysen von Holzkohleproben im Mauermörtel sollen diese drei Bauphasen bestätigen.

Danach stammen die Pfeilerarkaden, das Westquerschiff und die großen Rundbogenfenster des Ostsanktuariums aus der 2. Hälfte des 7. Jh. (Σ1: 655-765, Σ2: 646-771).

"Eine großflächige Reparatur betrifft die Obergadenwände des Langhauses und ist wegen des bekannten ^{14}C-Plateaus innerhalb des 9. Jahrhunderts nicht genauer zu datieren (Σ1: 776-967 n. Chr., Σ2: 718-980 n. Chr.)." [KLEINER, 6]

Die Modernisierung des Ostaltarraums mit Ergänzung der merowingischen Rundbogenfenster durch Oculi wird dem ausgehenden 10. Jh. zugeordnet (Σ1: 904-1015, Σ2: 898-1025).

Mit der Stiftsgründung 1036 wurde die Kirche einem grundlegenden Umbau unterzogen (Aufgabe von Westvierung und -Querhaus, Verlängerung der Arkadenstellung des Langhauses in die Vierung, Vermauerung der nördlichen und

südlichen Vierungsbogen, Abtrennung des Ostsanktuariums durch einen Triumpfbogen, Farbfassung des Innenraums).
KLEINER rekonstruiert aufgrund eines bei der Grabung in den 1950er Jahren nördlich des Ostaltarraums aufgefundenen Gangs eine östlich gelegene Außenkrypta, wobei sie darauf verweist, dass die Forschungen zu den beiden Kryptenzugängen (Westkrypta und Außenkrypta) noch nicht abgeschlossen sind.

Interessant sicher die vorläufigen Ergebnisse der Bauuntersuchungen:

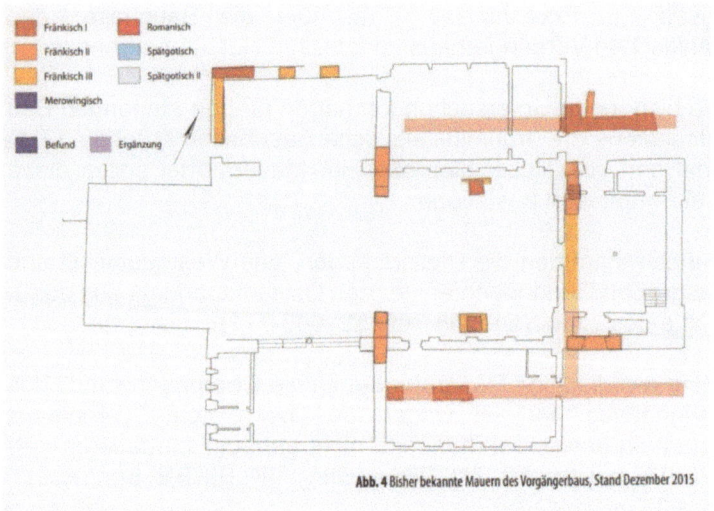

Abb. 4 Bisher bekannte Mauern des Vorgängerbaus, Stand Dezember 2015

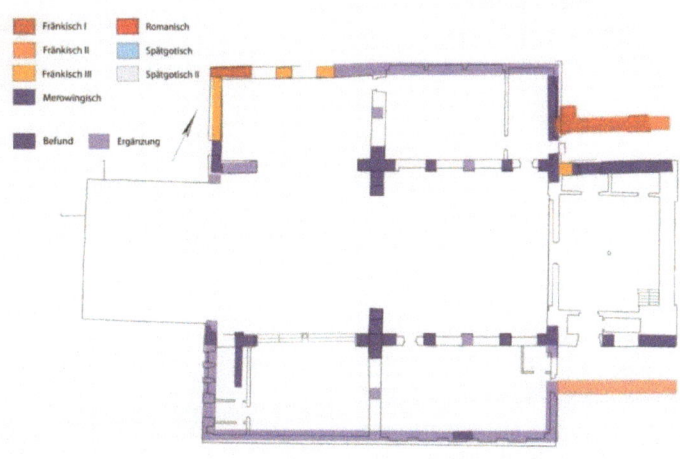

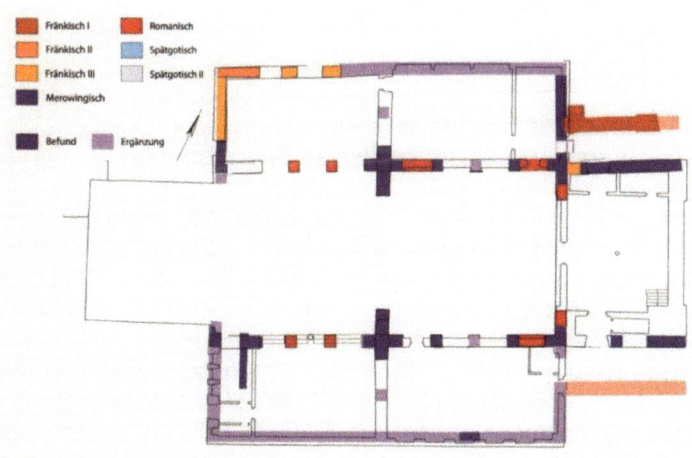

Abb. 12 Grundriss der St. Johanniskirche nach den Umbauten des 11. Jahrhunderts, Stand Dezember 2015

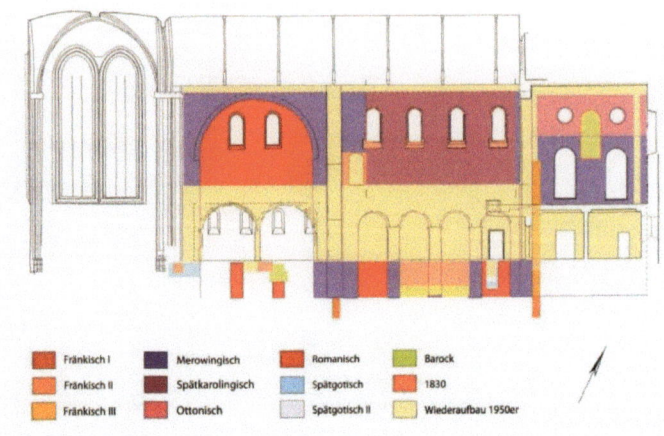

Legend:
- Fränkisch I
- Fränkisch II
- Fränkisch III
- Merowingisch
- Spätkarolingisch
- Ottonisch
- Romanisch
- Spätgotisch
- Spätgotisch II
- Barock
- 1830
- Wiederaufbau 1950er

Abb. 7 Mauerbestand an der Nordwand der St. Johanniskirche, Stand Dezember 2015

Mainz, St. Johannis. Ergebnisse der Bauuntersuchung. Grundrisse und Ansicht der Nordwand entnommen aus [KEINER]

Es ist angeraten, noch einmal einen Schritt zurückgehen. Was hat die Forschung bisher zu diesem Bau gesagt?

Nach OSWALD bestand ein Vorgängerbau, wozu er einen nördlich des Ostchorjochs gefundenen parallel verlaufenden Mauerzug von 1 m Stärke zählt, der auf römischen Fundamentmauern aufsetzt. Sein in Resten erhaltenes Aufgehendes besteht aus römischen Spolien und ist vielleicht jünger als das Fundament selbst. Daran schließen mehrere Fußböden übereinander. Darauf ist die spätkarolingische Presbyteriumsmauer gesetzt. OSWALD sieht in diesem Bau die frühchristliche Bischofskirche möglicherweise noch aus dem 6. Jh.
Der Nachfolgebau ist bei OSWALD der Alte Dom, eine doppelchörige Basilika mit Querflügeln im Westen. Das quadratische Langhaus von 4 Arkaden auf fast quadratischen Pfeilern, durch Bogenstellungen auf weit vorgezogenen Mauerzungen vom Presbyteriumsjoch im Osten und vom

172

Querschiff im Westen abgetrennt. Das querrechteckige Presbyteriumsjoch ursprünglich mit Apsis. Die Seitenschiffe in Höhe des westlichen Bogens abschließend (Breite von KAUTZSCH nach alten Plan angenommen).

Der etwa quadratische Mittelteil des querschiffartigen Baus war durch Bogenstellungen auf Pfeilerzungen von den Seitenflügeln abgetrennt. Der ursprüngliche Westabschluss ist unbekannt. Die Pfeiler hatten Sockel und Kämpfer aus Platte und Schräge. Die großen Bogenfenster und die Okuli sind ursprünglicher Bestand. OSWALD datiert diesen Bau um 900 (Hatto I.).

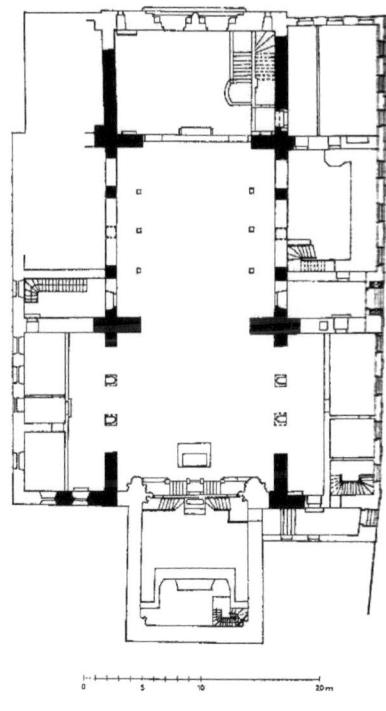

Mainz, St. Johannis. Nach Kautzsch

Grundriss, entnommen aus OSWALD [196]

JACOBSEN sieht für den Bau I (=Vorgängerbau nach OSWALD) aufgrund des unterschiedlichen Fundmaterials mehrere Bauphasen bis zum Bau II. Zur Datierung ist er vorsichtiger und schreibt nur: „vor Bau I, sicherlich schon früh bestehend". Bau II (= Alter Dom nach OSWALD) hält er aufgrund der Pfeilerbasen und –kapitelle frühestens im späten 10. Jh. denkbar. Dem würde auch der Bautypus entsprechen. Er sieht in Bau II die Ersatzkirche für den Domneubau durch Erzbischof Willigis.

WINTERFELD [11f] erkennt den Einwand von JACOBSEN im Prinzip an, schließt jedoch die Frage an, „ob man sich nicht doch der Aussage der Quellen unterordnen soll". Des Autors eindeutige Antwort an dieser Stelle: Auf keinen Fall.

Die Anhebung des Fußbodens um 2,65 m erfolgte 1685, vermutlich zur Bekämpfung von aufsteigender Feuchtigkeit [27]. Andere Autoren sind der Auffassung, dass mit dieser Maßnahme die schlechte Gründung stabilisiert wurde.

WINTERFELD hält den Bau für so altertümlich, dass er ihn unmöglich der spätottonischen bzw. frühromanischen Architektur zuordnen kann [12].

Als Baunachricht für den Vorgänger des Willigis-Doms wird die Nachricht über Erzbischof Hatto (891-913) „Templum Maguntiae nobilii structura illustrabat" betrachtet, wobei die Identität nicht genannt wird [WINTERFELD, 8].

In weiteren Nachrichten von 977 und 983 wird die Martinskirche als Bischofssitz genannt. Das Patrozinium von St. Johannis war damals möglicherweise St. Martin, welches dann auf den Neubau überging. Das Johannespatrozinium ist vielleicht erst später oder bestand bereits als Nebenpatrozinium.

Nach Auffassung des Autors ist die von KNÖCHLEIN festgestellte Einebnung der römischen Bebauung nicht in das 4. Jh., sondern in das 3. Jh. zu datieren. Leider weiß der Autor nicht, wie die Datierung in das 4. Jh. zustande gekommen ist. Er sieht in dieser großflächigen Einebnung die Auswirkungen der Megakatastrophe von 238 (= 940 u. Z.).

Auf dem römischen Zerstörungshorizont wurde unter Verwendung von römischen Spolien ein Monumentalbau errichtet (Bau I nach JACOBSEN, bei KLEINER als Vorgängerbau bezeichnet). Nach den Grabungsergebnissen eine dreischiffige Anlage. Die Erstreckung nach Osten und nach Westen sowie die dortigen Gebäudeabschlüsse sind unbekannt. Die Ausrichtung des Baus scheint der Ausrichtung der ursprünglichen römischen Bebauung zu entsprechen. Zu Zweck und Nutzung des Baus gibt es bisher keinen Hinweis. Zur Datierung des Bau I hält sich JACOBSEN zurück. KLEINER sieht diesen Bau - da auf dem römischen Zerstörungshorizont - in fränkischer Zeit, vielleicht aus dem 5./6. Jh.

Ein Mainzer Bischof Martinus ist schon 343 und 346 als Teilnehmer von Synoden literarisch bezeugt. Venantius Fortunatus berichtet über die Errichtung eines Baptisteriums durch die Tochter des fränkischen Königs Theudeberts I. unter Bischof Sidonius nach 533. Nach Wikipedia gelangte Mainz um 480 endgültig unter fränkische Herrschaft. Alle diese Datierungen sind spätantik/byzantinisch. Korrigiert gehört Bischof Martinus in die 2. Hälfte des 1. Jh., die Errichtung des Baptisteriums nach Mitte des 10. Jh. Venantius Fortunatus lebte im 10./11. Jh. Er starb 1028.
Die Eroberung von Mainz durch die Franken (genauer durch die Rheinfranken) erfolgte Ende des 2. Jh., oder in u. Z. um 900. Im Jahr 509 (= 927 u. Z.) eroberte Chlodwig das Reich der Rheinfranken, womit Mainz unter die Herrschaft der Salfranken fiel.

Es wird vermutet, dass das Baptisterium Johannes dem Täufer gewidmet war. Bisher gibt es keinen archäologischen Befund zu einem Baptisterium [WINTERFELD, 6f].

Im Jahr 754 soll die Aufbahrung des hl. Bonifatius "in seiner Kirche, nach der anhaltenden Tradition in einer Kapelle bei St. Johannis" erfolgt sein [OSWALD, 196]. Alle Nachrichten mit

Bezug auf Bonifatius entstammen nach Meinung des Autors späteren Quellen und sind frei erfunden.

Die Datierung durch KLEINER in das 5./6. Jh. wurde offensichtlich aus den o. a. spätantiken Daten "erschlossen". Im Prinzip ist natürlich KLEINER zuzustimmen: Der Bau wurde in fränkischer Zeit errichtet, nur eben nicht im 5./6. Jh. sondern in der zweiten Hälfte des 10. Jh. Die Franken herrschten bis Mitte des 11. Jh.

Nach KLEINER wurde in der 2. Hälfte des 7. Jh. der im Wesentlichen bis heute erhaltene Bau errichtet. Diesen Bau soll Erzbischof Hatto dann um 900 repariert haben. JACOBSEN datiert diesen Bau (Bau II) aus stilistischen Gründen in das späte 10. Jh.

Für den Autor ist die Datierung in das 7. Jh. natürlich überhaupt nicht möglich, da sie in die Phantomzeit fällt. Sie ist auch nicht spätantik, womit eine Korrektur nicht möglich ist. Sie ist einfach der falschen traditionellen Chronologie geschuldet. Genauso sind die Fehldatierungen mit der Radiokarbonmethode der falschen, zugrunde liegenden traditionellen Chronologie zuzuschreiben; natürlich auch "das bekannte ^{14}C-Plateaus innerhalb des 9. Jahrhunderts".
Darüber hinaus kann es nach Auffassung des Autors um 900 keinen Erzbischof Hatto gegeben haben. Der Aufbau der Reichskirche mit Bistümern und Erzbistümern erfolgt erst in der 2. Hälfte des 10. Jh. Ein Erzbischof um 900 ist anachronistisch. Erzbischof Hatto dürfte eine konstruierte Person sein, die später erfunden wurde, um die überdehnte Baugeschichte zu füllen.

Letztendlich muss JACOBSEN Recht gegeben werden. Der Bau ist frühestens gegen Ende des 10. Jh. errichtet worden. Der Dombau Ende des 10. Jh. erfolgte im Zusammenhang mit den Bistumsgründungen in der 2. Hälfte des 10. Jh., nachdem Justinian (943 - 981 u. Z.) und ihm folgend die Merowinger den Katholizismus zur Reichsreligion erhoben und die Reichskirche begründeten.

Dass Mainz möglicherweise bereits in antiker Zeit eine christliche Gemeinde besaß, widerspricht dem nicht. Die antiken Bischöfe waren Vorsteher einer christlichen Gemeinde und hatten nichts mit der Organisationsform eines Bistums der Reichskirche zu tun.

Wie sind die ergrabenen Laufhorizonte zuzuordnen? Der römische Laufhorizont gehört logischerweise zur römischen Bebauung. Der von KNÖCHLEIN als karolingisches Laufniveau bezeichnete Fußboden ist dem nachrömischen Monumentalbau zuzuordnen. Das romanische Laufniveau gehört dem Bau des ausgehenden 10. Jh. an. Der romanische Laufhorizont in St. Johannis entspricht dem Fußbodenniveau des romanischen Doms. Der ehemals vorhandene Paradiesgang verband beide Kirchenbauten niveaugleich.

Nach WINTERFELD erfolgte die Anhebung des Fußbodens auf das Fußbodenniveau vor der aktuellen Grabung 1685, angeblich wegen aufsteigender Feuchtigkeit. Gemäß der Information im Flyer soll das Paradies 1767 abgebrannt sein und danach nicht wieder aufgebaut worden sein.
Beide Daten passen nicht zusammen. Die Anhebung des Fußbodens dürfte nach dem Wegfall des Paradies erfolgt sein, da sonst das Paradies 2,80 m unterhalb des Fußbodens in den Kirchenbau mündete. Die Anhebung des Fußbodenniveaus dürfte mit einer Geländeanhebung außerhalb der Kirche erfolgt sein, und zwar nach Entfall des Paradieses. Weder Feuchtigkeitsgründe noch statische Gründe können davor vorgelegen haben.
Die schlechte Bauausführung, die dem Kirchenbau vom Ende des 10. Jh. bescheinigt wird, ist sicher der damaligen Ausnahmesituation geschuldet. Nach der Katastrophe, in der so gut wie alle bestehenden Bauwerke zerstört worden waren, musste für den Wiederaufbau ein immenses Bauprogramm bewältigt werden, was Kapazitäten und Ressourcen über die Maßen strapazierte. Davon blieben auch die herrschaftlichen Baumaßnahmen nicht verschont.

Ende des 10. Jh. ist Erzbischof Willigis im Amt. Von ihm wurde nach den Quellen ein Kirchenbau errichtet. Ist es der in

St. Johannis entdeckte so genannte frühmittelalterliche Bau? Zur Näherung an die Problematik ist ein Blick auf die Gesamtsituation um den Dombau in Mainz zu werfen. Neben St. Johannis sind dabei die Liebfrauenkirche und der so genannte Willigis-Bardo-Bau in die Betrachtung einzubeziehen.

Die Liebfrauenkirche soll eine Gründung von Erzbischof Willigis sein. Für sie soll Erzbischof Willigis die Bronzetürflügel gießen lassen haben, die heute am Marktportal des Doms eingebaut sind. Während die meisten Experten die Liebfrauenkirche als gedrungenen Querbau mit einer Ostapsis rekonstruieren, der mit dem so genannten Willigis-Dom durch ein Atrium verbunden war, sieht JACOBSEN die Liebfrauenkirche als dreischiffige Basilika, die direkt an den Ostriegel des Willigis-Doms anschloss. "Östlich des Domes, im Mauerverband mit der Domostwand des Willigis-Baues, eine dreiräumige Anlage ..." [JACOBSEN/SCHAEFER/ SENNHAUSER, 261] Sie ist nach ihm vielleicht der Bau, der 1009 abbrannte und unter Erzbischof Bardo (1031-1051) abgebrochen wurde. JACOBSEN sieht einen Neubau unter Erzbischof Siegfried I., welcher 1069 geweiht worden sein soll. Seit 1112 Titel als St. Maria ad gradus.

Die Rekonstruktion von JACOBSEN mit einer an den Willigis-Dom anschließenden Basilika ist ziemlich eigenwillig. Der Alternativvorschlag des Autors ist, dass der dem so genannten Willigis-Dom zugedachte Ostriegel ursprünglich der Westbau der Liebfrauenkirche war.
Die Liebfrauenkirche soll 1069 geweiht worden sein. Im heutigen Dombau sind dieser ursprüngliche Westbau im Kern sowie die Treppentürme möglicherweise sogar in voller Höhe erhalten, jetzt als Ostbau des Doms.

Ob die Liebfrauenkirche wirklich eine Gründung von Willigis ist und ob die Bronzetürflügel von ihm gestiftet wurden, ist nicht abschließend zu beurteilen. Die Widmungsinschrift auf den Bronzetürflügeln, die außer Willigis auch den "großen Kaiser Karl" erwähnt ist auf jeden Fall nicht aus der Zeit von Erzbischof Willigis. Die Legende um Karl den Großen sieht der

Autor deutlich später, frühestens im 12. Jh. Die Inschrift ist vermutlich später aufgebracht worden, vielleicht im Zusammenhang mit dem nachträglichen Aufbringen des großen Freiheitsprivilegs um 1135 [ARENS, 55] oder sogar noch später.

Zurück zu St. Johannis. Betrachtet man die Johanniskirche, so fällt der eigenartige Grundriss auf. Auch wenn der ursprüngliche Westabschluss unbekannt ist, stünde er mit dem Westquerhaus und dem aus einem Quadrat bestehenden Langhaus mit anschließendem quadratischem Chor und einer Ostapsis (?) in der frühromanischen Baukunst ziemlich allein. Es verwundert, dass keiner der Bauforscher irgendwelche Zweifel äußert. Möglicherweise hält man in sehr früher Zeit alles für möglich.

Der Autor sieht in der Johanniskirche dagegen einen von Erzbischof Willigis angefangenen, aber aus unbekannten Gründen nicht weitergeführten Dombau, genauer gesagt die Westteile eines solchen. Welche Grundrisslösung für den Dom ursprünglich geplant war, darüber kann man nur spekulieren. Wahrscheinlich ist eine doppelchörige Anlage mit je einem Querhaus und einem apsidialen Schluss im Osten und Westen ähnlich dem Kölner Domneubau. Als Standort für seinen Dombau hat Willigis den nach Mitte des 10. Jh. errichteten monumentalen Vorgängerbau gewählt. Es ist nach Ansicht des Autors sicher, dass dieser Vorgängerbau bereits eine Kirche war, nämlich der früheste Kirchenbau in Mainz. Damit lag es nahe, diesen bestehenden Bau umzubauen. Nach Aufgabe des Domneubaus an dieser Stelle erhielt der Torso im Osten einen wenig geglückten Abschluss. Vermutlich hatte der Dom bis in gotische Zeit seinen geplanten Westabschluss (Apsis?), der im Zusammenhang mit der Errichtung des gotischen Chors beseitigt wurde. Die archäologischen Untersuchungen haben den Zugang zu einer Westkrypta freigelegt. Die Krypta selbst ist durch den Neubau der Pfeiler des gotischen Westbaus zerstört und derzeit in ihrer Form nicht rekonstruierbar. Die Westkrypta dürfte jedoch nicht dem Ursprungsbau, sondern dem romanischen Umbau im 12. Jh. zuzuordnen sein. Die von KLEINER vermutete

Außenkrypta im Osten ist äußerst zweifelhaft. In St. Johannis eine "Ersatzkirche" für den Domneubau zu sehen, ist ziemlich abwegig.

Aber wie ging es weiter mit dem Dombau in Mainz? Die traditionelle Forschung sieht den eigentlichen Willigis-Bau westlich anschließend an die Liebfrauenkirche, von dem außer den Fundamenten nur die östlichen Treppentürme und Teile der nördlichen Querhauswand in der Südwand der St.-Gothard-Kapelle erhalten sind. Sie rekonstruiert diesen Bau als Nachahmung von Alt-St. Peter in Rom. Nach Auffassung des Autors irren hier die Fachleute. Einen von Willigis errichteten Dom unmittelbar westlich der Liebfrauenkirche gab es nie.

Dieser von der traditionellen Forschung Willigis zugesprochene Dombau in westlicher Verlängerung der Liebfrauenkirche ist der um 1100 begonnene Neubau des Doms, möglicherweise veranlasst durch die Schäden des Dombrands (eigentlich der Liebfrauenkirche) von 1081. Diesen Bau errichtete man nach römischem Vorbild, genauer gesagt, man errichtete eine Kopie von Alt-St. Peter, einen gewesteten Bau mit weit ausladendem, durchlaufenden Querhaus, vermutlich mit Flachdecke, mit direkt angesetzter Apsis im Westen und zunächst ohne Ostchor und Ostapsis.

Als Ostabschluss stand offensichtlich noch der Westbau der Liebfrauenkirche, während das Langhaus der Liebfrauenkirche vermutlich durch den Brand zerstört war. Ob die Reste des Langhauses zu einem Atrium umgestaltet wurden, muss offen bleiben. Spuren eines Anschlusses eines solchen an der Ostseite des Westquerriegels existieren nicht.

Der neue Dom soll nach den Quellen auf einer Brache errichtet worden sein, unter der sich aber Mauerreste aus römischer Zeit befanden. Die "Brache" war das unfreiwillig frei gewordene Zerstörungsgebiet nach der Katastrophe, das bis zum Ende des 11. Jh. offensichtlich nicht wieder bebaut war. Höchstwahrscheinlich war dieser Dombau der Grund für die Einstellung des Dombaus an der Stelle von St. Johannis.

Wie im Abschnitt zu den frühchristlichen Kirchen in Rom dargelegt, sehe ich die Fertigstellung von Alt-St. Peter in Rom

nach Mitte des 11. Jh., womit Kopien nach dem Vorbildbau in Rom erst danach zu erwarten sind.
Ebenfalls frühestens ab Ende des 11. Jh. entsteht der Dombau in Fulda, die so genannte Ratgarbasilika; genauso wie in Mainz eine Kopie von Alt-St. Peter in Rom.

Die traditionelle Forschung sieht bei den Maßnahmen in der 1. Hälfte des 12. Jh., genauer gesagt von um 1100 bis 1137, nur den Ostbau mit der Apsis und Teile des Langhauses sowie die St.-Gothard-Kapelle. Sie irrt dabei. Im 12. Jh. erfolgt an dieser Stelle der erste komplette Dombau bis weit über 1137 hinaus. Da die traditionelle Forschung den Großteil der Baumaßnahmen schon Willigis zugebilligt hat, blieb für die Bauphase im 12. Jh. nicht mehr viel übrig. Man wundert sich nur: "Aus der auf die Teilerrichtung des Mittelschiffs und der Gothardkapelle folgenden Zeit erfahren wir von manchen Schicksalsschlägen, die den Dom trafen, jedoch zunächst nicht zu feststellbaren Wiederherstellungen führten." [ARENS, 41] Es ist eigentlich klar: Der Dom ist zu dieser Zeit noch im Bau. Es gibt keine Wiederherstellungen.

Als Abschluss der Baumaßnahmen sieht die Forschung die angebliche Weihe der St.-Gothard-Kapelle im Jahr 1137. Die Doppelkapelle St. Gothard verwendet die Nordwand des Querhausgiebels als Südwand. Damit muss zu dieser Zeit das Querhaus zumindest im Rohbau errichtet gewesen sein.
Für die Doppelkapelle erscheint das Weihejahr 1137 aus Sicht des Autors etwas früh. Doppelkapellen datieren üblicherweise erst ab der 2. Hälfte des 12. Jh. bis ins 13. Jh. Der "Ausreißer" am Speyerer Dom, wo KUBACH die Doppelkapelle schon 1090 sieht, ist der falschen zeitlichen Einordnung des Dombaus geschuldet (siehe Exkurs Krypta). KUBACH bezweifelt dort die Funktion einer Doppelkapelle und sieht in dem Untergeschoss den Kapitelsaal. Er kann sich jedoch die Öffnung zwischen Unter- und Obergeschoss nicht erklären. [KUBACH, 91ff] Übrigens ist die in Wikipedia gesehene liturgische Funktion einer "öffentlichen" Unterkapelle und einer privaten Oberkapelle für den Autor nicht nachvollziehbar. In dieser Konstellation macht eine Öffnung zwischen Ober- und Untergeschoss überhaupt keinen Sinn. Eher ist die von der

älteren Forschung gesehenen liturgische Funktion als Kapelle des Burgherrn bzw. Bischofs und seinem Anhang im Obergeschoss und der indirekten Teilnahme der Bediensteten im Untergeschoss nachvollziehbar. Dass das Untergeschoss später auch als Grabraum und als Raum für Totenmessen genutzt wurde, widerspricht nicht seiner ursprünglichen Funktion.

Mit Sicherheit war der Domneubau 1137 noch nicht komplett fertiggestellt. Die Baumaßnahmen dürften sich auf jeden Fall bis weit in die 2. Hälfte des 12. Jh. erstreckt haben. Vermutlich wurde der Bau nie fertiggestellt und ging nie in Nutzung oder die folgende Schilderung sollte nur den Zeitgenossen eine nachvollziehbare Begründung für den "dringend notwendigen" Neubau des Doms liefern: "Um 1190 wird der Dom als verwüstet ohne Tür und Dach oder Decke geschildert ... Der Dom war in einem so traurigen Zustand, daß eine gründliche Erneuerung notwendig wurde." [ARENS, 41]

Ende des 12. Jh. entschied man sich, den Dom, besser gesagt das Langhaus sowie das Querhaus einschließlich Westapsis(?), bis auf die Fundamente abzubrechen und einen Neubau auf den Fundamenten des vorangegangenen Baus zu errichten. Vermutlich durch den Umbau des Doms in Speyer mit Einwölbung des Mittelschiffs (trad. Speyer II, Weihe 1106) angeregt, wollte man einen großartigeren, jetzt gewölbten Dombau errichten. Die Kopie von Alt-St. Peter war nicht mehr zeitgemäß oder nicht modern genug.
Für den viel massiveren Gewölbebau waren die schmalen Mittelschiffsfundamente des Baus aus dem 12. Jh. nicht mehr ausreichend. Man beließ die alten Mittelschiffsfundamente im Boden, verstärkte sie jedoch, indem man diese beidseitig verbreiterte. Die Verbreiterungen erhielten eine Pfahlgründung.
Den Westbau der ehemaligen Liebfrauenkirche verwendete man auch für diesen Bau wieder, baute ihn aber um und ergänzte ihn mit einer Apsis im Osten, deren Gründung übrigens auch auf Pfählen steht.
Das ursprünglich weit ausladende Querhaus wurde verkürzt und zur Aufnahme des Gewölbeschubs wurden Strebepfeiler

angeordnet. Im Westen erhielt der Bau einen neuen Chor in Form eines Trikonchos. 1239 wurde dieser Bau geweiht. Vermutlich wurden die Baumaßnahmen mit dem Umbau des Ostbaus (des ursprünglichen Westbaus der Liebfrauenkirche) und der Errichtung der Ostapsis begonnen. Jetzt, Ende des 12. Jh., sind die Säulenportale natürlich nicht mehr die ältesten Deutschlands. Auch der Einbau der Krypta dürfte in diese Zeit fallen. Die Basen (sofern überhaupt original?) sind mit Eckzehen versehen, die erst ab ca. 1130 vorkommen. Die altertümliche Wirkung der Krypta ist vermutlich dem Willen geschuldet, die Krypta des Doms zu Speyer einigermaßen zu kopieren. Die Basen in Speyer haben keine Eckzehen. Die heute zu besichtigende Krypta wurde 1872/76 rekonstruiert. "Der Rückgriff auf die fast 80 Jahre älteren frühromanischen Formen bei dem modernen Grundkonzept für den Gewölbebau kann ebenso durch Geldmangel wie durch Pietät gegenüber dem Vorbild bedingt sein." [WINTERFELD/JANSON/WILHELMY, 10]

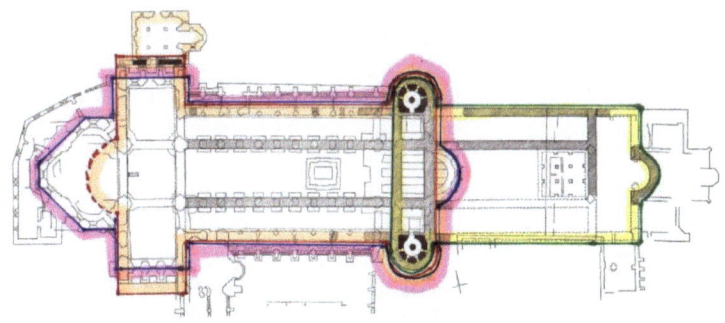

Mainz, Dom und Liebfrauenkirche. Grundriss aus [OSWALD, 204]
Farben der Umrisslinien:
Gelb: Liebfrauenkirche
Orange: Dom (Ende 11./12. Jh.)
Magenta: Dom (Ende 12./13. Jh.)

Die Nachrichten zum Dombau in den Quellen sind sehr dürftig und aus Sicht des Autors äußerst unzuverlässig bzw. völlig unbrauchbar.

"Die Quellenlage ist spärlich, die wenigen Angaben - etwa in den "Annales Quedlinburgenses" oder in den "Annales Hildesheimenses" - stimmen im Detail nicht überein. Fest aber steht: Vor 1.000 Jahren, am 29. oder 30. August des Jahres 1009, brannte der soeben unter Erzbischof Willigis vollendete Mainzer Dom unmittelbar vor oder nach seiner Weihe nieder. Er sei «elend durch das Feuer verbrannt worden», berichten die «Annales Quedlinburgenses». Wie es dazu kam, ist unklar." [https://www.domradio.de/nachrichten/2009-08-28/mainzer-willigis-dom-vor-1000-jahren-vollendet-und-zerstoert]

Die o. a. Quellen aber auch Widukind, dem wir die Nachricht über die Baumaßnahmen von Erzbischof Hatto I. "verdanken", sind entweder später "bearbeitet" bzw. wie Widukind Pseudepigraphen, also Falschzuschreibungen aus späterer Zeit.

Weder der Brand von 1009 noch die Weihe von 1036 sind glaubhaft zuzuordnen. Einzig der bei Wikipedia erwähnte mögliche Baubeginn von 998 würde passen. Dass in St. Johannis Heinrich II. (1002) und Konrad II. (1024) gekrönt worden sein sollen, dürfte auszuschließen sein.

Bemerkenswert ist vielleicht, dass in Magdeburg ein ähnliches Szenario vorliegt. Auch dort ist ein Kirchenbau im letzten Drittel des 10. Jh. begonnen worden. Von diesem Bau sind auf dem heutigen Domplatz das Westquerhaus mit einer Hauptapsis und zwei Nebenapsiden im Westen ergraben worden. Ab 1004 wurde südlich dieses Baus an der Stelle des heutigen Doms ein neuer Dombau errichtet. Unweit dieser beiden Kirchenbauten befindet sich die Liebfrauenkirche, die traditionell um 1015 gegründet wurde. Von dem Gründungsbau steht angeblich nichts mehr. Der stehende Bau wurde ab 1063/64 begonnen. Auch sie hat einen im Grundriss rechteckigen, wenn auch schmaleren, turmartigen Westbau, flankiert von zwei runden Treppentürmen.

"Auch die Westturmgruppe scheint damals bereits konzipiert, jedoch erst im 12. Jahrhundert errichtet worden zu sein." [http://www.kunstmuseum-magdeburg.de/de/museum/ geschichte.html] Als der Dom 1207 abbrannte, wurde die Liebfrauenkirche eilig zur Kathedrale erhoben [Wikipedia].

Worms, Dom St. Peter

Ein erster Kirchenbau angeblich in merowingischer Zeit unter Dagobert I. auf den Grundmauern des römischen Forums. 614 erster überlieferter Bischof Berthulf.
Neubau unter Bischof Burchard I. (1000-1025). Überlieferte Weihe von 1110 nicht zuordenbar. Erneuter Neubau ab 1130 durch Bischof Burchard II. (1115-1149) Weihe 1181.

Nach UNTERMANN wurden das Querhaus und das Sanktuarium des Baus des 12. Jh. zuerst errichtet und schon 1110 für eine vorgezogene Nutzung geweiht. Damit Baubeginn nicht erst 1130, sondern schon 1105. Türme und Ostfassade wurden später, d. h. nach Mitte des 12. Jh. angefügt. UNTERMANN sieht Bauunterbrechung zwischen 1110 und 1125. [http://www.spiegel.de/wissenschaft/technik/ wormser-dom-historiker-entreissen-den-steinen-ihr-geheimnis- a-643099.html]

Ergraben wurde im Langhaus des heutigen Baus der gerade Westabschluss sowie die Nord- und Südwand eines Gebäudes von 22 m Breite. Der Ostabschluss ist unsicher. Aufgrund der Breite von 22 m geht man von einer Dreischiffigkeit aus (Basilika?). OSWALD hält die aufgefundenen Fundamente bzw. Fundamentausbruchs- gräben zugehörig zum Bau des 6./7. Jh., der in den Quellen erwähnt ist [OSWALD / SCHAEFER / SENNHAUSER, 378]. Nach JACOBSEN vielleicht karolingische Entstehung, wobei er sich auf jüngere Veröffentlichungen anderer Autoren bezieht [JACOBSEN /SCHAEFER / SENNHAUSER, 463].

Zuerst die Nachricht über die Gründung: König Dagobert I. und Bischof Berthulf sind offensichtlich byzantinisch bzw. spätantik datiert. Nach u. Z. regierte Dagobert I. 1047 - 1057. Die erstmalige Überlieferung eines Bischofs Berthulf ist korrigiert im Jahr 1032. Die Gründung des Bistums erfolgte analog den anderen Bistumsgründungen sicher schon im 10. Jh.

Die tradierte Gründung eines Kirchenbaus um 1000 könnte sich auf die unmittelbar benachbarte Kirche St. Johannes beziehen. Die im 19. Jh. abgebrochene Kirche war ein Bau aus dem letzten Drittel des 12. Jh., also etwa zeitgleich mit der Fertigstellung des späteren Dombau. Das heißt jedoch nicht, dass St. Johannes nicht eventuell einen Vorgängerbau hatte. Das Auffinden einer frühmittelalterlichen Taufpiscina im Jahr 2015 im Zusammenhang mit dem Bau des *Hauses am Dom* könnte darauf hinweisen. Die erste Erwähnung von St. Johannes ist zwar erst um 1200, jedoch könnten frühere Nachrichten irrtümlich nicht St. Johannes sondern dem Dombau zugordnet worden sein. Das Johannespatrozinium ist möglicherweise später.

Der Autor sieht in dem Vorgängerbau von St. Johannes den ersten Dombau. Damit könnte die überlieferte Weihe von 1018 auf diesen Bau zutreffen. Er diente bis zur Fertigstellung des großen Dombaus oder bis zur Weihe der Ostteile 1110 als Bischofskirche. Die Bestattungen von 990 bis Mitte des 11. Jh. erfolgten zunächst in diesem Bau. Später wurden sie in den Domneubau verbracht, wo sie heute in der modernen Gruft zu besichtigen sind. Die Bestattung von Konrad dem Roten (†955) ist vermutlich legendär, weil zu früh.
Eine ähnliche Situation lag in Mainz und vermutlich auch in Augsburg vor. In Mainz hieß die Johanneskirche auch "Alter Dom".
Bischof Burchard I. ist möglicherweise legendär wegen der Unsicherheiten um die Gründung (Verdopplung des späteren Bischof Burchard).

Der im Grundriss des rezenten Doms ergrabene Vorgängerbau dürfte aufgrund der festgestellten

Spolienverwendung in den Fundamenten nachkatastrophisch sein. Dass dieser Bau jedoch eine Kirche war, dafür gibt es keinen Hinweis. Dass die Ausrichtung des Vorgängerbaus exakt der Ausrichtung des späteren Doms entspricht, ist kein taugliches Argument, da man mit dieser Ausrichtung der ursprünglichen römischen Bebauung folgte. Es ist im Gegenteil unwahrscheinlich, da der spätere Kirchenbau an derselben Stelle errichtet wurde, womit die Nutzung des Vorgängerbaus während der Bauzeit so gut wie unmöglich geworden sein dürfte. Als der Kirchenbau begonnen wurde, also um die Mitte des 11. Jh., war das Stadtgebiet noch nicht so verdichtet, dass der Nachfolgebau an derselben Stelle errichtet werden musste. Zu dieser Zeit wurde der Neubau üblicherweise neben dem vorhandenen Bau errichtet (Beispiele: Mainz, Magdeburg, Hildesheim, Augsburg).

Der Baubeginn des heutigen Doms dürfte um die Mitte des 11. Jh. erfolgt sein. Zu dieser Zeit herrschte König Dagobert I. Die nachrichtliche Errichtung auf den Trümmern des römischen Forums spricht nicht dagegen. Die Zerstörung in der Mega-Katastrophe lag damals ca. 100 Jahre zurück.
Die Errichtung der Ostteile (Querhaus und Sanktuarium) sowie des Westbaus sieht der Autor etwa gleichzeitig. Weihe des Ostbaus 1110. Danach Bauunterbrechung. Weiterbau ab 1125/1130. Der Westbau des 11. Jh. wurde im 12. Jh. "modernisiert". Die Westapsis wurde abgebrochen und der neue größere Westchor wird errichtet. Die Westtürme erhalten eine "moderne" Verkleidung. Die Ostfassade mit Türmen wurde im 12. Jh. hinzugefügt. Fertigstellung des Gesamtbaus und Weihe 1181.

Paris, St-Germain-des-Prés

Die bestehende Kirche wurde im 11. Jh. erbaut. Die Fundamente der ersten Kirche, unter König Childebert (511-558) erbaut, wurden angeblich ergraben. Die ergrabenen Fundamente dürften zu einem Bau der 2. Hälfte des 10. Jh. oder um die Jahrtausendwende gehören. Die Datierung der

Herrschaftszeit von König Childebert 511-558 ist byzantinisch. Korrigiert ergibt sich 929-976.

Soissons, St. Medard

Die noch bestehende Krypta soll von dem 817-841 errichteten Kirchenbau stammen. Die Gründung der Kirche soll sogar schon 557 erfolgt sein. Die Krypta ist erstmals 1079 bezeugt. JACOBSON verweist die Krypta in die 1. Hälfte des 11. Jh. [JACOBSON (1982), 551] Das Gründungsjahr 557 ist byzantinisch datiert und entspricht 975, womit die Datierung der Krypta durch JACOBSEN in die 1. Hälfte des 11. Jh. korreliert. Die karolingische Datierung 817-841 ist konstruiert und soll an dieser Stelle nicht kommentiert werden, zumal sie nicht frühchristlich ist.

Jouarre, St. Paul

Die erhaltene Krypta des Nonnenklosters St. Paul wird von HEITZ um 680 datiert. Sie soll damals an eine bestehende Zömeterialbasilika im Osten angefügt worden sein. Die Einwölbung erfolgte erst im 12. Jh. Nach meiner Auffassung stellt die erhaltene Krypta die Erweiterung eines bestehenden spätantiken oder merowingischen Zömeterialbaus dar, der im 12. Jh. durch Überbauung zu einem Kirchenbau umgestaltet wurde. „Die Gewölbe sind auf jeden Fall romanisch, damit wohl auch die heutige Aufstellung der Säulen. Für merowingische Zeit bleiben mithin nur die Außenwände sowie die isoliert zu betrachtenden Säulen in Diskussion." [JACOBSON (1982), 551]
Die bekannteste Bestattung in der Krypta ist der Sarkophag von Agilbert (gest. um 685, ab 668 Bischof von Paris).

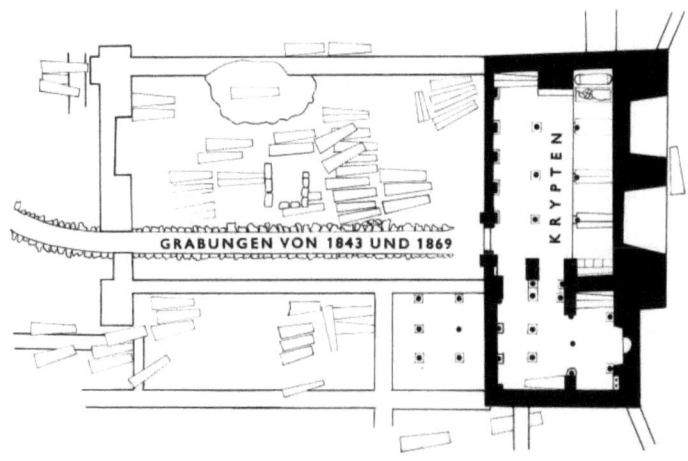

Jouarre, St-Paul, Grundriss aus [HUBERT/PORCHER/ VOLBACH, 310]

Diese Datierungen sind byzantinisch und entsprechen um 1103 für das Todesjahr und ab 1086 für das Bischofsamt in Paris, d. h. die Bestattung erfolgte erst im Zusammenhang mit der Umnutzung zur Kirche im 12. Jh. Der sehr schöne Sarkophag der Theodechilde (gest. 665) steht ebenfalls in der Krypta. Theodechilde, die Schwester von Agilbert, war erste Äbtissin des Klosters in Jouarre; ihre Amtszeit von 635-643. Auch diese Datierung ist wieder byzantinisch und entspricht 1053-1061.

St-Philibert-de-Grandlieu

Angeblich 677 gegründet, die Abteikirche vor 819 errichtet, Wiederbesiedlung nach den Normannenstürmen um 1000. "Während die Ostteile, nämlich Querhaus, Chorquadrat, Apsis und Umgangskrypta, in gemeinsamer Aufmauerung einem ersten, wenn auch in den oberen Teilen später erneuerten Bauabschnitt zugewiesen werden müssen, dessen Errichtungszeit im frühen 11. oder allenfalls ausgehenden 10.

189

Jahrhundert durch die ottonisch-frühromanischen Kämpferprofile in der Vierung und im östlichen Kryptaumgang festgelegt ist, gehören die heutigen Mittelschiffspfeiler mit ihrem entwickelten Formenapparat des mittleren oder späteren 11. Jahrhunderts offenbar einem beabsichtigten und auch begonnenen, dann aber mit Fertigstellung der Langhausarkatur wieder aufgegebenen Neubau an." [JACOBSON (1992), 291] Die byzantinische Datierung 677 entspricht 1095. Die karolingische Datierung ist konstruiert und nicht Gegenstand des vorliegenden Aufsatzes.

Civaux

Früher dem 11. Jh. zugeordnet, datiert HEITZ zumindest die "siebenfach abgewinkelte Polygonalapsis" in das frühe 5. Jh. "Die regelmäßigen Kleinquader verraten noch intakte römische Mauertechnik. ...diese Apsis, die an die gleichzeitigen Chöre der Basiliken in Ravenna erinnert..." [HEITZ, 216f] Die Vergleichsbauten, die HEITZ im Sinn hatte, sind antik datiert. Das frühe 5. Jh. entspricht korrigiert dem frühen 12. Jh. Die Nähe zur Antike ist bei Anerkennung der HEINSOHN-These gegeben.

Poitiers, Baptisterium St. Jean

Das Baptisterium in Poitiers gilt als das älteste christliche Bauwerk Frankreichs. Es ist darüber hinaus das größte Baptisterium der frühchristlichen Welt. Zwei Superlative, die zu denken geben sollten. "Der Bau stammt zweifellos aus dem 4., spätestens aus dem beginnenden 5. Jh. Die Kanalisation des Taufbeckens war mit der römischen Wasserleitung verbunden, die nicht über das 5. Jh. hinaus funktioniert hat." [HEITZ, 217]

Im 6. oder 7. Jh. wurden der Chor und die quadratischen Seitenapsiden angebaut und der Innenbau mit einem verstärkenden Mantel versehen.
Um 1000 Umbau des westlichen Narthex. [ebd. 218]

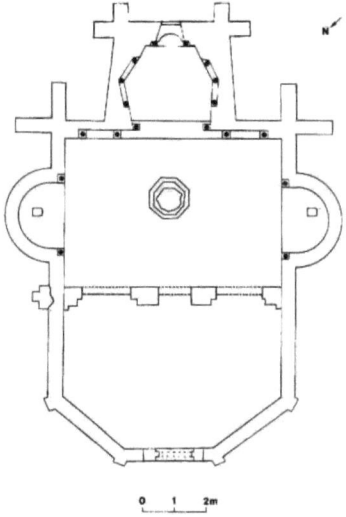

Poitiers, Baptisterium St-Jean, Grundriss aus Le Baptistère Saint-Jean de Poitiers, Société des Antiquaires de l'Ouest, 2004

Offensichtlich gibt es Zweifler an der frühen Datierung, da sich HEITZ veranlasst sieht, zu bemerken: "Kürzliche Funde ... bringen zusätzliche Argumente für die hie und da angezweifelte Datierung in das 4. Jh., das in Poitiers - man solle nicht vergessen - den großen Bischof Hilarius walten sah." [218]

Die Datierung 4. Jh./Anfang 5. Jh. ist möglicherweise byzantinisch und entspricht dem 2. Jh. In der Katastrophe 238 (= um 940) wurde die römische Wasserleitung zerstört. Der Umbau im 6. oder 7. Jh. mit Chor und Seitenapsiden entspricht dem 10. oder 11. Jh. Diesem dürfte auch der Narthex angehören. Dass das antike Bauwerk ein Baptisterium war, ist anzuzweifeln. Ich gehe von einer ursprünglich anderen Bestimmung aus. Erst mit dem Umbau um 1000 oder im 11. Jh. erfolgte die kirchliche Nutzung als Baptisterium.

Poitiers, Hypogeum des Mellebaudis

HEITZ datiert die Anlage in das frühe 8. Jh. [218]. Mellebaudis soll sich angeblich "...72 Reliquien, viele lokaler Herkunft, so jene der Radegundis, der Heiligen Acnanus (Aignan), Hilarius und Martin..." verschafft haben. [HEITZ, 14] Radegundis lebte von ca. 936 bis 1005, also kann er sich ihre Reliquien frühestens im 11. Jh. beschafft haben. Die Kirchen für die Verehrung der Radegunde, von Hilarius und auch von Martin wurden alle im bzw. nach dem 11. Jh. errichtet, so St-Radegonde und St-Hilaire-le-Grand in Poitiers als auch St-Martin in Tours.

St-Généroux (ca. 50 km nördlich von Poitiers)

Nach HEITZ ein karolingischer Bau. In der strikten Abtrennung des Querhauses vom Langhaus durch Arkaden sieht HEITZ eine Parallele zu den asturischen Kirchen des 9. Jh., z. B. San Cristina di Lena [219], die jedoch von ILLIG bereits der Karolingerzeit entrissen und dem späten 10. und 11. Jh. zugewiesen wurden. [ILLIG (1999), 107ff] Nach JACOBSON verunklären zwei Bauphasen (Ende 10. Jh./mittleres 11. Jh.?) das Bild. [JACOBSON (1982)]

Mélas (Le teil-d'Ardeche), St. Stefan

Romanische Kirche des 12. Jh. mit nördlichem Seitenschiff aus dem 11, Jh. Von dort aus Zugang zu einem Zentralraum mit Baptisterium. Aufgrund des Kapitellschmucks wurde der Bau bisher dem 10 Jh. zugewiesen. HEITZ sieht die Möglichkeit einer viel früheren Entstehung, "...denn nach der Zerstörung durch die Vandalen des nahen Bischofssitzes in Alba (Alba augusta) soll der hl. Auxonius Mélas zum Sitz gewählt und dort eine Kirche und ein Baptisterium gebaut haben. Dies trug sich in der 1. Hälfte des 5.Jhs. zu, gerade als Ravenna die Baptisterien baute." [HEITZ, 222] Die Datierung in die 1. Hälfte des 5. Jh. ist antik und entspricht der 1. Hälfte des 12. Jh. Zu Ravenna siehe oben.

Auxerre. St-Germain

Die erste Kirche soll sogar auf Geheiß von Chlotilde (493-545), der Gattin Chlodwigs, erbaut worden sein. Ein skulptiertes Christogramm soll bis auf Chlotilde zurückreichen. Die erhaltene Krypta sei dann zwischen 841 und 856 errichtet worden. Die Krypta von St-Germain in Auxerre ist so ziemlich die letzte der so genannten spätkarolingischen Umgangskrypten, die heute noch dem 9. Jh. widerspruchslos zugeordnet wird. Möglicherweise traut sich kein Forscher an dieses "Nationalheiligtum Frankreichs" heran. Die verwandten Bauten wie St-Philibert-de-Grandlieu, Flavigny, Halberstadt, Soissons sind längst im 11. Jh. angekommen. Dahin gehört zweifelsfrei auch St-Germain in Auxerre.
Nach Wikipedia wurde eine Basilika Anfang des 6. Jh. erbaut. Um 841 erfolgte ein Neubau, dessen Krypta 857 fertiggestellt worden ist. 860 wurden die Gebeine des Germanus (gest. 448) in den Neubau überführt. 865 soll die Kirche fertiggestellt worden sein. In der 2. Hälfte des 12. Jh. fanden umfangreiche Renovierungsarbeiten statt. Ab 1277 erfolgte der gotische Neubau.
Chlotildes Lebendaten sind byzantinisch und entsprechen 911-963. Der erste Kirchenbau könnte damit durchaus nach der Mitte des 10. Jh. errichtet worden sein. Die karolingischen Daten sind sämtlich konstruiert und sollen hier nicht kommentiert werden.

Flavigny, St-Pierre

Die Benediktinerabtei soll 719 gegründet worden sein. Die wieder ausgegrabene komplexe Kryptenanlage wird allgemein in die 1. Hälfte des 9. Jh. datiert. Die Chorscheitelrotunde - ein sechseckiger Zentralbau - ordnet HEITZ dem 11. Jh. zu. Dieser würde jedoch auf einer kreisrunden Sohle aus dem 9. Jh. stehen. [HEITZ, 225] JACOBSON [(1982), 552] hält die noch bestehenden Bauteile für komplett im 11. Jh. entstanden. Den ornamentierten Pfeiler sieht er in Zweitverwendung.

Nevers, St-Cyr-et-Ste-Julitte

Neben der Kirche aus dem 11. Jh. wurde ein Nischenbaptisterium ausgegraben, das aus dem 6. Jh. (Veränderungen im 8. und 11 Jh.) stammen soll. Leider wird nicht erwähnt, wie die Datierung in das 6. Jh. zustande gekommen ist. Offenbar ist kein Vorgängerbau der Kirche aus dem 11. Jh. ergraben worden. Hat das Baptisterium allein gestanden? Das Motiv der Nischen könnte auch auf das 11. Jh. hinweisen. Ich denke, dass das Baptisterium zur Kirche des 11. Jh. gehört. Die genannte Datierung in das 6. Jh. ist möglicherweise byzantinisch und entspräche dem 10. Jh.

Metz, St. Peter (St-Pierre-aux-Nonnains)

Mit St. Peter in Metz haben wir einen spätrömischen Profanbau vor uns. Ein Flyer, der bei der Besichtigung erhältlich ist, informiert darüber, dass der Bau "ein Gebäude für öffentliche Treffen und Veranstaltungen, oder aber die Palestra (Sporthalle) eines Kurhauses" gewesen sei.
WESSEL sieht in dem Bau, obwohl er eine geplante Hypokaustenanlage erwähnt und den Vergleich mit der Trierer Palastaula anstellt, letztlich wegen der Randlage in der römischen Stadt eine christliche Basilika.
Der Ursprungsbau ist für HEITZ eine Zivilbasilika des 4. Jh., wozu die Hypokaustenanlage gehört, die jedoch letztlich nicht ausgeführt wurde.
Zwischen 613 und 620 sei die Basilika einem der hl. Waltraut geleitetem Nonnenkloster zur Verfügung gestellt worden. Im 10 Jh. soll das Nonnenkloster so verwahrlost gewesen sein,

dass der Bischof von Metz zwei Drittel der Nonnen des Klosters verweisen musste.

Ende des 10. Jh. soll der Bau zu einer dreischiffigen Anlage umgebaut worden sein. Das dürfte der Zeitpunkt für die Umwidmung zur christlichen Kirche gewesen sein.

OSWALD sieht im ursprünglichen Saalbau mit innen halbrunder, außen polygonaler Apsis einen vielleicht nicht vollendeten Profanbau des frühen 6. Jh., der im frühen 7. Jh. zur Kirche umgebaut wurde. In diesem Zusammenhang sei die Apsis abgebrochen und das östliche Drittel als Presbyterium erhöht worden.

Im letzten Viertel des 10. Jh. wurde der Bau zu einer dreischiffigen Basilika durch Einziehen von Mittelschiffsarkaden und Wiedererrichtung der Apsis umgebaut worden [OSWALD/SCHAEFER/SENNHAUSER, 214f].

JACOBSEN datiert den Zivilbau aufgrund derselben Ziegelstempel wie bei der Palastaula in Trier in das 4. Jh. Die Westwand des rezenten Baus (Bau II) ist die Ostwand des ehemaligen frühromanischen Westbaus aus dem 2. Viertel des 11. Jh. [JACOBSEN/SCHAEFER/SENNHAUSER, 280f].

Die o. a. Datierungen sind wieder byzantinisch. Die Zivilbasilika des 4. Jh. gehört damit in das weströmische 1. Jh. Die Datierungen 613 und 620 ergeben nach der Korrektur 1031 und 1038. Der Umbau zur dreischiffigen Anlage wird also nicht im 10. Jh. sondern im 11. Jh. erfolgt sein, was durch die Datierung des ehemaligen Westbaus durch JACOBSEN unterstützt wird.

Frejus, Baptisterium

Traditionell wird das Baptisterium in das 4./5. Jh. datiert. Ich erachte diese Datierung für viel zu früh. Ein Baptisterium macht nur im Zusammenhang mit einem Kirchenbau Sinn. Im 4./5. Jh. kann es einen solchen nicht gegeben haben. Bis 470/477 war die Provence westgotisch, ab 507 ostgotisch, dann ab 536 fränkisch. Die justinianische Christianisierung reichte nicht bis in die Provence. Die frühesten nachgewiesenen Bauteile der Kathedrale in Frejus gehören dem 11. Jh. an. Nach meiner Auffassung wurde das Baptisterium zeitnah mit der Kirche im 11. Jh. errichtet, wie übrigens auch die anderen Baptisterien in der Provence (Aix-en-Provence, Riez, Venasque). Die Datierung in das 4./5. Jh. ist antik und entspricht den 11./12. Jh.

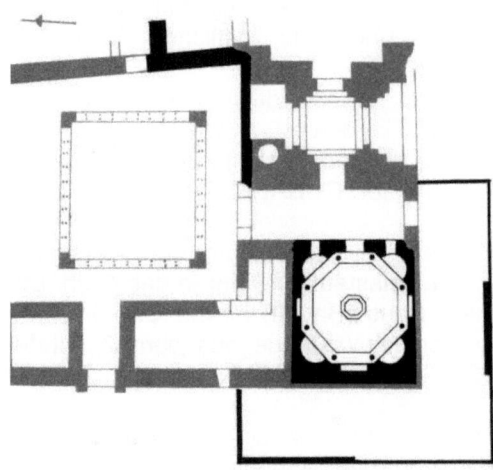

Frejus, Baptisterium

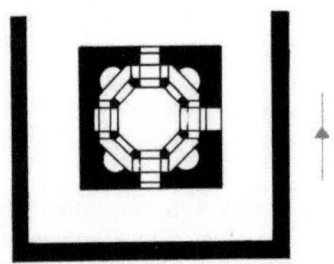

Riez, Baptisterium

Grundrisse aus [HUBERT/PORCHER/VOLBACH, 303]

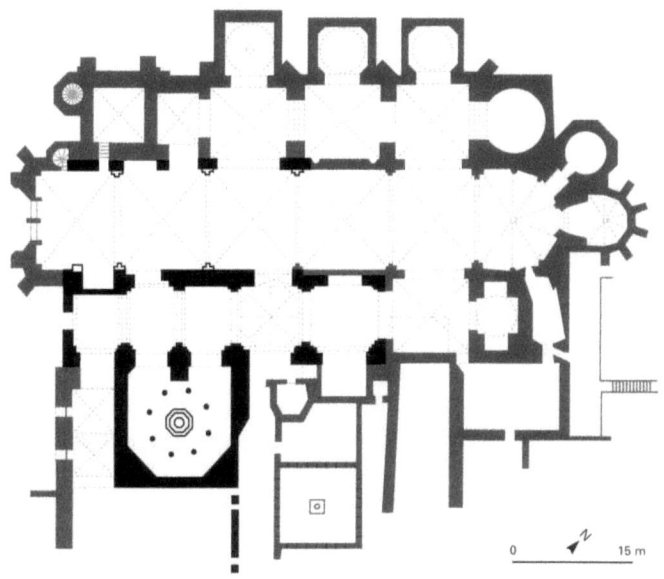

Aix-en-Provence, St-Sauveur mit Baptisterium, Grundriss aus [DROSTE, 243]

Baume-les-Messieurs, St-Pierre

Von HEITZ [230] als Wiege von Cluny bezeichnet. Die erhaltene Kirche datiert aus dem 11.-13. Jh. Von HEITZ nicht erwähnt die iroschottische Vergangenheit. Im 6. Jh. soll das damalige Kloster Baumes-les-Moines von Columban gegründet worden sein. Auch hier - wie in Luxeuil - die Zerstörung durch die Sarazenen und Normannen. Danach Wiederaufbau Anfang des 10. Jh. Von den früheren Bauten sind keine Reste bekannt. [ILLIG (2009), 212f] Die Gründung des Klosters im 6. Jh. ist byzantinisch datiert und entspricht dem 10. Jh. Columban (540-615) ist ebenfalls byzantinisch datiert und lebte von 958 bis 1033. Der sog. "Wiederaufbau" nicht Anfang, sondern eher Ende des 10. Jh. dürfte der

Gründungsbau gewesen sein. Die Zerstörung durch Sarazenen und Normannen ist Erfindung.

Grenoble, St-Laurent

Der bestehende Bau ist eine romanische Kirche des 12. Jh., heute ein archäologisches Museum. Unter diesem ist die Krypta St-Oyand erhalten. Im Kirchenschiff werden dem Besucher umfangreiche Ausgrabungen dargeboten, die zu einem Zentralbau mit vier Kreuzarmen gehören, an deren drei Seiten Konchen angefügt sind. Die Webseite von St-Laurent (www.musee-archeologique-grenoble.com) datiert den Zentralbau in das 6. Jh. und die Krypta in das 6.-7. Jh. Darüber hinaus verweist sie noch auf einen karolingischen Vorgängerbau (um 800). Der Ursprungsbau wurde über einer spätantiken Nekropole errichtet. Im unmittelbaren Baubereich wurden acht Mausoleen nachgewiesen. Mit großer Wahrscheinlichkeit haben die Mausoleen damals noch bestanden, da der Bau doch ziemlich exakt auf diese Bezug nimmt. Der Bau wurde offensichtlich ganz genau über einem solchen errichtet, wozu dieses niedergelegt wurde, und an ein anderes, größeres angebaut.

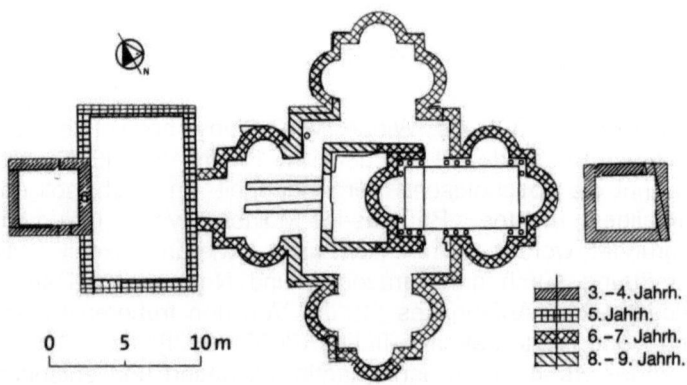

3.–4. Jahrh.
5. Jahrh.
6.–7. Jahrh.
8.–9. Jahrh.

0   5   10 m

Grenoble, St-Laurent, Grundriss aus [UNTERMANN, 25]

Nach neueren Untersuchungen wird die Krypta von der Wissenschaft in das 8. oder beginnende 9. Jh. datiert. Im 11. Jh. sollen dann Benediktinermönche einen Neubau errichtet haben – den o. a. Zentralbau - und den bestehenden Bau als Krypta in den Neubau einbezogen haben [HEITZ, 231] HEITZ schließt jedoch ein merowingisches Oratorium, das in frühkarolingischer Zeit durchgehend restauriert wurde, nicht aus.
Einige Marmorkapitelle datiert HEITZ ins frühe 7. Jh., die skulptierten Kämpfer sieht er um 800.

Nach UNTERMANN wurde die kreuzförmige Kirche im 6. Jh. an einen älteren, reich ausgemalten Memorialbau (das größere Mausoleum) angefügt [24f]. Die Krypta sieht er offensichtlich zeitgleich. Für ihn ist der Bau die Friedhofskirche der Bischöfe von Grenoble. Er vergleicht diesen Bau wegen der Gliederung mit zahlreichen Säulen mit St-Pierre in Vienne [25].

Den angeblich karolingischen Vorgängerbau erwähnen beide überhaupt nicht.

Der Autor ist ebenfalls der Auffassung, dass Krypta und der ergrabene Zentralbau einheitlich sind. Als Bauzeit dürfte jedoch die erste Hälfte des 11. Jh. zutreffen. Die Krypta als auch die Kryptazugänge zeigen insbesondere bei den Bögen eine wechselnde Anordnung von roten und hellen Ziegeln wie wir es z. B. aus Speyerer Krypta oder auch von der Liebfrauenkirche in Magdeburg kennen. Dieses Schmuckelement ist dem frühen 11. Jh. zuzuordnen. Vermutlich war die Kirche als Memorialbau für einen lokalen Heiligen (St-Oyand?) angelegt, dessen Grabstätte man in das Mausoleum, über dem die Kirche errichtet wurde, verortet hatte. Damit folgt dieser Bau dem seit dem ausgehenden 10. Jh. sich rasant ausbreitenden Heiligenkult.

Die traditionelle Datierung in das 6./7. Jh. ist byzantinisch. Korrigiert entspricht diese dem 10./11. Jh. Die neueren Datierungen verweisen sogar in das 12./13. Jh. Die Marmorkapitelle gehörten dann in die 1. Hälfte des 12. Jh. und die Kämpfer an den Beginn des 13. Jh. Die Datierung "um 800" ist m. E. konstruiert.

Von HEITZ nicht besprochen werden einige Bauten, die jedoch nicht unerwähnt bleiben sollen:

St-Denis

Angeblich im 4. Jh. - wohl nach dem Toleranzedikt 313 - Errichtung eines Mausoleums über dem Grab des hl. Dionysius (gest. um 250) und Entwicklung eines Gräberfeldes. Um 475 Errichtung einer größeren Kirche über dem Grab, die im 6. Jh. verlängert wurde. Um 625 Klostergründung, Errichtung einer dreischiffigen Kirche unter König Dagobert I. (628-639). Kirche wurde zur Grablege der Merowinger. Dagobert I. ließ sich in der Kirche als erster bestatten. 750 wird Fulrad Abt von St-Denis. Unter Fulrad nach 768 dreischiffige Säulenbasilika mit durchgehendem Querhaus, Apsis und Ringkrypta außen um die Apsis herumgeführt. Dieser Bau unter Verwendung von frühchristlichen Kapitellen als Spolien. Eine Beschreibung dieses Baus in der Handschrift von Bischof Perpetuus von 798/799 für das Kloster Reichenau. 1137 unter Abt Suger (1122-1151) Beginn des Umbaus des Westbaus, im 12. und 13. Jh. weitere Umbauten. Bestattungen: 570/575 Königin Arnegunde (gest. um 565/570, Gattin von Chlothar I. und Mutter von Chilperich I.), 768 Pippin, Karl der Kahle 877. Das Mausoleum und das Gräberfeld möglicherweise noch antik (?). Die Datierung "um 475" dürfte weströmisch antik sein und entspricht um 1177; ist demzufolge möglicherweise eine Baunachricht zum Bau des 12./13. Jh. Die Nachricht über eine Verlängerung im byzantinischen 6. Jh. ist vermutlich der Hinweis auf den tatsächlichen Gründungsbau aus dem 10. Jh., eine dreischiffige Säulenbasilika mit durchgehendem Querhaus und Apsis mit Ringkrypta. Bei diesem Bau Spolienverwendung aus in der Katastrophe zerstörten antiken Bauten plausibel. In diesem Bau dürfte Königin Arnegunde 988/993 und später Dagobert I. bestattet worden sein. Die

Datierung der Klostergründung "um 625" ist byzantinisch und weist auf das Jahr 1043. Zu dieser Zeit könnte dieser erste Kirchenbau fertiggestellt worden sein. Abt Fulrad ist byzantinisch datiert und war Abt von 1168-1202 u. Z. Er gehört damit deutlich hinter Abt Suger, unter dem der heutige Bau begonnen wurde. Die Handschrift von Bischof Perpetuus ist erst 1216/1217 entstanden und beschreibt den Neubau unter Suger.

Zu St-Denis legt ILLIG eine bereinigte Bauchronologie vor. Dort nennt er einen "Merowingischen Kirchenbau vor 565, vielleicht schon im 5. Jahrhundert (Apsis vor 614 erneuert)" [ILLIG (1996), 364] Auch ILLIG erkennt die unterschiedlichen Datierungen nicht. Die byzantinische Datierung 565 entspricht 983, die Erneuerung der Apsis vor 1032.

Vienne, St-Pierre

Angeblich um 470 auf einer Nekropole vor der Stadt als Zömeterialbasilika erbaut. Erst später wird sie die Abteikirche St-Pierre-hors-les-murs. "Der Boden des 14 m breiten Saalraumes nahm dicht gereihte Sarkophage auf. Die Apsis, die sich hinter einem von mächtigen Säulen getragenen Triumphbogen öffnet, diente zunächst nicht der Liturgie, sondern dem exklusiven Begräbnis: In ihrer Wand richtete sich der Stifter ein Arkosolgrab ein; ein zweiter, reich verzierter Sarkophag birgt Abt Leonian von St-Marcel (1. Hälfte 6. Jahrhundert)." [UNTERMANN, 23f]

Einmal abgesehen von dem Stifter- und Abtsgrab bestätigt UNTERMANN, dass dieser Zömeterialbau zunächst nicht dem christlichen Kult diente, also nicht als Kirche errichtet wurde, was für Zömeterialbauten generell gilt, wie oben zu den Umgangsbasiliken Roms bereits ausgeführt.

Die Frage ist nun, wann die Umwandlung in eine Kirche stattgefunden hat. Nach UNTERMANN hat Bischof Pantagathe um 540 hier ein Monasterium gegründet. Die Pfeilerarkaden seien im 10. Jh. eingebaut worden. [24]

0   5   10m

Vienne, St-Pierre, Grundriss aus [UNTERMANN, 24]

Während in der früheren Literatur dieser Bau noch als einer der ältesten christlichen Bauten Frankreichs benannt ist, ist man heute offensichtlich anderer Meinung.

Bei HEITZ wird dieser Bau überhaupt nicht erwähnt. Er rechnet ihn offensichtlich nicht zu den vorromanischen bzw. frühromanischen Bauten. Auch JACOBSON [1982] hat diese Auslassung von HEITZ nicht moniert.

Nach neuerer Ansicht wurden auch die Pfeilerarkaden wie der Glockenturm erst im 12. Jh. errichtet.

Es ist anzunehmen, dass die Umwidmung zur Kirche auch erst im 12. Jh. erfolgt ist.

Spätestens mit dem Einziehen der Pfeilerarkaden war die Funktion als Zömeterialbasilika hinfällig; vermutlich um Einiges früher. Möglicherweise war der Bau verfallen. Für eine Erneuerung des Daches mussten die Pfeilerarkaden eingezogen werden, da so lange Holzbalken zur stützenfreien Überspannung des 14 m breiten Raumes nicht mehr zur Verfügung standen.

Vielleicht kann man sich dem Bau über die überlieferten Datierungen nähern. Das Jahr 470 ist byzantinisch und entspricht dem antiken Jahr 186, also dem ausgehenden 2. Jh. Zu dieser Zeit war der Bau ein reiner Zömeterialbau.

Um 540 soll hier ein Monasterium gegründet worden sein. Diese Datierung ist ebenfalls byzantinisch und entspricht dem Jahr 958.
Der antike Zömeterialbau war sicher in der Katastrophe um 940 zerstört worden. Das Jahr 958 für die Einrichtung eines Klosters erscheint doch zu früh.

Marseille, St-Victor

In einem Steinbruch, der in hellenistischer Zeit als Begräbnisstätte genutzt wurde, soll Ende des 5. Jh. die Kirche St. Victor erbaut worden sein.
Teile der Krypta sollen in das 5. Jh. zurückreichen. "Die Spuren verwischen sich zwischen dem 7. und Ende des 10. Jahrhunderts." [www.marseille-tourisme.com]

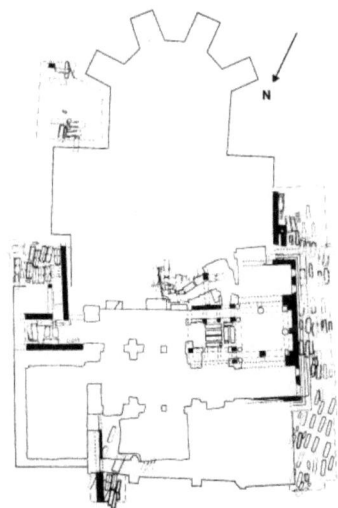

Übersichtsgrundriss aus: Père Jean Pierre Ellul, L'Abbaye Saint-Victor, o. Jg.

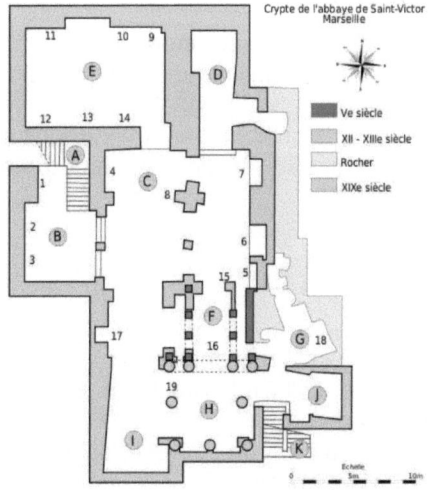

Grundriss Krypta (gedreht) aus [Wikipedia Saint Victor (Marseille), Link: Wikimedia Commons, Category: Abbaye Saint-Victor]

977 blüht die Abtei als Benediktinerkloster wieder auf. Anfang des 11. Jh. erfolgt ein Neubau, der 1040 geweiht wurde. Ein umfassender Umbau ist dann im 12./13. Jh. bezeugt.

Christliche Sarkophage belegen, dass die Nekropole auch von Christen genutzt wurde.

Beim Betreten der sehr geräumigen Krypta ist man anfangs etwas desorientiert. Es ist weder ein einheitliches Raumgefüge noch ein einheitlicher Bau- und Ornamentstil vorhanden. Offenbar ist der heutige Zustand ein Konglomerat der verschiedenen Bauzeiten.

Nach Auffassung des Autors gibt es keine Kirche vor dem 10. Jh. an dieser Stelle. Ende des 10. Jh. errichteten die Benediktiner eine erste kleine, dreischiffige Kirche über der Nekropole, möglicherweise zum Märtyrergedächtnis, wozu die

Legende der Märtyrer von Marseille, darunter Victor (Martyrium angeblich 303 oder 304), geschaffen wurde.

Von diesem Bau sind Reste, die fälschlicherweise dem 5. Jh. zugewiesen werden, in der Krypta noch vorhanden. Die aus dem Fels herausgearbeitete Kapelle "le confessionnal de Saint Lazare" dürfte ebenfalls aus dem ausgehenden 10. oder 11. Jh. stammen.

Dass es einen weiteren Neubau Anfang des 11. Jh. gegeben haben soll, ist zu bezweifeln. Möglicherweise ist die in der Krypta erhaltene kleine Kirche zu dem 1040 geweihten Neubau zugehörig. Wir kennen natürlich nicht den kompletten Grundriss dieser ersten Kirche. Die Krypta ist sowohl von ihrer Lage als auch ihrer Gestaltung keine Krypta im eigentlichen Sinn. Entgegen der üblichen Anordnung unter dem Chor der Oberkirche mit kultischer Verbindung zwischen Oberkirche und Krypta, ist sie hier unter dem Westteil (eigentlich NNW-Teil, da die Kirche nach SSO ausgerichtet ist).
Beim Neubau der Oberkirche im 13. Jh. hat man den Vorgängerbau, die kleine dreischiffige Kirche komplett überbaut und z. T. als Unterkirche erhalten. Der in der Unterkirche sichtbare Stützapparat sind die Substruktionen dieses Neubaus aus dem 13. Jh. Die Datierung des Gründungsbaus Ende 5. Jh. ist antik und entspricht Ende des 12. Jh.
Die Information, die diese Datierung enthält, galt nicht dem Gründungsbau sondern dem Neubau des 13. Jh. Ob die Unterkirche kultisch, z. B. als Krypta genutzt wurde, muss offen bleiben.

Six-Fours-les-Plages, St-Pierre (bei Toulon)

Der frühromanische Vorgängerbau aus dem 11. Jh. ist in dem heutigen Kirchenbau (17. Jh.) fast vollständig erhalten und gut sichtbar.
In Reiseführern ist im Westen dieses Vorgängerbaus ein frühchristliches Baptisterium aus dem 5. oder 6. Jh. aufgeführt. Woher die Datierung in das 5. oder 6. Jh. stammt,

bleibt schleierhaft. Auch in dem Flyer, der in der Kirche zu haben ist, ist kein Hinweis enthalten. Zu sehen sind nur die Reste eines Taufbeckens mit einem Innendurchmesser von einem guten Meter und einer Ablaufrinne nach außen. Das 5. oder 6. Jh. dürfte - sofern zutreffend -wieder antik sein und entspricht dem 12. oder 13. Jh.

Île St-Honorat (Îles de Lérins)

Laut Reiseführer: Bekannt als eine der "Wiegen des abendländischen Mönchtum". Anfang des 5. Jh. soll der hl. Honoratus hier ein Kloster gegründet haben, dass sich zu einem der bedeutendsten und mächtigsten in ganz Europa in der Folgezeit entwickelt hat, ein Zentrum der Wissenschaft, der Religiosität und Kultur. Bischöfe, Missionare und Heilige sollen von hier aus in alle Welt gezogen sein, unter ihnen Cassian, der Gründer von St-Victor in Marseille und Patrick, der Apostel Irlands. Ab 660 wurde angeblich die Regel des hl. Benedikt eingeführt.

Materielle Reste auf der Insel, die in diese frühe Zeit reichen, gibt es keine. Das Kloster wurde im 19. Jh. im neoromanischen Stil neu errichtet. Von den ehemals sieben kleinen Kirchen sind nur noch zwei erhalten, die aber auf das 12./13. Jh. verweisen. Es gab im Hochmittelalter offensichtlich christliches Leben auf St-Honorat.
Die Gründung im 5. Jh. und die großartige Entwicklung - wie sie die Quellen "belegen" - dürften pure Legende sein. Auch kommt die Einführung der Benediktinerregel um 660 um einiges zu früh, da der Benediktinerorden erst im 10. Jh. entsteht [ILLIG (2009), 215].
Die Datierung "Anfang des 5. Jh." ist vermutlich antik und entspricht Anfang des 12. Jh.
Dagegen dürfte die Datierung "um 660" byzantinisch sein. Damit wird die Einführung der Benediktinerregel 1078 u. Z. erfolgt sein.

Luxeuil

Angeblich um 590 von Columban gegründet, 732 Zerstörung durch die Sarazenen, danach Wiederherstellung unter Karl dem Großen, im 9. Jh. durch Wikinger geplündert. 1790 wurde das Kloster aufgehoben.
Luxeuil soll Ausgangspunkt für die Mission der Bayern gewesen sein. Die heutige Pfarrkirche St-Colomban wurde 1330 fertiggestellt. Baureste aus vor- oder frühromanischer Zeit sind nicht vorhanden.

Die Datierung "um 590" ist byzantinisch, womit die Gründung um 1008 erfolgt sein könnte. Sarazenen, Karl der Große und die Wikinger sind pure Legende und haben mit dem Bau nichts zu tun. Wenn man denselben Maßstab wie bei anderen in den Quellen hochgelobten Klöstern ansetzt, wo keine materiellen Zeugnisse zu finden sind, kann man nur zu dem Schluss kommen, dass es keine frühmittelalterliche Geschichte von Luxeuil gibt.

Columban soll allein im Marnetal sieben Abteien gegründet haben, darunter Jouarre, dann Luxeuil und Fontaine.
Dank der iroschottischen Missionare Avitus, Columban, Fridolin, Gallus, Lucius, Remigius, Severin und Trudpert sollen um 600 (= um 1018) schon 220 gallische Klöster bestanden haben. [ILLIG: Das Ende des hl. Benedikts? auf http://lelarge.de/benedikt.html]

Der Autor hält die frühe iro-schottische Mission für ein Konstrukt. Die tatsächliche "iro-schottische Mission" fand im 11. Jh. statt, was die zahlreichen Schottenklöster des 11./12. Jh. belegen.
Welche Glaubenslehre hat Columban eigentlich vertreten?
ILLIG vertritt die Auffassung, dass die iro-schottische Missionierung unter Columban (ab 590) prorömisch gewesen sein soll. Das wäre nicht ganz auszuschließen, da im 11. Jh. der römische Bischof begann, die Vorherrschaft über die katholische Kirche im Westen zu beanspruchen.

Saint-Martin de Tours

Der hl. Martin starb 397. Im Jahr 471 soll die erste Basilika errichtet worden sein.
Von einem Kirchenbau aus dem 11.-13. Jh. sind heute noch Reste vorhanden.

Um 508 soll Chlodwig in der Kirche die Abgesandten des byzantinischen Kaisers Anastasios empfangen haben. Von 796-804 soll Alkuin Abt in Tours gewesen sein. 853 sollen die Normannen die Kirche zerstört haben.

Das Todesjahr des hl. Martin ist entweder byzantinisch und entspricht dem Jahr 113, oder seine Datierung ist antik, womit diese dem Jahr 1099 entsprechen würde. Sofern die Nachricht zutreffen sollte, dass Paulinus von Nola den hl. Martin persönlich getroffen hat, dürfte letztere Datierung zutreffen.
Paulinus von Nola lebte 1056-1133 (siehe oben zu Cimitile).
Das Jahr der Errichtung der ersten Basilika 471 dürfte ebenfalls antik sein und entspricht dem Jahr 1173.
Chlodwig lebte von 466-511. Seine Datierung ist byzantinisch, womit er in der Antike von 182-227 lebte. Er kann mit dem Kirchenbau nicht zu tun haben. Genauso wenig wie Alkuin, außer man datiert Alkuin in das 13. Jh.

Anhang

Exkurs

Die Erschaffung der karolingischen und ottonischen Baukunst

Es gibt unzählige Publikationen zur karolingischen Kunst und zu Karl dem Großen als prominentesten Vertreter der Karolingerzeit, z. T. prächtig ausgestattet und reich bebildert. Neben seinen vielen anderen Vorzügen sind Karl der Große und seine Nachfolger auf dem Thron als großzügige Bauherrn in die Geschichte eingegangen. Nach ILLIG [1996, 205] nennt die Statistik 544 Großbauten für die Zeit Karl des Großen und seiner beiden Nachfolger Ludwig I. und Lothar I., also von trad. 768-855, davon 27 Kathedralen, 100 Königspfalzen und 417 Klöster. ILLIG [1996, 208] zitiert BRAUNFELS: "Von allen diesen Bauten hat man nur 215 archäologisch untersucht, nur von einem Bruchteil von diesen sind Reste erhalten. Die Werke, die ganz oder doch in wesentlichen Teilen noch stehen, lassen sich fast an den zehn Fingern aufzählen".

Die ottonische Kunst und Architektur kommt nicht ganz so spektakulär daher. Die Kunst der Ottonen ist erst seit etwa Mitte des vergangenen Jahrhunderts durch die Veröffentlichung von JANTZEN "Ottonische Kunst" eine eigene Kunstepoche. JANTZENs Sichtweise hat sich zumindest auf dem Gebiet der Baukunst nicht so richtig durchgesetzt. Die Ottonen herrschten traditionell von 919 bis 1024. Keines der von JANTZEN betrachteten Kirchenbauten reicht wirklich vor die Jahrhundertmitte des 10. Jh. zurück. Das für die frühen Ottonen angeführte Quedlinburg ist eine falsche Rekonstruktion [MEISEGEIER, 11ff]. Auch Quedlinburg beginnt frühestens Ende des 10. Jh. Dazu kommt die traditionelle Fehldatierung von Kirchenbauten wie z. B. Gernrode, das mit dem Baubeginn 961 deutlich zu früh datiert ist [MEISEGEIER, 52ff].

Der so genannte ottonische Kirchenbau beginnt auch bei JANTZEN so richtig erst ab der Jahrtausendwende und verschmilzt nahtlos mit dem frühromanischen Kirchenbau. Eine stilistische Abgrenzung zur frühen Romanik ist eigentlich nicht möglich, was übrigens auch für die karolingische Kunst und Architektur zutrifft.

Schon für GRODECKI "Universum der Kunst. Die Zeit der Ottonen und Salier" gehört die Architektur der Ottonen und Salier zusammen. Obwohl er die Ottonen und Salier im Titel verwendet, greift er inkonsequenterweise auch auf Bauwerke außerhalb des Reiches der Ottonen und Salier, z. B. in Italien, Spanien und im westlichen Frankreich zurück. UNTERMANN erwähnt den Begriff "ottonische Kunst bzw. Architektur" gar nicht. Bei den sächsischen Bauten des 10. Jh. spricht er nur von ottonischen Kirchen.

Wer waren die Karolinger?

Eine große Schar von Wissenschaftlern hat sich mit den Karolingern und ihrer Geschichte befasst. Ihre Arbeiten füllen sicher ganze Bibliotheken. Werden dadurch die Karolinger fassbarer?

ARNDT schreibt in seinem bemerkenswerten Buch "Die wohlkonstruierte Geschichte" von der "Fiktionalität eines wesentlichen Teils der Pippiniden- und Karolinger-Geschichten" [100]. Er sieht die Merowinger und die Karolinger "nach derselben Schablone gestrickt" und betitelt seinen Abschnitt zur Karolingerzeit mit der Frage: "Sind die Karolinger nur ein Double der Merowinger?" [98]. Während die Herrscherliste der Merowinger zwar offensichtliche Manipulationen aufweist, jedoch zumindest bis 584 evtl. noch einschließlich Dagobert I. (605-639) einen realen Kern erkennen lässt, scheinen die Herrscherlisten der Karolinger und der ihnen folgenden Ottonen, Salier und Staufer im Wesentlichen frei konstruiert zu sein. ARNDT sieht von 768 bis 1493 ein geschlossenes System, das während der

Herrschaft Karl V. (1520-1556) "entworfen wurde, oder zumindest in wesentlichen Teilen erweitert wurde" [71f].

ILLIG kommt bei der Ausarbeitung seiner so genannten Phantomzeitthese letztendlich zu dem Schluss, dass es Karl den Großen und seine Zeit nie gegeben hat. Bis heute vertritt ILLIG seine These, die die Zeit von 614 bis 911 als Phantomzeit ansieht und ersatzlos streicht. Reale Bauten, die traditionell dieser Zeit zugeordnet werden, datiert er entweder vor 614 bzw. nach 911. ILLIG streicht die Karolinger vor 911 komplett und belässt nur die westfränkischen Karolinger von 911 bis 987 in der Geschichte.
Die Spätantike und auch die Ottonenzeit bleibt bei ihm dagegen unberührt in der Chronologie.

HEINSOHN sieht die überlieferte Geschichte der Karolinger wie auch die der Ottonen weitestgehend für real an und ordnet sie dem Datierungsstrang "Norden und Nordosten" zu, der unserer heutigen Zeitrechnung entspricht. Die das frühmittelalterliche 7. und 8. Jh. bevölkernden Karolinger werden damit für ihn Zeitgenossen der römischen Antike. Die überlieferte Karolingergeschichte einschließlich Karl den Großen sieht er als "plausibel" an. Dass wir die karolingischen Bauten noch nicht gefunden haben, soll seiner Meinung daran liegen, dass bisher nicht in der Antike gesucht wurde.

BEAUFORT formuliert in seinem Aufsatz "Wer waren die Karolinger?" (2014): "Aus Sicht der Heinsohnthese ist anzunehmen, dass die rheinfränkischen Herrscher als Karolinger zu identifizieren sind."
Ihre Herkunft sieht er in Herstal/Jupille nördöstlich von Lüttich gelegen. Jupille, heute ein Ortsteil von Herstal, ist der Legende nach der Geburtsort von Pippin dem Kurzen und Karl dem Großen.
BEAUFORT kommt zu dem Resultat: "Die Karolinger waren also ein mit den Merowingern verwandtes oder ihnen anfangs untergebenes oder anderweitig verbundenes Adelsgeschlecht, das im 2. Jahrhundert (von Rom aus gesehen, nach Abzug der Leerzeit realiter im 9. Jahrhundert u. Z.) zur Herrschaft über mehrere Frankenstämme gelangte. Während sich die

Salfranken unter den Merowingern, nach Süden marschierend, nach und nach das gesamte Westfrankenreich unterwarfen, eroberten die Rheinfranken unter den Karolingern die östlich gelegenen unmittelbar links- und rechtsrheinischen Gebiete. Immer weiter nach Süden drängend, erreichten sie Norditalien und besiegten dort die Langobarden. So beherrschten die Karolinger am Ende ein eindrucksvolles Reich und konnten sich mit Recht als *Imperator Augustus* bezeichnen – was die byzanztreuen Merowinger nie getan haben."

Wie BEAUFORT sieht der Autor in den Karolingern ein rheinfränkisches Adelsgeschlecht. Unter der Herrschaft der Karolinger gründeten die Rheinfranken ihr Reich am Mittelrhein. Ob sie mit den Merowingern (Salfranken) verwandt oder diesen untergeben oder anderweitig verbunden waren, würde der Autor lieber offen lassen. Vielleicht waren die Salfranken und die Rheinfranken auch getrennte fränkische Stämme. Dass die Rheinfranken unter den Karolingern die Langobarden in Norditalien besiegten und "am Ende ein eindrucksvolles Reich" beherrschten, wie BEAUFORT meint, sieht der Autor nicht. Die zeitliche Abfolge spricht nach Meinung des Autors dagegen.

Die Rheinfranken tauchen erstmals 388/89 (= 104/05) kriegerisch im Raum Köln auf, verständigen sich aber zunächst mit Kaiser Valentinian II. (375-392 = 91-108).
435 (= 151) erobern sie Trier, 459 (= 175) Köln, das Sitz des rheinfränkischen Königs wurde.
Schon fünfzig Jahre später, im Jahr 509 (= 225), erobert der Salfranke/Merowinger Chlodwig (466-511 = 182-227) auch das rheinfränkische Reich, vereinigt die fränkischen Teilreiche und beendet damit die Herrschaft der Karolinger. Das ursprüngliche Herrschaftsgebiet der Sal- und Rheinfranken wurde das merowingische Teilreich Austrasien.
Kurz zuvor hatte Chlodwig schon das Reich des Syagrius (486/87 = 202/03), das spätere Neustrien, und das westgotische Aquitanien (507 = 223) seinem Reich eingegliedert.

Dass in diesen fünfzig Jahren von der Eroberung Kölns bis zu ihrer Vernichtung durch Chlodwig die Rheinfranken ihr Reich nach Süden bis nach Norditalien ausgedehnt haben sollen, ist eher ausgeschlossen. So wird um 496/497 (= 212/213) das unmittelbar südlich gelegene Gebiet der Alemannen (Schwaben) von Chlodwig erobert, eventuell sogar mit Unterstützung der Rheinfranken (nach Wikipedia unter Beteiligung von Sigibert von Köln). Im Jahr 534 (= 952 u. Z.), schon nach der Katastrophe von 238 = 522 = um 940, wird das weiter südlich gelegene Burgund von den Söhnen Chlodwigs, Childebert I. und Chlothar I., unterworfen. Das im Osten gelegene Thüringer Königreich wird 531 (= 949 u. Z.) besiegt und teilweise dem Merowingerreich einverleibt. Zu dieser Zeit existierte das Reich der Rheinfranken bereits nicht mehr. Im Südosten bestand das Stammesherzogtum Bayern, dass 555 (= 973 u. Z.) erwähnt wird. Seine Eingliederung unter Karl dem Großen in das Frankenreich ist konstruiert. Nach Ansicht des Autors haben weder das Stammesherzogtum Bayern noch das der Sachsen je zum Frankenreich gehört.

Die traditionellen Datierungen um die Franken sind sämtlich spätantik und bedürfen der Korrektur in die antike Datierung (für Datierungen vor der Katastrophe von 522) bzw. in die frühmittelalterliche Datierung nach u. Z. (für Datierungen nach der Katastrophe von 522).

Traditionell fallen die Langobarden in Norditalien im Jahr 568 ein und gründen danach ihr Lagobardenreich, das sicher nicht allzu lange Bestand hatte. Das spätantike, nachkatastrophische Jahr 568 entspricht dem Jahr 986 u. Z. Das Reich der Rheinfranken gab es zu dieser Zeit längst nicht mehr.

Die Eroberung des Langobardenreichs durch die Karolinger gehört wie auch die von ILLIG gesehenen westfränkischen Karolinger zwischen 911 und 987 zum Konstrukt der Karolinger.

Und die karolingischen Herrscher? Namhafte karolingische Herrscher waren Pippin, Carolus, Ludovicus und Lotharius. Von ihnen gibt es Münzprägungen [BEAUFORT], womit Herrscherpersönlichkeiten - nicht unbedingt Könige - mit diesen Namen durchaus real sein dürften. Die etablierte Geschichte kennt jeweils mehrere Herrscher mit Namen Pippin, Karl, Ludwig und Lothar. Es ist davon auszugehen, dass die karolingische Herrscherliste zumindest deutlich gestreckt wurde.

Gemäß der Tradition ist Karl der Große (Carolus Magnus) der bedeutendste Herrscher der Karolingerdynastie. Er soll von 768-814 König des Fränkischen Reichs gewesen sein. Folgen wir HEINSOHN, so entsprechen seine frühmittelalterlichen Herrscherdaten den antiken Jahren 66-112. Zu dieser Zeit tauchen die Rheinfranken zum ersten Mal im Raum Köln auf (siehe oben). Die Herrschaft über ein großes und prächtiges Karolinger-Reich ist um die Wende des 1./2. Jh. einfach nicht möglich. Zu dieser Zeit war das Gebiet noch fest in römischer Hand und ein reichsweiter, großer Karl undenkbar.

2001 veröffentlicht HEINSOHN seinen Aufsatz "Karl der Einfältige (898/911-923)", in dem er die These aufstellt, dass eigentlich Carolus Simplex dieser große Karl war, der bis heute zum Überkaiser aufgebauscht wurde.
Der Karolinger Karl Simplex (Karl III., der Einfältige) soll seit 893/898 alleiniger König des Frankenreichs (wohl eher nur des rheinfränkischen Reichs) gewesen sein. Ab 911 tituliert er als Imperator.
Heute ist HEINSOHN davon wieder abgerückt - leider.

Für den Autor hat diese These HEINSOHNs durchaus Plausibilität, wenn auch das überlieferte Ende von Karl Simplex eher dem karolingischen Konstrukt zuzurechnen ist.
Nach Wikipedia soll 922 Robert von Franzien durch die fränkischen Großen zum Gegenkönig erhoben worden sein. Robert von Franzien wird jedoch 923 in einer Schlacht gegen Karl getötet. Trotzdem verliert Karl die Schlacht und Rudolf von Burgund wird 923 zum König des Westfrankenreichs erhoben. Karl wird eingesperrt und stirbt 929 in Péronne.

Wenn man die kurze Zeitspanne von der römischen Aufgabe Kölns im Jahr 459 bis zur Krönung Karl Simplex 475/480 betrachtet, bleibt kaum Platz für einen weiteren großen Karl.

Die semifiktive Gestalt "Karl der Große" dürfte der Erinnerung an Karl den Einfältigen entspringen. Mit der Schaffung der Chronologie und der Einbindung dieser überhöhten Herrscherpersönlichkeiten in die überregionale Geschichtskonstruktion wurden die Karolinger - wie sie uns heute erscheinen - geschaffen. Einen ähnlichen Vorgang dürften wir für die Ottonen mit Otto dem Großen vor uns haben.

Der Autor hält den Großteil der überlieferten Geschichte der Karolinger einschließlich ihres prominentesten Vertreters Karl den Großen als auch die der nachfolgenden Ottonen, Salier und Staufer, im Prinzip die ganze Geschichte des Mittelalters für weitestgehend konstruiert.
Darunter fällt auch die irische und die angelsächsische Mission, die es nach Auffassung des Autors so nie gegeben hat.

Eigenständige größere karolingische Bauten, wie sie HEINSOHN glaubt zu finden, dürfte es kaum gegeben haben.
Die Durchführung von größeren Bauvorhaben, welche den Bauherrn und i. d. R. mehrere Ausführende, das sind Planer, Bauleute und Künstler, über einen längeren Zeitraum, d. h. häufig über Jahrzehnte verbindet, erfordert aufgrund der allgemeinen Komplexität des Bauprozesses heute wie damals geeignete Rahmenbedingungen. Dazu gehören eine notwendige längere politisch und wirtschaftlich stabile Phase, die ständige Verfügbarkeit der entsprechenden Ressourcen wie Finanzen, Baumaterial, Handwerker, etc. . WARD-PERKINS [155] dazu: "Architekten, Baumeister, Marmor-Steinmetzen und Mosaizisten, [...], alle brauchen Wirtschaftssysteme mit einem gewissen Grad an Komplexität".
Dazu ist darüber hinaus zu bedenken, dass die Antike noch keine Kreditsysteme kannte, die dem Staat über Engpässe hinweghalfen [WARD-PRKINS, 50].

Dieses für das Bauen förderliche Umfeld sieht der Autor in dieser Zeit nicht, schon aufgrund der relativ kurzen Zeitspanne zwischen der Eroberung Kölns und dem Ende des Reichs der Rheinfranken durch Chlodwig.
Darüber hinaus ist zu beachten, dass in diese Zeit das Ende des Weströmischen Reichs (trad. 476 = 192) fällt, womit allerspätesten zu diesem Zeitpunkt auch das römische Wirtschaftsgefüge zusammengebrochen sein dürfte.

Vermutlich nutzten die Karolinger weitgehend bestehende, intakte Römerbauten. In den eroberten Städten fanden sie diese in großer Zahl vor. Ob jedoch ein König Karl die römische Thermenanlage im unweit von Köln gelegenen Aachen nutzte, ist reine, wenig nützliche Spekulation.
Generell ist zu bemerken, dass die germanischen Völker, die in das Römische Reich einfielen, dieses nicht primär zerstören wollten. Sie wollten nur an den Annehmlichkeiten der römischen Kultur teilhaben. Dass sie durch ihr Handeln den "Organismus Rom" letztendlich doch zerstörten, könnte man als eine Art Kollateralschaden bezeichnen.
Die Katastrophe im Jahr 238 (= um 940 u. Z.) hat die römische Kultur und die Spuren der Karolinger dann endgültig gelöscht.

Wie entstand die karolingische Geschichte?

Vor dem 11./12. Jh. gab es nach Ansicht des Autors im "Norden und Nordosten", d. h. in unserem mitteleuropäischen Raum, keine schriftliche Überlieferung von Geschichte. Geschichtsschreibung war ursprünglich eine antike/spätantike Tradition. Diese war in den nicht von den Römern besetzten Gebieten einfach nicht vorhanden. Geschichte existierte nur in der Form der mündlichen Überlieferung. Der damalige Entwicklungsstand der Gesellschaft in den nicht römischen Gebieten, z. B. im "Norden und Nordosten", erforderte noch keine Schriftform für Eigentum, Wirtschaftsbeziehungen etc. Erst im 11./12. Jh. änderten sich die gesellschaftlichen und sozialen Bedingungen derart, dass die Schriftform zunehmend notwendig wurde.

Es gab jedoch mit Sicherheit eine partielle Erinnerung an frühere Ereignisse oder markante Herrscherpersönlichkeiten.

Mit Hilfe dieser "unscharfen" Überlieferung und einer gehörigen Portion Phantasie wurde diese Lücke geschlossen. So wurde etwa ab dem 12. Jh. dem "Mangel" der fehlenden Geschichtsschreibung abgeholfen. Mit Pseudepigraphen wie Alkuin, Einhard als angeblicher Nachfolger als Leiter der Hofschule Karls des Großen mit seiner *Vita Karoli Magni*, Widukind, Thietmar etc. wird Geschichtsschreibung "nachgeholt". In diesem Zusammenhang wurde gleichzeitig die ca. 418 Jahre dauernde Phantomzeit zwischen den Merowingern und der damaligen Gegenwart mitgefüllt. Die in den angeblich "zeitgenössischen Geschichtswerken" vermittelte Ereignisgeschichte war weitestgehend frei erfunden, wobei vermutlich frühere reale Personen aus der mündlichen Überlieferung übernommen und für die "neue Geschichte" ausgeschmückt worden sind.

Mit der Schaffung der Chronologie im 16. Jh. wurde die erfundene "Geschichte" fest in die Chronologie integriert. Sie ist bis heute Gegenstand ernsthafter Forschung der Historiker.

Ein kleines, doch interessantes Detail liefert ARNDT. Die Merowinger hatten in Paris ihre feste Residenz. Ab Karl den Großen hatten die Könige keine Residenz mehr und liebten offensichtlich das Reisen. Erst Ludwig IV., der ab 1314 König war, hat wieder eine solche, nämlich München. Nach ihm haben alle Kaiser und Könige wieder einen festen Sitz, z. B. Karl IV. (ab 1346 König) mit Sitz in Prag. [ARNDT, 91] Aus Sicht des Autors ist dieses "Reisekönigtum" ein Indiz dafür, dass dieser ganze Komplex einschließlich der beteiligten Herrscher konstruiert ist. Das so genannte "Reisekönigtum" gab es aus Sicht des Autors nie.

Ein ersatzloses Streichen dieses erfundenen Mittelalters geht natürlich nicht. Wir müssen uns nur bewusst sein, dass die tatsächliche Geschichte anders verlaufen ist, als es uns die etablierte Wissenschaft vermitteln möchte. Der Autor geht davon aus, dass die lokale Geschichte etwa ab dem

11./12. Jh. mit der Zunahme von Schriftzeugnissen im gesellschaftlichen Leben lokal z. T. richtig überliefert ist, dass jedoch über die lokale Geschichte vermutlich im 16. Jh., vielleicht auch schon früher, die konstruierte überregionale Geschichtsdarstellung gestülpt wurde. Die nachfolgenden Historiker haben dann die lokalen Ereignisse mit der "Reichsgeschichte" so eng verwoben, dass der Ausgangspunkt kaum noch erkennbar ist.

Wie die Karolingerverehrung ihren Ausgang vom ehemaligen Herrschaftsgebiet der Rheinfranken mit dem Zentrum Aachen als angeblicher Residenz Karl des Großen nahm, so nahm die Ottonengeschichte ihren Ausgang vom sächsischem Gebiet. Ein realer Herzog/König Heinrich und/bzw. Otto sind dort durchaus als Ausgang einer solchen Erinnerung denkbar. Der Autor sieht die Liudolfinger jedoch als rein lokale, also sächsische Herrscher, die erst später zu Personen der konstruierten Reichsgeschichte wurden.

Die Herausstellung solcher "historischer" Persönlichkeiten war für die betreffenden regionalen Herrschaftsgebilde in hohem Maße identifikationsstiftend. Die Errichtung des Aachener Oktogons sieht der Autor in diesem Kontext. Dazu mehr weiter unten.

ARNDT untersucht das Aufkommen des Namens "Karl" unter den europäischen Herrschernamen. Er geht davon aus, dass Karl der Große die Namensgebung beeinflusst haben muss. Ihn wundert das späte Aufkommen des Namens nach den Karolingern. Nach ARNDT taucht der Name Karl nach den Karolingern erstmals wieder im 13. Jh. bei Karl I. von Anjou (1226-1285, König von Sizilien) aus der französischen Kapetinger-Dynastie auf [20], danach erst wieder im 14. Jh. mit Karl IV. (geb. 1316) [27].
Zu dieser Zeit dürfte sich die Karolingerlegende etabliert haben. Die Anfänge könnten aber durchaus im 12. bzw. frühen 13. Jh. liegen. Karl der Große soll 1165 vom Gegenpapst Paschalis III. heiliggesprochen worden sein. Ob diese Heiligsprechung wirklich stattgefunden hat, ist stark zu

bezweifeln, aber hier nicht relevant. Ab dieser Zeit dürfte die Karolingerlegende entstanden sein.

Zwangsläufig müssen sowohl Karl der Große als auch Otto der Große fleißige Kirchengründer gewesen sein. Ihnen wurde die Gründung von zahlreichen Kirchen angedichtet. Die Bezugnahme auf eine Gründung weit in der Vergangenheit kam sicher den Kirchen und Klöstern sehr entgegen, da hohes Alter auch eine hohe Reputation als auch Rechtfertigung mit sich brachte. Wirkliche Baugeschichte war damals völlig uninteressant. Erst das 19./20. Jh. beschäftigte sich ernsthaft mit der Geschichte der Kirchenbauten. Zu dieser Zeit war die Chronologie bereits sakrosankt. Mit ihr wurde sowohl die Karolingergeschichte als auch die Geschichte der Ottonen etc. konkret. Die Baugeschichtler kamen nicht umhin, der erfundenen Karolinger- und Ottonenzeit Bauwerke und Bauphasen zuzuordnen.

Die von den späteren Bauforschern gefundenen karolingischen Datierungen sind i. d. R. keine in den Quellen zu findenden konkreten Daten zu Weihen oder sonstigen Ereignissen, es sei denn, diese Quellen wurden erst später geschaffen, wie z. B. die Nachricht zur Weihe der so genannten Pfalzkapelle in Aachen, die von Papst Leo III. erfolgt sein soll.

Solche konkreten Nachrichten sind in der Überlieferung erst ab dem 11. Jh. vermehrt zu finden. Gründung und Bau sowie Umbauten wurden in aller Regel Herrscherzeiten zugeordnet, die der Chronologie entstammten. Manchmal erfolgten die Datierungen aufgrund des historischen Kontexts, der - wie oben bereits dargelegt - konstruiert ist. Wirklich jahrgenaue Datierungen gibt es kaum, was die Unsicherheit schon bei der traditionellen Datierung belegt.

Zum Teil gibt es Kirchenbauten, deren Gründungsbau in der Merowingerzeit liegt, womit Umbauten oder Ersatzneubauten in der Karolingerzeit "plausibel" erscheinen.

Kirchenbauten entstehen erst nach der in Ostrom von Justinian I. erfolgten Erhebung des Katholizismus zur Reichsreligion und der Begründung der Reichskirche um die Mitte des 10. Jh. Aufgrund der engen Beziehungen der Merowinger zu Ostrom folgten die Merowingerherrscher dem Beispiel im Wesentlichen ohne Verzug.

Erste z. T. bescheidene Kirchenbauten entstehen noch im 10. Jh. Sämtliche traditionell vor diesem Zeitpunkt datierte Kirchenbauten - das sind alle traditionell karolingisch datierten Bauten - sind zwingend danach einzuordnen. Dazu kommt hinzu, dass auch einige traditionell dem 10. Jh. zugeordnete Bauten zu früh eingeordnet sind, so z. B. - wie oben bereits erwähnt - der ottonische Vorzeigebau St. Cyriakus in Gernrode.

Die Geschichte der Karolinger, Ottonen, Salier und Staufer ist konstruiert; folgerichtig kann es weder eine karolingische Kunst, noch eine ottonische Kunst, noch eine Kunst der Salier und Staufer geben.
Insgesamt gibt es die romanische Kunst, die sich sicher noch in Früh-, Hoch- und Spätromanik unterscheiden lässt.

Eine in der Literatur wiederholt strapazierte karolingische Renaissance, d. h. das Wiederaufleben der Antike im 8./9. Jh., und eine ottonische Renaissance, das Wiederaufleben der karolingischen Kunst im 10./Anfang des 11.Jh., gab es nie.

Die so genannten karolingischen und ottonischen Kirchenbauten gehören eindeutig zur Phase der Frühromanik, deren erste Anfänge in der 2. Hälfte des 10. Jh. liegen.

Ausgewählte, angeblich karolingische Kirchenbauten

Einige wenige prominente, angeblich karolingische Bauten sollen nachfolgend etwas näher betrachtet werden:

Aachen, sog. karolingisches Oktogon

Aachen soll ab 794 ständige Residenz Karls des Großen gewesen sein. "Die ersten Baumaßnahmen Karls sind allerdings weder konkret zu benennen noch zu datieren. Möglicherweise erfolgten Neu- und Umbauten bereits vor der Reichsversammlung 798." [IMHOF/WINTERER, 126]

Das karolingische Oktogon, ehemals fälschlich als Pfalzkapelle bezeichnet, soll von 796 bis 804 errichtet worden sein. Ein Brief Alkuins von 798 erwähnt Säulen im Inneren.

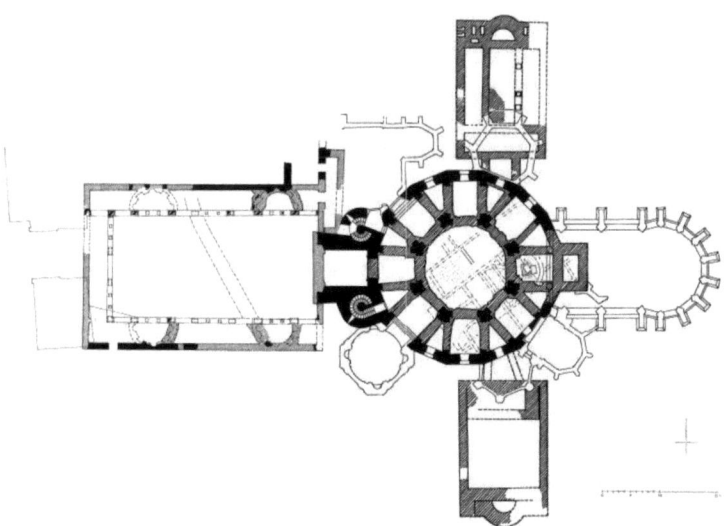

Aachen, sog. Pfalzkapelle, Grundriss aus [JACOBSEN/SCHAEFER/SENNHAUSER, 15]

Die bedeutenden Aachener Reliquien sollen 799 überführt worden sein. Sie werden seit 1238 und 1349 regelmäßig der Öffentlichkeit präsentiert.

Die legendäre Weihe durch Papst Leo III. soll 804/805 stattgefunden haben. Diese Information entstammt einer Quelle des 12. Jh.

Die traditionellen Baudaten sind sämtlich konstruiert und liefern nichts zur tatsächlichen Baugeschichte. Außer vielleicht das Jahr 799 für die Reliquienüberführung. Das könnte byzantinisch sein und würde korrigiert dem Jahr 1217 entsprechen, das natürlich zu der Präsentation der Reliquien ab 1238 passen würde.

Als Vorbild für die Aachener Oktogon gilt traditionell San Vitale in Ravenna. Die Errichtung von San Vitale sieht der Autor in byzantinischer Zeit nach Beseitigung der Herrschaft der Ostgoten über die Stadt Ravenna, also frühestens ab 540 (= 958), wobei diese Datierung den frühesten Baubeginn markiert. Der frühestmögliche Baubeginn in Aachen ist damit sicher deutlich später anzusetzen. Das 10. Jh. dürfte damit auszuschließen sein.

Um die Errichtung des Aachener Oktogons ist im Kreis der Chronologiekritiker eine sehr kontroverse Diskussion geführt worden bzw. wird noch geführt. HEINSOHN sieht in dem Bau einen antiken, vorkatastrophischen Bau. ILLIG sieht dagegen die Errichtung nicht vor 1100 bzw. sogar nicht vor 1140.

Die Königshalle wurde nach Aussage der Aachener Stadtkonservatorin Monika Krücken in eine spätrömische Wehranlage (Spitzgraben/Mauer) gebaut. Diese Vorgehensweise ist mit ziemlicher Sicherheit erst nach dem Abzug der Römer denkbar. Dieser erfolgte etwa im letzten Drittel des 2. Jh. im Zuge der Mark-Aurel-Krise.

Weiterhin verweist sie auf die Nutzung von vorhandenen Werkstein (Spolien) für die angeblich karolingischen Bauten,

z. B. für die Marienkirche und für die Königshalle (Aula Regia) [MONUMENTE April/2014].
Das spricht eindeutig für eine nachkatastrophische Errichtung der Bauten, d. h. eine Errichtung nach 940. Somit kommt für die Errichtung des so genannten Pfalzkomplexes nur die Zeit zwischen Mitte des 10. Jh. und 1165/1170 (der Stiftung des Barbarossaleuchters) infrage.

Vielleicht kommt man dem Aachener Baukomplex, das sind das Oktogon, die so genannte Königshalle (das heutige Rathaus), der Verbindungsgang mit dem Mittelbau und die so genannten Annexbauten, näher, wenn man dessen Bauherrnschaft und Funktion in die Betrachtung einbezieht.

Für HEINSOHN ist klar, dass dieser Komplex die Pfalz von Karl dem Großen war. Damit geht er diesbezüglich konform mit der traditionellen Forschung. Abweichend sieht er Karl den Großen jedoch in antiker Zeit, d. h. im 2. Jh.

Wie oben bereits erwähnt, erfolgte die Errichtung von Marienkirche und Königshalle auf jeden Fall nach der Katastrophe, also keinesfalls in der Antike.

ILLIG lässt in seiner Publikation ""Aachen ohne Karl den Großen" die Bauherrnschaft und die Funktion für das Ensemble Königshalle/Marienkirche völlig außen vor.
Wer könnte diesen Komplex errichtet haben und warum?

Aus der Geschichte Aachens ist bekannt, das sich Friedrich I. Barbarossa sehr um Aachen, Karl den Großen und das Oktogon bemüht hat. So hat er Karl den Großen 1165 heilig sprechen lassen, 1166 hat er Aachen das Stadtrecht sowie Markt- und Münzrecht verschafft. 1165/1170 stiftete er den Radleuchter im Oktogon. Ab 1171 lässt er den ersten Stadtmauerring errichten.
Diese Handlungen für Aachen kann er eigentlich nur in seiner Funktion als Grundherr getätigt haben, auch wenn diese Beziehung zu Aachen heute nicht mehr deutlich wird. Sie wurde vermutlich von dem Konstrukt des Kaisertums Barbarossas überdeckt.

Nach Wikipedia soll Aachen damals auch Reichsstadt geworden sein, was jedoch zu verneinen ist. Nach Wikipedia: "Als Freie und Reichsstädte wurden seit dem 15. Jahrhundert jene weitgehend autonomen Stadtgemeinden des Heiligen Römischen Reiches bezeichnet, die im Städtekollegium des Reichstags vertreten waren." Die Kategorie "Reichsstadt" gehört also in das Spätmittelalter und hat mit Barbarossa nicht zu tun. Eine "Reichsstadt" setzt die Existenz des Reichs voraus, das jedoch im Früh- und Hochmittelalter als Konstrukt anzusehen ist.

Trotz der zahlreichen Aktivitäten Barbarossas für Aachen ist nicht er der Bauherr des hier betrachteten Baukomplexes.

Nach Auffassung des Autors wurden die so genannte Königshalle, das Oktogon, der Verbindungsgang und die Annexbauten von Aachens aufstrebender Bürgerschaft errichtet, wobei Friedrich I. Barbarossa als Grundherr seiner Stadt tatkräftige Unterstützung zuteilwerden ließ - sicher nicht ganz uneigennützig.

Die so genannte Königshalle war der Vorläufer des späteren Rathauses. Da der Ort Aachen damals noch unbefestigt war - die erste Stadtmauer wird erst ab 1171 errichtet -, wurde dieses "Rathaus" als Wehrbau errichtet. Die "Apsiden" im Norden und Süden dienten der besseren Verteidigung der Langseiten des Gebäudes. Auf der östlichen Schmalseite übernahm der Granusturm diese Funktion. Eine Grabung am Marienturm des Rathauses hat ergeben, "dass hier aufgehendes karolingisches Mauerwerk vorhanden ist, welches ehemals oberirdisch eine Art Sockelgeschoss der Königshalle bildete. In frühmittelalterlicher Zeit gab es hier ein deutlich tieferes Laufniveau als bisher angenommen, welches sich auf ca. 2,50 Meter unter dem heutigen Marktpflaster bemisst." [MONUMENTE April/2014]

Die Erhöhung des Laufniveaus auf das heutige erfolgte erst in spätmittelalterlicher Zeit im Zusammenhang mit dem Bau des Rathauses 1349. Der Aufriss dieses ersten Baus ist unbekannt. Die allgemein übliche Rekonstruktion als Basilika ist eine völlig freie Annahme ohne jeglichen Beleg.

Der Vorschlag zur Bauherrnschaft des Aachener Bürgertums ist sicher etwas gewöhnungsbedürftig. Man muss sich jedoch darüber im Klaren sein, dass ein solcher Bau aus dem 11. Jh. nirgendwo sonst erhalten ist. Wir wissen also so gut wie nichts über derartige Bauten.

Parallel mit dem "Rathaus" wurde das Oktogon erbaut. Dieser Bau sollte zum einen die repräsentative Eigenkirche der reichen Aachener Bürgerschaft darstellen, zum anderen wollte man einen Memorialbau für Karl den Großen errichten. Vermutlich hatte sich die Legende um Karl den Großen damals bereits ein Stück weit etabliert. Der Bau sollte an einen realen, vorkatastrophischen großen König Karl (Karl Simplex, König der Rheinfranken) erinnern und damit an eine vergangene vermeintlich große Zeit Aachens.

Aus dem Motiv, einen Memorialbau für einen vergangenen Kaiser Karl zu errichten, griff man für die Wahl des Bautyps auf San Vitale in Ravenna zurück, den Memorialbau für Kaiser Justinian I.

Zwischen dem "Rathaus" und dem Oktogon gab es einen Verbindungsgang (Nach den Untersuchungen der Archäologen wurde der Mittelbau später errichtet.). Solche Verbindungsgänge sind uns u. a. aus Mainz bekannt, dort zwischen der Johanniskirche und dem Dom, und aus Augsburg, dort zwischen der Kirche St. Johann und dem Dom. Beide Dombauten und damit die Verbindungsbauten datieren in das 11. Jh.

Da sich das Städtebürgertum erst im Verlauf des 11. Jh. emanzipiert, ist die Errichtung eines solchen Komplexes nicht am Beginn des 11. Jh. anzunehmen, vielmehr frühestens ab der zweiten Hälfte des 11. Jh. bzw. auch erst in der 1. Hälfte des 12. Jh. Damit ist der Autor mit seiner Datierung nahe bzw. konform mit der von ILLIG vorgeschlagenen Datierung für das Oktogon. Das bewusste Wiederaufgreifen antiker Baudetails ist in der romanischen Baukunst ab der 2. Hälfte des 11. Jh. bekannt.

Natürlich ist Otto I. nicht im Oktogon gekrönt worden. Die Königskrönungen insgesamt hat es in Aachen nie gegeben.

Sie sind wie die gesamte Reichsgeschichte bis ins 16. Jh. ein Konstrukt.

In scheinbarem Widerspruch zu der vorgeschlagenen späten Bauzeit steht, dass der Westchor des Essener Münsters, traditionell ein Bau um die Mitte des 11. Jh., eine Nachbildung des Aachener Oktogons sein soll. Der Westchor wird den Baumaßnahmen unter Äbtissin Theophanu (1039-1058) zugeschrieben.
Diesbezüglich gibt es jedoch eine Unklarheit. "Trotz der umfangreichen Baumaßnahmen aber ist nur das Weihedatum der Krypta mit dem 9. September 1051 durch eine Schrifttafel an einem Westpfeiler der Krypta-Ostwand festgehalten." [SÖLTER, 9]

Eines dürfte klar sein, die traditionelle Geschichte des Stifts vor Mitte des 12. Jh. und damit auch die frühe Baugeschichte der Damenstiftskirche ist konstruiert. Die karolingische und ottonische Baugeschichte des Essener Münsters ist ausschließlich den gefälschten Quellen zu "verdanken".
Der erste Kirchenbau wurde vermutlich kurz vor Mitte des 11. Jh. mit den Ostteilen begonnen, wozu die Weihe von 1051 passen könnte. Die Außenkrypta wurde nachträglich an den bereits stehenden Chor angebaut.
Der Westbau dürfte um um 1080/1100 errichtet worden sein. Er entsprach mit seinem etwa quadratischen, mehrgeschossigen turmartigen (?) Hauptraum, begleitet von zwei Treppentürmen, einer zwischen 1000 und 1100 typischen Westbaulösung.
Eine weitere Bautätigkeit wird um 1140-50 erschlossen [OSWALD/SCHAEFER/SENNHAUSER, 73]. Dieser Bautätigkeit dürfte der grundlegende Umbau des Westbaus zuzuordnen sein. Erst jetzt erhielt der Westbau die Innengestaltung in Anlehnung an das Aachener Oktogon. Damit ist die Ausführung in Aachen etwa zeitgleich mit der in Essen, auch wenn das Motiv für die Kopie das Aachener Oktogon im Essener Münster dabei unklar bleibt.
OSWALD zum Westbau: "Der Westbau Ib (gemeint ist der Westbau von um 1080/1100 - MM) dürfte eher als eine - nicht fertiggestellte - unmittelbare Vorstufe des bestehenden, in der

Zeit der Äbtissin Theophanu errichteten Westchores anzusehen sein." [OSWALD/SCHAEFER/SENNHAUSER, 75] Der Autor sieht dagegen eher eine spätere, gesonderte Baumaßnahme. Nur weil OSWALD an der Bauherrnschaft von Äbtissin Theophanu, der angeblichen Enkelin Kaiser Otto II., für den Westchor festhalten will, muss er eine "Vorstufe" kreieren.

Es gibt noch einen Bau, der als Nachfolgebau der Aachener Marienkirche gilt. Das ist die Abteikirche Ottmarsheim im Elsass. Traditionell wird ihre Bauzeit von 1020-1030 gesehen. Im Jahr 1030 soll Rudolf von Altenburg in Ottmarsheim das Benediktinerinnenkloster gestiftet haben. Die Weihe soll 1049 erfolgt sein.
Bei Grabungen im Inneren in den 80er Jahren des vorigen Jahrhunderts wurden ältere Gräber gefunden, die man einem Vorgängerbau zuordnet. "Anfang des 13. Jh. wurde die westliche Vorhalle zum Turm aufgestockt und Teile der Außenwände restauriert." [Wikipedia]
Denkbar ist, dass die traditionellen Daten von Stiftung und Weihe zu einem Vorgängerbau gehören und der bestehende Bau Ende 12./Anfang 13. Jh. nach dem Vorbild des Aachener Oktogons errichtet wurde.

Die karolingische Datierung des Aachener Oktogons in die 1. Hälfte des 8. Jh. ist vermutlich allein von der Chronologie der Karolinger abgeleitet. Wegen der sehr urtümlichen Bauform wurde der Bau in die frühe Karolingerzeit eingeordnet. Aufgrund der konstruierten Geschichte der Karolinger ist diese Datierung gegenstandslos.

Corvey, St. Stephanus und St. Vitus

815 soll eine Cella gegründet worden sein. 822 erfolgte Verlegung der Benediktinerabtei nach Höxter.
823 und 836 Translationen der Reliquien des hl. Stephanus und des hl. Vitus in die Kirche.

844 Weihe des Langhauses. Der Chor ursprünglich quadratisch in Breite des Mittelschiffs, Stollenkrypta und kleine Außenkrypta.
Unter Abt Adalgar (856-876) Erweiterung um einen langen Mönchschor mit Apsis und Chorumgangskrypta.
873-885 Errichtung des Westwerks, das zwischen 1146-1195 seine heutige Gestalt erhielt.
Das Langhaus und der Chor wurde im 17. Jh. durch einen Neubau ersetzt. Das sog. Westwerk gilt heute als das Vorzeigeobjekt für die karolingische Baukunst.

Die Datierungen in das 9. Jh. sind der konstruierten Chronologie der Karolinger entlehnt und entbehren damit jeder Realität.

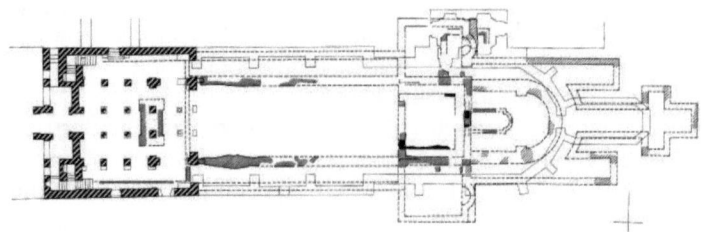

Corvey, St. Stephanus und St. Vitus, Grundriss aus [JACOBSEN/SCHAEFER/SENNHAUSER, 82]

Der Gründungsbau der Klosterkirche wird um die Jahrtausendwende zu datieren sein. Darauf weisen die Stollenkrypta und die Außenkrypta hin. Der Umbau mit Mönchschor könnte damit noch dem frühen 11. Jh. angehören.
Wie KLABES nachgewiesen hat, ist das sog. Westwerk im Kern ein ursprünglich römischer Bau, der im Zuge des Kirchenbaus als Westabschluss verwendet und umgebaut wurde.

Fulda, Dom

Die Gründung soll 744 durch den Mönch Sturmius im Auftrag des Bonifatius erfolgt sein. Ein Privileg von Papst Zacharias 751 unterstellt das Kloster Rom. Im Jahr 791 Baubeginn eines monumentalen Neubaus, der sog. Ratgarbasilika, unter Abt Baugulf (779-802), vollendet 819 unter Abt Eigil (818-822).

Der Neubau war eine doppelchörige Basilika mit Westquerhaus und zwei Krypten; in der Grundrissform eine deutliche Anleihe von Alt-St. Peter in Rom.
Die Weihe angeblich 819 durch den Erzbischof von Mainz.

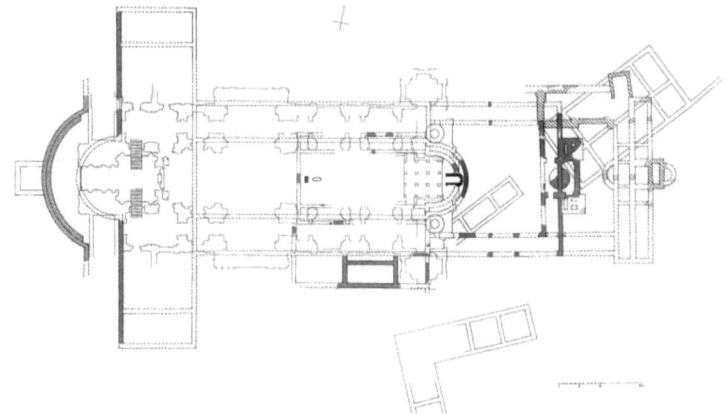

Fulda, Dom, Grundriss aus
[JACOBSEN/SCHAEFER/SENNHAUSER, 132]

819 sollen die Gebeine des Bonifatius in den Westchor transferiert worden sein.

Zwischen 968 und 973 soll das Atrium vergrößert worden sein.
Zwischen 1120 und 1157 wurden die Osttürme angeblich neu errichtet.

Die Datierungen des 8. und 9. Jh. sind der konstruierten Karolingerchronologie erwachsen und liefern für den realen Bau keinen Hinweis.

Die Gründung durch Sturmius ist reine Legende.

Den Baubeginn der Ratgarbasilika könnte noch im 11. Jh. erfolgt sein. Die Errichtung von Alt-St. Peter datiert der Autor in die 2. Hälfte des 11. Jh. (siehe dort). Wegen der nicht zu übersehenden Abhängigkeit zu Alt-St. Peter kann der Fuldaer Dom auf keinen Fall vorher, frühestens etwa zeitgleich errichtet worden sein. Der Dombau in Fulda gehört in die 1. Hälfte des 12. Jh. Der vermeintliche Neubau der Osttürme ist zugehörig zur ersten Errichtung der Kirche.

Zu Bonifatius: Den angelsächsischen Missionar des 7./8. Jh., den sog. "Apostel der Deutschen", wie ihn die Geschichtsbücher darstellen, hat es nie gegeben. Der Autor geht von der Nicht-Historizität des Bonifatius aus. Bonifatius ist eine von der Kirche geschaffene Legende. Die Briefe des Bonifatius als auch seine missionarischen Aktivitäten und natürlich sein Märtyrertod in Friesland sind freie Erfindungen im Zusammenhang mit der Kreation der Bonifatiuslegende, vermutlich des 12. Jh. Eine angelsächsische Mission hat nie stattgefunden. Papst Zacharias gehört nach ARNDT [197] zu dem Abschnitt der Jahre 685-752 des *Liber Pontificalis*, der den Abschnitt der Jahre 523-607 kopiert, d. h. die Päpste dieses Abschnittes sind konstruiert und nicht real.

Vielleicht sind die Datierungen 968 und 973 angeblich für das Atrium die Datierung eines ersten Baus - eines Vorgängerbaus der Ratgarbasilika. JACOBSEN rekonstruiert vor der Ratgarbasilika einen dreischiffigen Bau mit Ostapsis [JACOBSEN/SCHAEFER/SENNHAUSER, 132].

Fulda, St. Michael

Der Bau soll zwischen 819 und 822 als Begräbniskirche des Fuldaer Klosters errichtet worden sein. Die angeblich um 820 entstandene Vita Eigils von dem Mönch Candidus macht Angaben zu den Domkrypten und beschreibt St. Michael.
Im 10. Jh. soll die Kirche bis auf die Krypta zerstört worden sein und kurz danach wieder in den alten Formen neu gebaut worden sein.
Turm und Langhaus sollen im 11. Jh. angefügt worden sein.
Der Umgang war ursprünglich sicher nur eingeschossig. 1315 vermutlich Erhöhung des Westturms und des Langhauses mit Einbau des Holztonnengewölbes. Die Zwischendecke im Langhaus wurde bei der Restaurierung im 20. Jh. eingezogen.

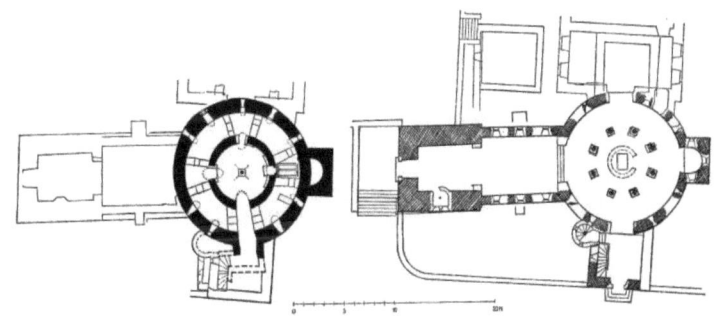

Fulda, St. Michael, Grundriss aus [OSWALD/SCHAEFER/SENNHAUSER, 87]

Für das Jahr 1092 ist die Weihe von fünf Altären überliefert. Wikipedia: "Spätestens 1093 wurde eine Nachbildung des Heiligen Grabes mit drei Altären im Obergeschoss eingerichtet, die aber nicht mehr erhalten ist."

Die Rotunde ist eine Nachbildung der Grabrotunde der Grabeskirche in Jerusalem aus frühen 11. Jh. (siehe oben) und kann demgemäß nicht vorher entstanden sein.

Die Datierungen des 9. Jh. sind wieder der konstruierten Karolingerchronologie zu verdanken. Vermutlich hängt die Datierung von St. Michael eng mit der Datierung des Fuldaer Doms zusammen.

Die Nachrichten über die Weihe von fünf Altären und über das Vorhandensein einer Nachbildung des Hl. Grabes geben den Hinweis auf die tatsächliche Baufertigstellung 1092/1093.

Die Substruktionen unter St. Michael, die heute irrtümlich als karolingische Krypta angesehen werden, sind natürlich im Zusammenhang mit der Errichtung des Baus angelegt worden. Die beiden Kreisringfundamente mussten vermutlich wegen der Geländesituation so tief geführt werden. Eine Verfüllung schenkte man sich. Lieber hat man den entstandenen Hohlraum mit Gewölben überdeckt, wobei der Zentralraum dafür einer Mittelstütze bedurfte. Ob eine kultische Funktion des "Kellers" ursprünglich beabsichtigt war, ist schwer zu beurteilen. Der Zugang erfolgte anfangs ausschließlich von außen, was z. B. gegen eine Kultfunktion spricht. Erst mit der Überbauung durch den südlichen Kreuzarm kam der Zugang in das Kircheninnere.

Der Turm und das Langhaus sind vermutlich zeitgleich oder nur wenig später als die Rotunde errichtet worden. Die Kreuzarme im Süden und im Norden an die Rotunde sind nachträglich angefügt worden.
Wann die Rotunde für die Zweigeschossigkeit erhöht wurde, scheint nicht ganz klar zu sein. Der Treppenturm an der Ecke zwischen Rotunde und Südbau soll von einem Umbau der Barockzeit stammen. Möglicherweise sind die zweigeschossigen Anbauten im Süden und Norden sowie die Erhöhung der Rotunde für die Umgangsempore auf einen solchen Umbau in der Barockzeit zurückzuführen. Ihr frühromanisches Aussehen haben sie dann mit der Restaurierung des 20. Jh. erhalten.

Köln, Dom St. Petrus

Erste Nennung eines Kölner Bischofs, Maternus, für das Jahr 313. Erste Erwähnung der ecclesia Colonense domni Petri in einer Urkunde König Sigeberts III. (632-56). Unter Bischof Hildebold (794-819) Wiedererhebung zur Metropolitankirche [OSWALD/SCHAEFER/SENNHAUSER, 139].

Wikipedia sieht über den Resten römischer Wohnhäuser aus dem 1.-4. Jh. einen 30-40 m langen "Apsidenbau" aus dem 4./5. Jh. Darüber "eine ähnlich dimensionierte Architektur" aus dem 5./frühen 6. Jh. mit fränkischen Gräbern um 530.
In der 2. Hälfte des 6. Jh. eine "neue Kirche" mit schlüssellochförmiger Kanzel (Ambo), die bis zur Größe des ihr nachfolgenden Hildebold-Doms erweitert wurde. Als letzten Vorgängerbau vor dem heutigen Dom der Alte Dom oder Hildebold-Dom mit zwei Querhäusern und Apsiden im Osten und Westen.

JACOBSEN sieht verschiedene Bauphasen [JACOBSEN/ SCHAEFER/SENNHAUSER 212ff].
Den ersten Kathedralbau von unbekanntem Typus datiert er in das frühe 4. Jh. Ergraben wurde ein fast quadratisches Geviert von 26,30 x 23 m, das von Mauern umschlossen war. Die Außenwände wurden teilweise als römische *Insula*-Außenwände identifiziert. Im Ostteil "eine ca. 40 m weit nach Osten streichende Estrichfläche. An der Südflanke bestand vorerst weiterhin der römische Tempel ... Weit im Osten ... spärliche Reste eines Hypokaustenraums ..." und noch weiter östlich ein Saal mit einem Wasserbecken ergraben. Bei der Deutung sind sich die Experten uneins. Einmal der Kathedralbau im Westen und das Atrium im Osten, einmal das Atrium im Westen und der Kathedralbau im Osten. Josef Engemann hält die gesamten Funde für eine ehemalige Profanbebauung.
Um 400 soll es einen ersten Umbau gegeben haben. Die östliche Anlage (Atrium?, Kathedrale?) wurde nach Süden erweitert; der römische Tempel zuvor abgebrochen. In diesem Zusammenhang Umbau des Saalbaus mit Wasserbecken in ein Baptisterium.

Dem folgt eine Saalkirche mit Apsis, nach Beigaben zu einem Knabengrab dendrochronologisch datiert in 537±10. Aufgrund der geringen Abmessungen (6,50 x 4,20 m) und der flachen Gründung hält JACOBSEN diesen Bau für eine "Notkirche inmitten des verfallenen Domgeländes" Er geht von einer zumindest teilweiser Zerstörung des ersten Baus aus. Dieser Saalbau nach kurzer Zeit wieder abgebrochen.

Um die Mitte des 6. Jh. soll die Kathedrale mit *Solea* wiederhergestellt worden sein. Die im Scheitel des gotischen Chorumgangs entdeckte "Priesterbank" soll zu diesem Bau gehören.

Ein Einbau einer *Schola cantorum* (?) soll bald nach 751 erfolgt sein.

Datiert auf 790-800 wird eine Erweiterung zur doppelchörigen Anlage, eine sehr gestreckte dreischiffige Basilika mit Westquerhaus, Westapsis und Ringparadies. Der Ostabschluss ist unbekannt, wohl im Bereich der o. a. "Priesterbank" zu suchen.

Neubau 870 durch Bischof Willibert (870-889) geweiht; eine dreischiffige Anlage mit je einem Querhaus und drei Apsiden im Osten und Westen. In der Ostapsis Ringkrypta. Dieses der Vorgängerbau des gotischen Doms.

Später Umbau zu einem fünfschiffigen Langhaus unter Erzbischof Bruno (953-965).

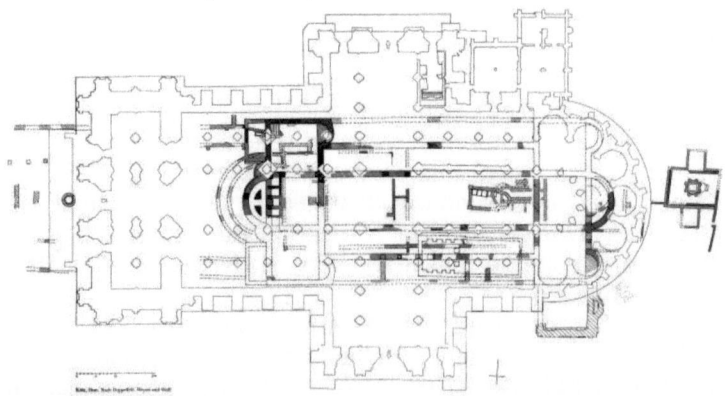

Köln, Dom, Grundriss aus [JACOBSEN/SCHAEFER/ SENNHAUSER, 212]

Die Datierung eines Kathedralbaus in das 4. Jh. ist vermutlich der ersten Nennung eines Kölner Bischofs für das Jahr 313 geschuldet. Die Grabungsergebnisse unvoreingenommen betrachtet, lassen kaum an einen Kirchenbau denken. Der Autor sieht in den aufgedeckten Resten eine ehemalige Profanbebauung bzw. im Bereich des Tempels zu diesem gehörig.

Trotzdem ist die Nennung eines Kölner Bischofs im Jahr 313 nicht unmöglich. Die Datierung könnte byzantinisch sein und würde damit dem 1. Jh. entsprechen. Es ist davon auszugehen, dass schon im römischen Köln eine christliche Gemeinde bestand, die jedoch noch keinen Kirchenbau voraussetzt. Ein Kathedralbau im 1. Jh. ist ausgeschlossen. Von einem solchen ist bei seiner Nennung auch nicht die Rede.

Die Urkunde König Sigiberts III. ist mit Sicherheit eine Fälschung aus späterer Zeit. Sigibert III. selbst dürfte eine konstruierte Herrscherpersönlichkeit sein.

Auch die Nachricht zu Bischof Hildebold ist zweifelsfrei eine spätere Fälschung.

Die winzige Saalkirche kann mit Sicherheit nicht als Ersatz bzw. Notkirche für die zerstörte Kathedrale herhalten. Die Datierung der ersten Saalkirche um 537 - auch wenn der Autor die dendrochronologische Datierung wegen der falschen Chronologie für problematisch erachtet - ist byzantinisch und entspricht dem Jahr 955.

Die kleine Saalkirche ist vermutlich ein erster Kirchenbau nach der Katastrophe um 940. Die Zerstörung der vorherigen römischen, mit Sicherheit profanen Bebauung als auch des Tempels ist der Katastrophe geschuldet. Es gibt archäologisch außer der Ost-West-Ausrichtung, die schon die römische Stadtanlage hatte, keinen einzigen Hinweis auf einen christlichen Bau. Die Deutung als Kirchenbau ist allein den gefälschten Quellen geschuldet.

Die baulichen Aktivitäten um die Mitte des 6. Jh., korrigiert in der 2. H. des 10. Jh., dienten natürlich nicht der

Wiederherstellung der Kathedrale. Nein, In den Resten der zerstörten Gebäude wurde unter Wiederverwendung der noch vorhandenen baulichen Strukturen der ursprünglichen Bebauung eine erste Bischofskirche errichtet. Dieser Bau wurde dann zu einer doppelchörigen Anlage umgebaut. Dieser erste ziemlich provisorische Kirchenbau dürfte der unter Erzbischof Bruno (953-965) errichtete Dom gewesen sein. Diesem Bau dürften auch die *Solea* und die *Schola cantorum* und die Priesterbank zugehörig sein.

Der letzte vorgotische Bau, der Alte Dom bzw. Hildebold-Dom, war ein großzügiger Neubau, errichtet - nach Auffassung des Autors - erst nach der Jahrtausendwende. Dieser Bau war eine dreischiffige Anlage mit zwei Querhäusern und je drei Apsiden im Osten und Westen, die später zu einer fünfschiffigen Anlage umgebaut worden ist. Dieser Bau hatte im Osten eine Ringkrypta mit einem Heiligengrab, im Westen vermutlich eine kleine Hallenkrypta. Auffällig auch der quadratische Schematismus, der natürlich im 11. Jh. nicht mehr überrascht. Der Grundriss erinnert bis auf den Westchor und die Treppentürme an den Giebelseiten der Querhäuser dort sehr an St. Michael in Hildesheim, ein Bau des frühen 11. Jh. Dort ist wegen der breiten Seitenschiffe das gebundene System noch nicht konsequent verwirklicht, was aufgrund der etwas früheren Entstehung vielleicht erklärlich ist.

Es verwundert natürlich nicht, dass es auch beim Dombau in Köln nichts Karolingisches übrig bleibt. Merowingisches dagegen schon. Die Merowinger herrschten in Austrasien immerhin bis um die Mitte des 11. Jh.

Lorsch, Benediktinerabtei St. Petrus, Paulus und Nazarius

Das Kloster soll kurz vor 764 gegründet worden sein. Von 767-774 sei die Verlegung an die heutige Stelle erfolgt. Seit 772 Reichskloster. Die erste Kirche soll eine querhauslose Basilika gewesen sein, die wenig später im Westen einen Emporeneinbau und Treppentürmchen erhielt. Nach einem

Brand 1090 soll der Westbau zu einer Doppelturmfassade verändert worden sein.

Die Kirche soll die Grablege des ersten ostfränkischen Königs Ludwig des Deutschen (gest. 876) und seiner Dynastie gewesen sein, wofür 876-882 eine Gruftkapelle errichtet wurde. In dieser ist eine Altarweihe im Jahr 1052 bezeugt.

1555 erfolgte die Aufhebung des Klosters, ab 1621 der Abbruch. Heute nur geringe Reste der Klosterkirche erhalten. Einzig komplett erhaltenes Bauwerk die sog. Torhalle oder auch Königshalle.

Über die Bauzeit ist man sich ziemlich uneins. Traditionell wird sie zwischen 774 und um 950 datiert. JACOBSEN sieht ihre Errichtung ab 876, UNTERMANN in der Zeit Ludwigs des Frommen (814-840).

Die Datierungen des 8. Jh. sind dem Konstrukt der Karolingerzeit zugehörig und für die Rekonstruktion der Baugeschichte einfach unbrauchbar.

Den Gründungsbau sieht der Autor im 11. Jh. Die Altarweihe von 1052 könnte darauf hinweisen, ebenso der Brand 1090.

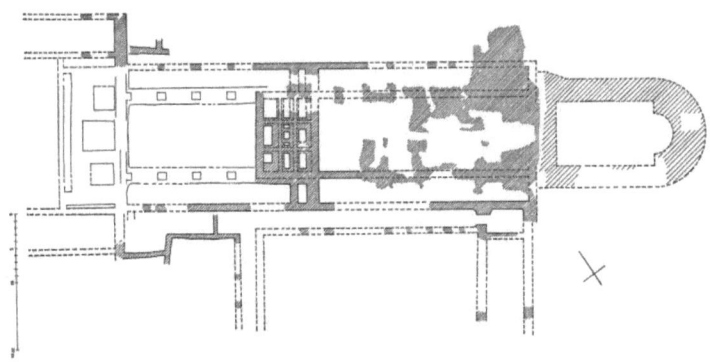

Lorsch, St. Petrus, St. Paulus und St. Nazarius, Grundriss aus [OSWALD/SCHAEFER/SENNHAUSER, 180]

Die Königshalle wird kaum früher errichtet worden sein, eher am Ende der Baumaßnahmen. Nimmt man die Datierung der

Königshalle 774 als byzantinisch an, ergibt sich das Jahr 1192.

Sankt Gallen, Benediktinerkloster

Angeblich 719 am Grab des hl. Gallus (gest. um 650) von Otmar (gest. 759) gegründet. Neubau von 830-837 durch Abt Gozbert (816-837), eine große dreischiffige Basilika mit Rechteckchor und Winkelgangkrypta mit zentral gelegenem Vierstützenraum östlich des Gallusgrabes.

Die Datierungen in das 8./9. Jh. gehören zum karolingischen Konstrukt.

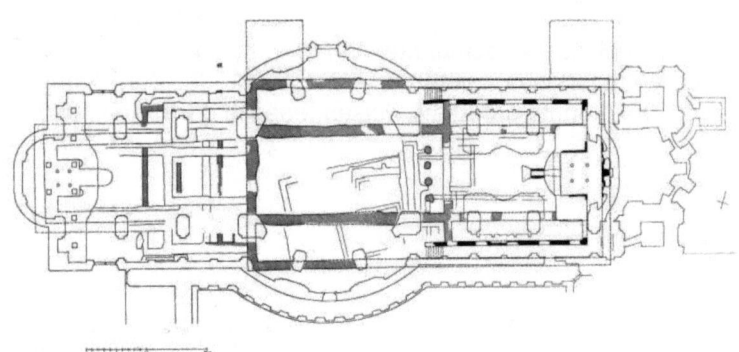

St. Gallen, Stiftskirche, Grundriss aus [JACOBSEN/SCHAEFER/SENNHAUSER, 362]

Die Winkelgangkrypta und der Vierstützenraum können bei der Datierung helfen. Der Vierstützenraum in St. Georg, Reichenau-Oberzell, und der Vierstützenraum des Konstanzer Münsters sind um 1000 bzw. Anfang des 11. Jh. datiert. Dahin gehört auch die Sankt Gallener Klosterkirche mit der Winkelgangkrypta.

Seligenstadt, *Einhardsbasilika*

Angeblich von Einhard um 828 eine erste Kirche errichtet, ein Saalbau mit Apsis und Westwerk. Um 830 Errichtung der heutigen Basilika mit Ringkrypta, z. T. mit Baumaterial aus dem verfallenen Römerkastell. Fertigstellung vor 854, wahrscheinlich 840. Der romanische Westbau (um 1050) im 19. Jh. durch die heutige Doppelturmfassade ersetzt. Die Sakristei wird in das 11. Jh. datiert. Vierungsturm und Chor wurden im 13. Jh. errichtet bzw. umgebaut. Dabei wurde die Ringkrypta aufgegeben.

Die karolingischen Datierungen sind wieder konstruiert.

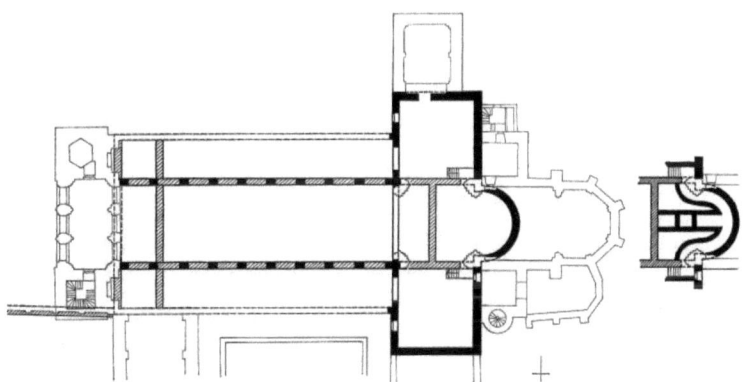

Seligenstadt, Einhardsbasilika, Grundriss aus [OSWALD/SCHAEFER/SENNHAUSER, 310]

Der Gründungsbau mit der Ringkrypta dürfte Ende 10./Anfang 11. Jh. anzusetzen sein. Die Verwendung von Spolien aus dem Römerkastell weisen auf eine nachkatastrophische Errichtung, d. h. nach Mitte des 10. Jh.

Der im 19. Jh. ersetzte Westbau und die noch heute bestehende Sakristei gehören zu diesem Gründungsbau.

Steinbach bei Michelstadt*, Einhardsbasilika*

Angeblich von Einhard (um 770-840) gegründet. Um 822/824 bis 827 soll die dreischiffige Pfeilerbasilika mit dreiapsidialem Ostschluss und Winkelgangkrypta sowie dreiteiligem Westbau errichtet worden sein.
Umbauten und Erweiterungen erfolgten im 12. Jh. Am Anfang des 13. Jh. erfolgte Umwandlung in ein Benediktinerinnenkloster. "Über die Bautätigkeit der Nonnen ist kaum etwas bekannt." [LUDWIG, 24] Im 16. Jh. wurde das Kloster aufgehoben.

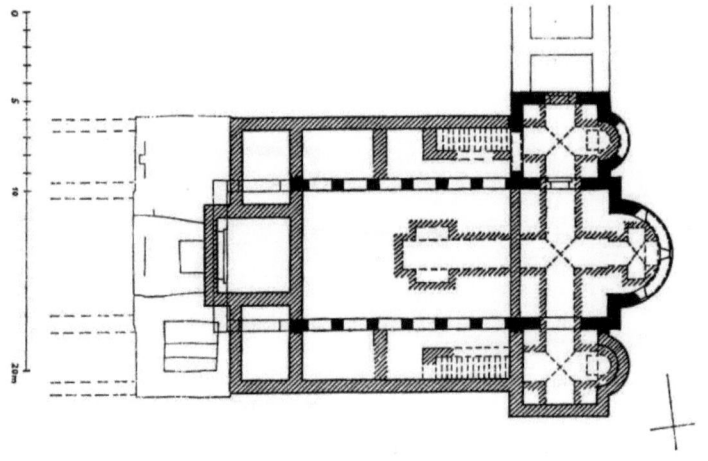

Steinbach, Einhardsbasilika, Grundriss aus [OSWALD/SCHAEFER/SENNHAUSER, 321]

Die karolingischen Datierungen helfen wieder nicht weiter, da konstruiert.
Aufgrund der Gestalt des Baus selbst und der Winkelgangkrypta erachtet der Autor eine Datierung des Baus Ende 10./Anfang 11. Jh. für wahrscheinlich.
"Im Jahre 1073 schickte das Kloster Lorsch einige Mönche nach Michelstadt, die im jetzigen Stadtteil Steinbach eine Propstei gründeten;..." [LUDWIG, 24] Möglicherweise markiert

die Besetzung mit Mönchen aus Lorsch die Fertigstellung des Baus.

Zadar, *Kirche der Heiligen Dreifaltigkeit (später St. Donatus)*

Traditionell wird die Kirche der Heiligen Dreifaltigkeit (seit dem 15. Jh. St. Donatus) in den Beginn des 9. Jh. datiert. Erstmals erwähnt wird sie um das Jahr 950 im "De Administrando Imperio" des byzantinischen Kaisers Konstantin Porphyrogennetos.

UNTERMANN sieht ihre Errichtung durch Bischof Donatus um 800 neben seiner Kathedrale. Bischof Donatus soll zusammen mit Herzog Paulus als Vertreter Dalmatiens 805 an den Hof Karls des Großen gereist sein. Die Forschung vermutet eine Anregung durch die Aachener Marienkirche. [92]

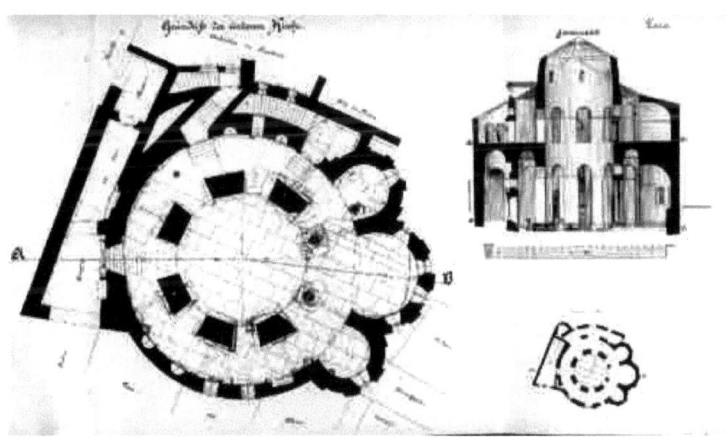

Grafik entnommen aus: http://www.arheologija.hr/wp-content/uploads/2016/08/sv-donat-400x250.jpg

Wie oben dargestellt, entfällt das Konstrukt der karolingischen Geschichte für die tatsächliche Baugeschichte.

Zum anderen kann der Aachener Bau eine Datierung um 800 nicht stützen, da er selbst erst im 11./12. Jh. errichtet wurde.

Das angebliche Schriftstück des Kaisers Konstantin Porphyrgennetos ist zweifelsfrei eine Fälschung aus späterer Zeit, ein Pseudepigraph. Die byzantinische Geschichte weist in der Zeit zwischen etwa 610 - etwa 1056 eine Phantomzeit auf, die sich aus der im 11. Jh. erfolgten Änderung der Zeitrechnung ergibt. Das Vordrehen der Uhr um mehr als vierhundert Jahre hat eine Lücke geschaffen, die später durch "Geschichte" gefüllt wurde. Die Kaiser dieser Zeit gehören dieser "Füllung" an, so auch Konstantin Porphyrgennetos.

Der Grundriss des gewaltigen Rundbaus kann die Verwandtschaft mit San Vitale in Ravenna nicht verleugnen, auch wenn das Erscheinungsbild in Zadar aufgrund verschiedener Eigenheiten wie eine größere Höhenerstreckung, drei Apsiden statt Apsis und Pastophorien, Rundbau statt Oktogon, schmucklose Pfeiler im Inneren bis auf zwei Säulen vor der Hauptapsis und eine fast geschlossene Außenfassade mit durch Rundbögen verbundene Lisenen weit weniger spätantik, sondern mehr romanisch ist.

Da San Vitale vom Autor in die zweite Hälfte des 10. Jh. datiert wurde (siehe oben), kann die Errichtung des Baus in Zadar erst danach erfolgt sein. Nach Auffassung des Autors ist dieser Kirchenbau in der ersten Hälfte des 11. Jh. erbaut worden.

Der Rundbau wurde noch unter der Bauherrnschaft Ostroms errichtet und gehört damit noch der 1. Phase des Kirchenbaus an. Mit der Errichtung in der ersten Hälfte des 11. Jh. ist es einer der späten Bauten dieser Phase.
Ab der zweiten Hälfte des 11. Jh. entstehen ausnahmslos basilikale Kirchenbauten, z. B. die Kathedrale St. Anastasia, St. Marien und St. Chrysogonus. Der angebliche frühchristliche Vorgängerbau des im 13. Jh. errichteten Kathedralbaus ist sicher der Gründungsbau aus dem Ende des 11./Anfang des 12. Jh., zu dem vermutlich auch die unter

dem Chor erhaltene Krypta gehört. Die Weihe der Klosterkirche St. Marien ist für das Jahr 1091 überliefert. Die Gründung des Klosters soll 1066 erfolgt sein. St. Chrysogonus ist ein Bau des 12. Jh. Auch die frühmittelalterlich anmutende, unter Verwendung von römischen Spolien errichtete Kirche St. Laurentius ist sicher ein Bau des 11. Jh., wobei vor Ort die ursprüngliche Gestalt des Kirchenbaus nicht sicher erkennbar ist.

Die Taufkapelle am Südseitenschiff der Kathedrale, ein ziemlich kleiner Sechsblattbau angeblich aus dem 4. Jh. (nach Zerstörung im 2. Weltkrieg komplett rekonstruiert) dürfte noch zu der vorherigen episkopalen Bebauung des 11. Jh. gehören. Der stratigraphisch darunter entdeckte sog. "altchristliche Kreuztempel" sowie das römische Mosaik in der Sakristei sind sicher der vorhergehenden, in der Katastrophe zerstörten römischen Bebauung zuzuordnen. Eine weitere angeblich frühmittelalterliche Kirche Zadars soll die kleine Kirche der hl. Maria "de Pusterla" gewesen sein, von der nur die Umfassungsmauern erhalten sind. Sie wird traditionell in das 9. Jh. datiert. Mit ihrem Kleeblattchor ist sie sicher ein Bau erst des 12./13. Jh., inspiriert durch den Dreikonchenchor der Geburtskirche, vermittelt durch die Kreuzfahrer.

Ottonische Quellen gefälscht

Für die Zeit der Ottonen gibt es eine, wenn auch relativ geringe Anzahl an Schriftquellen, in denen die Orte oder auch die Bauten selbst erwähnt werden. Das sind insbesondere die Chroniken zur Ottonengeschichte wie z. B. die Sachsenchronik von Widukind, die Chronik des Thietmar von Merseburg sowie *Gesta Oddonis* der Hrotsvith von Gandersheim. Sie gelten der etablierten Wissenschaft als zeitgenössische Quellen und haben für sie einen absoluten Wahrheitswert.

Merkwürdig ist nur, dass verschiedene, dort berichtete Ereignisse mit den archäologischen Untersuchungs-ergebnissen nicht in Einklang zu bringen sind. Anzuführen ist hier die vergebliche Suche nach dem Grab Heinrichs I. in

Quedlinburg oder die vergebliche Suche nach dem Moritzkloster und der ottonischen Pfalz in Magdeburg oder die vergebliche Suche nach der ersten Marienkirche in Memleben, in der Otto I. aufgebahrt gewesen sein soll, sowie der dortigen ottonischen Pfalz. Genauso wie für Quedlinburg zahlreiche Besuche der späteren Ottonen - insbesondere immer zu den Osterfeierlichkeiten schriftlich „bezeugt" sind, weswegen Quedlinburg als „wichtigste Pfalz der ersten Liudolfinger", als Osterpfalz angesehen wird, obwohl dort die baulichen Voraussetzungen vor der Jahrtausendwende gar nicht vorhanden waren.

Berichten die vermeintlich zeitgenössischen Quellen doch nicht die Wahrheit? Betreffend Widukind ist es nach FAUßNER [ANWANDER zu FAUßNER 23f] erwiesen, dass die Sachsenchronik eine Fälschung des 12. Jh. durch Wibald (1098-1158), Abt von Stablo und Corvey, ist. Nach FRANZ ist neben der Sachsenchronik Widukinds auch die Chronik Thietmars zweifelsfrei durch Wibald im 12. Jh. geschaffen worden. Sowohl die Sachsenchronik als auch die Chronik Thietmars dienten Wibald dazu, "seinen Urkundenreihen einen Halt, einen geschichtlichen Kontext zu verleihen." [FRANZ, 239] So sind von den schon nicht sehr zahlreichen so genannten zeitgenössischen Quellen zwei weitere für unsere Kenntnis der Ottonenzeit als solche ausgefallen. Von FAUßNER sind schon Werke wie die *Gesta Oddonis* der Hrotsvith von Gandersheim, die *Vita brunonis* von Ruotger, das *Ottonianum* von Heinrich II. und andere als Werke Wibalds benannt worden [ILLIG, 410]. Und es gab nicht nur die Fälscherwerkstatt Wibalds.
Sowohl Thietmars Chronik als auch die anderen „Arbeiten" Wibalds haben ein gemeinsames Kernthema: die frühen Ottonen. Diese Fälschungen dienten der Verankerung der frühen Ottonen in der Geschichte der Kirchen in Quedlinburg, Memleben und Magdeburg mit dem Zweck, diese Kirchen besonders hervorzuheben.
Wibald war bei seinen Fälschungen sehr umsichtig. Zur Erhöhung der Glaubwürdigkeit schuf er auch das entsprechende Umfeld, das sind zugehörige Urkunden und Diplome, so u. a. die Diplome König Ottos I. für das Mauritius-

Kloster. Aus der Fälschungspraxis Wibalds ist bekannt, dass er die von ihm verwendeten Quellen nachträglich bearbeitet hat und die Originale dann vernichtete. So ist nicht verwunderlich, dass die Nachrichten der o. a. Quellen sich weitestgehend decken. Differenzen sind vermutlich einfach Fehler, die Wibald beim Abgleichen der verschiedenen „Arbeiten" unterlaufen sind.

Von 1126-1134 war Norbert von Xanten in Magdeburg Erzbischof. Norbert von Xanten war ein Freund und Vertrauter Wibalds [FRANZ, 244]. Für ihn dürfte Wibald diesbezüglich tätig geworden sein. Er erfindet für Magdeburg sowohl die Hochzeit Ottos I. mit Editha, dessen Kaiserkrönung in Rom, das Moritzkloster mit dem Grab der Editha, die Gründung des Doms im Jahr 955 als auch die Grablege Ottos I. im Dom.

Ebenso dürfte Wibald für Quedlinburg und für Memleben tätig geworden sein. Zu Quedlinburg: „...ein überaus gutes Verhältnis zu den Quedlinburger Damen...Vor allem Beatrix II. von Winzenburg dürfte es ihm angetan gehabt haben,..." [FRANZ, 240]. Beatrix II. ist ab 1137 Äbtissin in Quedlinburg. So erfindet Wibald für Quedlinburg die Gründung der Stiftskirche durch Königin Mathilde und die zahlreichen Besuche und Osterfeierlichkeiten der Ottonen dort; für Memleben das Ableben Heinrich I. und Ottos I. in der dortigen Pfalz.

Es fällt auf, dass die ottonischen Chroniken nur über einige wenige Bauten, das sind die Stiftskirche St. Servatius in Quedlinburg, die Stiftskirche St. Maria in Memleben und den Dom zu Magdeburg berichten, dagegen über einen benachbarten etwa zeitgleichen Bau wie den Dom zu Halberstadt nicht. Auch für die Stiftskirche in Gernrode hält sich Thietmar sehr zurück. Immerhin soll nach ihm die erste Äbtissin Hathui (962-1014) eine Cousine Ottos des Großen gewesen sein.
War die Fälschung vielleicht eine Auftragsarbeit?

Insbesondere LEOPOLD, aber auch SCHUBERT - beide unangefochtene Experten u. a. für die frühen Kirchenbauten in

Quedlinburg, Halberstadt, Memleben, Rohr und Magdeburg - waren über die Maßen bemüht, ihre Rekonstruktionen der schriftlichen Überlieferung anzupassen, was ihre Rekonstruktionen in den Augen des Autors zu großen Teilen zu Makulatur macht.

Ottonische Kirchenbauten

Die ottonische Kunst wurde sozusagen als Bindeglied zwischen der vermeintlichen karolingischen Kunst und der Frühromanik kreiert.

Es sollen nur drei exemplarische Kirchenbauten betrachtet werden.

Gernrode, *Damenstiftskirche St. Cyriakus*

Was wir über die frühe ottonische Baukunst glauben zu wissen, basiert maßgeblich auf einem einzigen vermeintlich aus dieser Zeit erhaltenen Bauwerk, der Stiftskirche in Gernrode. Die Quellen nennen als Stiftungsdatum das Jahr 962, was auch allgemein als Baubeginn gesehen wird.

Es gibt einen Stiftungsbericht von 963, der jedoch nicht den Bau erwähnt. Darüber hinaus existieren je eine Schutzurkunde von Otto I. und Otto II.

Da die ottonische Geschichte – wie oben ausgeführt - ein Konstrukt ist, kann die Echtheit dieser Schutzurkunden und des Stiftungsberichts von vornherein ausgeschlossen werden.

Es muss zuerst einmal festgestellt werden, dass für Gernrode bis zum 15.Jh. jegliche Baunachrichten fehlen.

Trotzdem gehen alle bisherigen Autoren LEOPOLD, MÖBIUS, ROSNER, UNTERMANN, VOIGTLÄNDER u. a. von einem unverzüglichen Baubeginn des Kirchenbaus und seiner zügigen Fertigstellung aus, womit dieser Bau zum am besten erhaltenen ottonischen Bau und zum Paradeobjekt für die ottonischen Baukunst wird.

Zur Baugeschichte schreibt VOIGTLÄNDER: "Von der Baugeschichte ist nur wenig bekannt und das wenige nicht vollkommen eindeutig. Ein weites Feld schwach begründeter Vermutungen!" [53]

Trotzdem hält er für scheinbar eindeutig [53f]:
1. Baubeginn spätestens wohl 961
2. Bauschluss spätestens 1014 (Jahr des Todes der ersten Äbtissin, die der Kirche noch den Kirchenschatz gestiftet hat)
3. Baurichtung sehr wahrscheinlich von Osten nach Westen

Angesichts des bescheidenen „Kirchleins" des ausgehenden 10. Jh. in Quedlinburg (siehe MEISEGEIER, 11-40) ist der aufwändige Bau in Gernrode ein so krasser Gegensatz, dass allein dadurch die frühe Bauzeit in höchstem Maße anzuzweifeln ist.

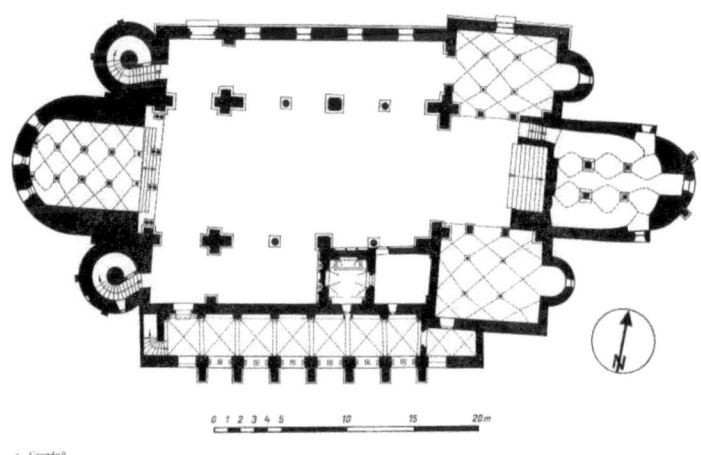

Gernrode, St. Cyriakus. Grundriss aus [VOIGTLÄNDER, 28]

Im Jahr 965 soll Markgraf Gero in der von ihm gestifteten Kirche beigesetzt worden sein. Zu dieser Zeit sollen zumindest die Ostteile fertiggestellt gewesen sein.
Die Lage des Grabes ist nicht genau bekannt, obwohl nach ihm immer wieder gesucht worden ist [VOIGTLÄNDER, 118]. In der Tumba von 1519 fand man 1865 Reste eines männlichen und eines weiblichen Skeletts.

Es gibt noch eine frühe Bestattung in der Stiftskirche, die heute nicht mehr verortet werden kann. Es ist die der Äbtissin Hathui, welche angeblich 1014 starb und *„in medio aecclesiae coram sanctae crucis altari"* beigesetzt worden sein soll.
Die Situation erinnert sehr an die erfolglose Suche nach dem Heinrichsgrab in Quedlinburg. Dort wie hier ist das Ergebnis dasselbe: Die Bestattungen hat es nie gegeben. Sie gehören wie die Stiftungslegende zu dem ottonischen Konstrukt. Hathui soll die erste Äbtissin in Gernrode und eine Cousine Ottos des Großen gewesen sein.

Die neueste wichtige Publikation zu Gernrode erschien 2007 von KAHSNITZ / KRAUSE / LEOPOLD / MÖLLER u. a. mit dem Titel "Das Heilige Grab in Gernrode", wobei natürlich ihr Schwerpunkt auf der Baugeschichte des Heiligen Grabes lag.
Da die Baugeschichte des Heiligen Grabes zwangsläufig mit der Baugeschichte des Kirchenbaus verbunden ist, kamen die Verfasser nicht umhin, einige Aussagen zur Baugeschichte des Kirchenbaus zu tätigen.
Folgende Aussagen sind hier von Interesse:
1. Das Langhaus wurde nachträglich an das bestehende Querhaus angebaut. Vermutlich wurde das Langhaus zuletzt errichtet.
2. Der Einbau der Querhausemporen erfolgte nach der Mitte des 12. Jh., um 1160/70, nicht schon um 1130, wie die Forschung bisher annahm [KAHSNITZ / KRAUSE / LEOPOLD / MÖLLER, 294f].
3. Der Emporeneinbau war vermutlich der Start für die umfangreichen Baumaßnahmen des späten 12. Jh., das sind Umbau der Seitenschiffe mit der Aufgabe der Emporen im Langhaus und der Umbau des Westbaus mit Errichtung des Westchors und der Westkrypta sowie als

letzte Baumaßnahme die Errichtung des Kreuzgangnordflügels.

Für die Datierung des Gründungsbaus hilft diese ansonsten sehr detaillierte Ausarbeitung leider keinen Schritt weiter. Ein großes Manko ist anzuführen: KAHSNITZ / KRAUSE / LEOPOLD / MÖLLER übernehmen kritiklos die traditionellen Baudaten mit dem Baubeginn um 960, worauf sie ihre Datierung der frühen Bauphasen der Heilig-Grab-Anlage aufbauen.

Einen Hinweis für die möglicherweise zu frühe Datierung von Gernrode ist bei HEITZ / ROUBIER [227] zu finden. Es geht um die Datierung der Abteikirche St.-Peter-und-Paul von Montier-en-Der. Mit Bezug auf das frühe Gernrode wird für HEITZ die allgemein übliche Datierung in das ausgehende 10. Jh. plausibler, ansonsten würde er eine Datierung in das 11. Jh. zeitgleich wie Vignory sehen.

Welche Anhaltspunkte gibt es für die Datierung?

Die Ostkrypta in Gernrode (1149 erstmals genannt) gehört zu den frühen Hallenkrypten (Vierstützenräume), die noch ausschließlich dem *accessus ad confessionem* dienten, d. h. dem Zugang zum Heiligengrab. Sie waren aus diesem Grund in der Regel ohne Altar, der auch in Gernrode nicht gefunden wurde [VOIGTLÄNDER, 31]. Dieser Kryptentyp ist bis weit in die erste Hälfte des 11. Jh. anzutreffen (siehe Exkurs: Die Krypta).
Das Heiligengrab konnte in Gernrode archäologisch nachgewiesen werden.
UNTERMANN's Behauptung, dass nur ein Kryptazugang vorhanden war (wie angeblich auch bei der "Confessio" in Quedlinburg), ist bauarchäologisch widerlegt. Ein Türpfosten und eine Stufe beim Südzugang wurden nachgewiesen [VOIGTLÄNDER, 30f].

Der ursprüngliche Westbau wurde durch Bauuntersuchungen erschlossen. Die Forschung ist sich sicher, dass der ursprüngliche Westabschluss ein quadratischer und turmartiger (?) Baukörper mit einer Geschossdecke etwa in Emporenhöhe war, der durch Arkaden im Untergeschoss und im Obergeschoss zum Langhaus geöffnet war. Dieser Baukörper war im Westen von zwei Treppentürmen flankiert und hatte möglicherweise im Westen eine Apsis. Solche Baukörper sind für das 11. Jh. mehrfach bezeugt bzw. sogar erhalten. Hierzu gehören Paderborn (Bau III), Neuenheerse und Freckenhorst. VON SCHÖNFELD DE REYES [96f] sieht hier unter Bezugnahme auf LOBBEDEY aufgrund der ähnlichen Westbaulösungen eine formal zusammengehörende Bautengruppe im sächsischen Gebiet. Die Zeitspanne für die Errichtung dieser Bauten sieht sie zwischen 950 und 1050, wobei der Autor diese eher bei 1000 bis 1100 sieht. Der imposante Westbau der Stiftskirche in Freckenhorst ist kein Überrest eines Baus um 1000, sondern gehörte mit Sicherheit zu dem 1085 geweihten Neubau.

Für die Gestaltung des Langhauses mit Emporen müssen nicht zwingend byzantinische Vorbilder gesucht werden und zur Vermittlung Theophanu bemüht werden. Um 1020/40 ist das Baumotiv der Langhausemporen im fränkischen Gebiet mehrfach anzutreffen, so in Vignory und in Jumieges.

Bezüglich des Bauschmuckes und der Kapitellformen sieht die Forschung Ähnlichkeiten zwischen Gernrode und St. Michael in Hildesheim. Gernrode wird diesbezüglich als Vorläufer gesehen. Nach Auffassung des Autors ist St. Michael in Hildesheim ebenfalls jünger als traditionell angenommen. Mit der neuen Einordnung von St. Michael von um 1100 bis 1186 ist der Vorlauf von Gernrode wieder hergestellt. Dazu siehe nachfolgenden Abschnitt Hildesheim, *St. Michael*.
Die Frage, ob in Gernrode die Vierung bereits ausgeschieden war, lässt sich nicht zweifelsfrei beantworten. VOIGTLÄNDER [42] kommt zu dem Schluss: "Somit muß mit einer ausgeschiedenen Vierung gerechnet werden."
Nach LEHMANN [VOIGTLÄNDER, 42, Anmerkung 7] ist die ausgeschiedene Vierung aufgrund der unterschiedlichen Kämpferhöhen von östlichen und westlichen Vierungsbogen auf jeden Fall noch nicht voll ausgebildet.
Merkwürdig ist natürlich, dass vor der Restaurierung im 19. Jh. keine Vierungsbögen zu den Querhausarmen existierten.

Warum sollten diese abgebrochen worden sein? Diese Frage stellte schon VOIGTLÄNDER [41f]. Dass solche ursprünglich vorhanden waren, wird aus Vorlagenresten und möglichen Abbruchspuren geschlossen. [VOIGTLÄNDER, 40ff]

Das gebundene System ist in Gernrode noch nicht durchgesetzt, obwohl - mit einigem guten Willen - vielleicht erste Bemühungen um das gebundene System festzustellen sind.

Das gebundene System beginnt sich ab etwa 1100 durchzusetzen, mit ihm das Ausscheiden der Vierung. Ob die Vierung in Gernrode wirklich ausgeschieden war, ist nach Auffassung des Autors zweifelhaft, muss hier aber offen bleiben.

Die Gestaltung der Ostteile spricht für eine Erbauung noch im 11. Jh.

Nach Meinung des Autors wurde St. Cyriakus frühestens nach 1020 und spätestens um die Mitte des 11. Jh. begonnen und in der ersten Hälfte des 12. Jh. vollendet. Gernrode entfällt damit auf jeden Fall als singuläres Beispiel für das 10. Jh. und reiht sich damit zwanglos in die Reihe der übrigen Bauten der Frühromanik ein.

Damit erhebt sich noch einmal die Frage nach dem Stifter des Kirchenbaus. Gernrode gehörte zum Bistum Halberstadt. Zur Zeit des angenommenen Baubeginns amtierten die Bischöfe Branthog (1023-1036) bzw. Burchard (1036-1059). Möglicherweise stellt das in der Grabkammer des Heiligen Grabes befindliche, um 1160/70 geschaffene Stuckrelief eines Bischofs den Halberstädter Bischof als Stifter dar. Mehr dazu siehe Exkurs: Das Heilige Grab in Gernrode.

Offenbar war um 1160/70 das tatsächliche Gründungsgeschehen noch in lebendiger Erinnerung und nicht durch den Gründungsmythos um Gero überdeckt. Möglicherweise ist jener erst später erschaffen worden.

Markant ist die Verzerrung im Grundriss, hier kein Knick in der Kirchenachse wie bei vielen anderen Bauten, sondern ein Achsversatz zwischen Ost- und Westbau, ist vermutlich durch einen Vermessungsfehler entstanden. Der Achsversatz legt nahe, dass die Kirche nicht von Osten nach Westen errichtet wurde, sondern dass Ost- und Westbau parallel errichtet wurden. Das Langhaus wurde anschließend zwischen die beiden Baukörper gebaut.

Möglicherweise bestätigt diesen Bauablauf die zwischen Querhaus und südlicher Seitenschiffswand festgestellte Fuge, wonach die Seitenschiffswand an das Querhaus angebaut wurde [KAHSNITZ / KRAUSE / LEOPOLD / MÖLLER, 240].

Als der Fehler bemerkt wurde, waren der Ost- und der Westbau offensichtlich bereits soweit fertiggestellt, dass ein Rückbau eines Teils nicht mehr in Frage kam. So wurde dann das Langhaus am Ende schief dazwischen gebaut.

Vielleicht war die Fläche des Langhauses während des Baus in Nutzung, z. B. für Werkstätten und Lagerplatz der Bauhütte, so dass eine ungestörte Absteckung von Ost- und Westbau nicht möglich war. Das ist jedoch nur Spekulation. Den wirklichen Grund für den Achsversatz kennen wir nicht. Der Bau hat auch sonst einige bauliche Unzulänglichkeiten, was eher auf eine wenig erfahrende Bauhütte hinweist. Die erfahreneren Bauhütten waren vermutlich an den damaligen Schwerpunkten des Baugeschehens in Halberstadt, Magdeburg und Hildesheim tätig und standen für den "Provinzbau" in Gernrode nicht zur Verfügung.

Mit dem Umbau des Westabschlusses und der Errichtung eines Westchors könnte Gernrode dem Beispiel von St. Michael in Hildesheim gefolgt sein, wo in der 2. Hälfte des 12. Jh. der Westchor für Bischof Bernward errichtet wurde und dessen Heiligsprechung betrieben wurde.

Hildesheim, *St. Michael*

Als Höhepunkt ottonischer Kirchenbaukunst gilt St. Michael in Hildesheim.

Die traditionelle Baugeschichte sieht den Baubeginn unter Bischof Bernward (993-1022). Die Grundsteinlegung soll 1010 erfolgt sein. Schon 1015 soll die Krypta, im Todesjahr

Bernwards 1022 dann die Kirche geweiht worden sein. Bernward soll in der Krypta bestattet worden sein.

Vor 1186, nach einem Brand, erfolgte ein erster Umbau der Klosterkirche, anlässlich dessen die Langhaussäulen ausgewechselt und die Stuckdekoration mit den Seligpreisungen angebracht worden sind. Gemäß einer Weiheurkunde wurden 1186 alle wichtigen Altäre konsekriert, "neben dem Hochaltar im Westchor der Kreuzaltar am Ostende des Langhauses sowie der Johannes dem Täufer geweihte im Ostchor" [LUTZ, 43].

1192 wird Bischof Bernward heiliggesprochen. Danach Umbau des Westchores, Erweiterung der Krypta und neue Chorschranken mit Stuckreliefs. Um 1225/30 wurde die bemalte Flachdecke im Langhaus eingebracht.

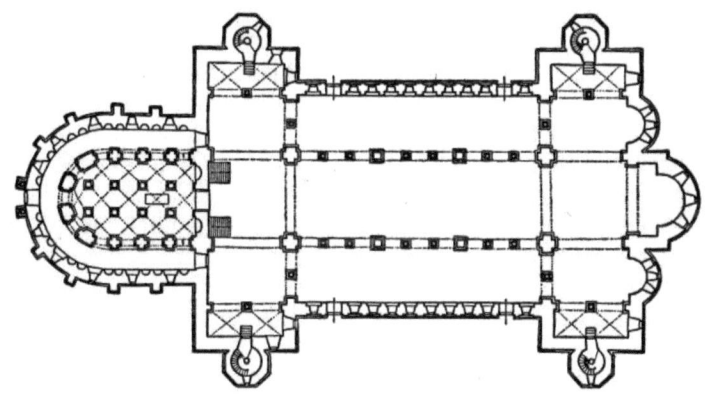

Hildesheim, St. Michael. Grundriss aus [JANTZEN, 17]

St. Michael soll die erste nachweisbare ausgeschiedene Vierung der Baugeschichte besitzen [LUTZ, 22]. Diese Aussage würde, vorausgesetzt die traditionellen Datierungen beider Bauten wären korrekt, der Rekonstruktion der ausgeschiedenen Vierung in Gernrode widersprechen (siehe Gernrode, St. Cyriakus).

Auch soll hier zum ersten Mal der niedersächsische Stützenwechsel nachweisbar sein. [LUTZ, 24] Als weitere neue Motive nennt SCHOLKE das Würfelkapitell in einem Hauptraum und Ecksporen an den Säulenbasen [200].

Spätestens an dieser Stelle sollte man stutzig werden. So viele Innovationen an einem Bau? Die Wahrscheinlichkeit spricht dagegen.
Dieses Phänomen ergibt sich folgerichtig durch den deutlich zu früh angesetzten Baubeginn von St. Michael. Bei einer späteren Einordnung des Baus sind die o. a. Innovationen alle keine mehr. Da das gebundene System in St. Michael noch nicht konsequent ausgebildet, d. h. die Seitenschiffe sind noch breiter als die halbe Mittelschiffsbreite, die Querhausarme und das sehr kurze Ostchorjoch entsprechen noch nicht den Langhausquadraten, dürfte der Baubeginn etwa um 1100 anzusetzen sein.
Um diese Zeit beginnen sich das gebundene System und die ausgeschiedene Vierung in der Architektur des Kirchenbaus durchzusetzen. Bei einer Korrektur der Baudaten entfällt auch das erstmalige Vorkommen des niedersächsischen Stützenwechsels. Ab ca. 1130 sind Ecksporne/Eckzehen an den Säulenbasen fast die Regel. Würfelkapitelle sind ab 1100 ebenfalls zunehmend anzutreffen, so in dem um 1100 begonnenen und 1129 geweihten Langhaus der Stiftskirche in Quedlinburg (siehe [MEISEGEIER, 11-40]).
Besonders beeindruckt in der Michaeliskirche die Klarheit der Architektur und die Zurückhaltung im Bauschmuck an den frühesten Baugliedern. Diesen Purismus der Architektur und der Schmuckformen und die fast klassischen Proportionen des Baus finden wir ebenso bei den etwa gleichzeitigen Reformordenbauten.

Dass ein Brand den Austausch der Langhaussäulen auslöste, ist zumindest in Frage zu stellen. Eher ist mit dem Baufortschritt eine geänderte Baugesinnung nach der Mitte des 12. Jh. anzunehmen, die nach einer reicheren Ausschmückung verlangte.
Nach Meinung des Autors wurde der Bau gleichzeitig im Osten und Westen begonnen, d. h. Ost- und Westquerhaus

einschließlich Ostchor mit Apsis sowie dem unbekannten Westabschluss. Diese Bauteile sind etwa gleichzeitig. Das Mittelschiff wurde danach von Osten beginnend dazwischengebaut, womit das Mittelschiff zwangsläufig der spätere Bauteil war. Die beiden östlichen Arkadensäulen der Nordseite entstammen noch der ursprünglichen, asketischeren Gesinnung.
Der Autor sieht 1186 die Weihe des Gesamtbaus.

Die Errichtung des Westchors und der Krypta gehören sicher in den Kontext der Vorbereitung der Heiligsprechung von Bischof Bernward, die 1192 erfolgte.
Wie der ursprünglich vorgesehene Westabschluss erfolgen sollte ist unbekannt. Entgegen der Meinung der Forschung war der Bau mit Sicherheit geostet, d. h. der Hauptchor lag im Osten. Die Errichtung des Westchors, auch wenn dieser größer dimensioniert ist, ändert nichts an der Ostung des Hauptaltars. LUTZ erwähnt, dass der Kreuzaltar am Ostende des Langhauses stand, was auf die Ostung klar hinweist.

Vermutlich war der in der Weihenachricht erwähnte und Johannes dem Täufer geweihte Altar im Ostchor nicht der Hauptaltar. Möglicherweise war in der Weihenachricht ein weiterer Altar im Osten gemeint, z. B. in einer Nebenapsis. Der Hauptaltar müsste eigentlich ein St.-Michael-Altar sein. Schließlich ist der Bau eine Michaeliskirche. Dass der Michael-Altar im Westchor stand, ist eher unwahrscheinlich.

Ob ursprünglich überhaupt ein Westchor vorgesehen war, der Bau also von vorn herein doppelchörig konzipiert war, ist sehr zweifelhaft. Klosterkirchen waren in aller Regel nicht doppelchörig. Eher ist mit einer Eingangssituation im Westen zu rechnen.
Erst mit der Errichtung der Bernwardkrypta und dem darüber angeordneten Westchor wurde der Bau doppelchörig. Da der Westchor der Verehrung von St. Bernward diente, wird der Altar des Westchors ihm geweiht gewesen sein.

Die Planänderung dürfte um 1160 erfolgt sein. Womöglich markiert diese der in den Quellen erwähnte Brand von 1162.

Übrigens entspricht das spätere Westchorjoch genau einem Mittelschiffquadrat. Zu dieser Zeit hatte sich im romanischen Kirchenbau allgemein das gebundene System durchgesetzt. Da die Bernwardkrypta auf demselben Niveau wie das Langhaus errichtet wurde, also dem gegenüber nicht eingetieft war, sollte vermutlich der Bau ursprünglich gar keine Krypta erhalten, wie die zeitgleichen Reformordenbauten i. d. R. auch keine Krypta hatten

Erst mit der Entscheidung, eine Pilgerstätte für Bischof Bernward zu errichten, entschied man sich für den erweiterten Westbau mit Westchor und -krypta. (Möglicherweise hatte man das Problem, dass von den Heiligen St. Michael und St. Johannes keine Reliquien "zum Anfassen" verfügbar waren, weshalb man einen regionalen Heiligen benötigte.)

Die Krypta erinnert mit ihrem äußeren Umgang an die Umgangschöre, besonders beliebt bei Pilgerkirchen. Die Krypta war ursprünglich durch eine Öffnung hinter dem Marienaltar mit dem Kirchenraum verbunden [LUTZ, 19]. Möglicherweise eine Reminiszenz an die frühere Fenestella einer Confessio-Anlage.
Das Ansinnen, eine viel besuchte Pilgerstätte mit dem Grab des Bischofs Bernward zu schaffen, ist offensichtlich. Für das reine Andenken hätte eine kleine Gruft sicher genügt.
Die halbrunden Nischen im Kryptaumgang erinnern an den Kapellenkranz spätromanischer Umgangschöre.
Der Rundbogenfries an Westchor und -apsis sowie der Bauschmuck der Apsisfenster weisen sogar in die späte Romanik.

Relativ kurz nach der Weihe der Klosterkirche erwies sich offensichtlich die Fläche des Westchors als zu klein. Man erweiterte die Westchorfläche, indem man eine Art Empore in der Vierung des Westquerhauses errichtete.
Die Forschung spricht dabei von einer Erweiterung der Krypta, was der Autor jedoch anzweifelt. Der bisherige Westabschluss der Krypta mit den drei Halbrundnischen, in deren mittlerer noch heute der Marienaltar steht, blieb anscheinend bestehen.
Der Unterbau der Empore war zum Querhaus nach Süden

und nach Norden geöffnet. Als Ostabschluss wird von der Forschung ein Lettner rekonstruiert. Da der unter der Empore entstandene Raum keinen Abschluss nach den Seiten und keine Verbindung zum Chor hatte, macht ein Lettner auf der Ostseite eigentlich keinen Sinn. Man verweist hierbei auf den Naumburger Dom. Dort haben wir es aber mit einer echten Erweiterung der Krypta zu tun. Der Zugang zur Krypta erfolgte nach der Erweiterung durch diese. Durchgänge verbanden die ältere Krypta mit der jüngeren Erweiterung.

Eher ist als Ostabschluss des Westchores ebenfalls eine Chorschranke oberhalb der Stützenebene, möglicherweise mit einer Art Ambo, zu rekonstruieren.

Die Außenseiten der Chorschranken waren nach Norden und Süden mit qualitätvollen Stuckreliefs (ähnlich der Liebfrauenkirche in Halberstadt) geschmückt, wovon die Nordseite erhalten ist. Diese Baumaßnahmen und die Stuckreliefs werden nach 1192 datiert.

Der Sarkophag Bernwards, zumindest der skulptierte Deckel und die Inschrift auf dem Sarkophagrand entstammen mit Sicherheit erst dem ausgehenden 12. Jh., auch wenn in der Vita Thangmars behauptet wird, dass noch Bischof Bernward den Bildschmuck entworfen haben soll. "Die Verwendung eines Grabsteins mit plastischem Bildprogramm ist für diese Zeit ähnlich außergewöhnlich wie das gesamte Programm." [LUTZ, 21] Unverständlicherweise trotzdem kein Zweifel an der zu frühen Datierung.

Überrascht ist LUTZ über das Vorhandensein einer zusätzlichen Grabplatte, die von der Kunsthistorik in das 12. Jh. datiert wird [LUTZ, 21]. Denkbar ist, dass diese Platte im Westchor über dem Grab in der Krypta angeordnet war, und dort die Stelle des Bernward-Grabes markierte. Mit der Erhebung der Gebeine in den Westchor, ein Vorgang der allgemein in den Kirchen im 13. Jh. erfolgte, wurde die Grabplatte als Objekt der Verehrung nicht mehr benötigt.

Ein Teil der Forschung geht davon aus, dass die Bronzetür, die heute im Dom zu bewundern ist, ursprünglich zu St. Michael gehörte. Dort soll sie entweder im Südseitenschiff oder aber im Westzugang zum Kryptenumgang ihren ursprünglichen Standort gehabt haben (Wikipedia). LUTZ verweist darauf, "dass das Programm der Tür eine besondere Betonung der Muttergottes aufweist" und darum besser zum Dom passt, dessen Patronin Maria ist [34]. Anzumerken ist dabei, dass die Krypta von St. Michael ebenfalls Maria geweiht war.

Nach Auffassung des Autors sind die Bronzetüren in Hildesheim, aber auch die in Augsburg (trad. 995/1006), traditionell viel zu früh datiert.

Die Bronzetür und die heute in der Michaeliskirche aufgestellte Christussäule gehören beide in das 12. Jh. Die puristische Ausgestaltung des Gründungsbaus von St. Michael lässt die Gleichzeitigkeit des Baus und der Bronzekunstwerke einfach nicht zu. Bei der Einbauvariante "Kryptenumgang" würde die Zeitstellung dagegen passgenau sein.

Die Bronzetüren in Hildesheim als auch in Augsburg sind mit Sicherheit etwa zeitgleich mit den Bronzetüren in Gnesen (1160/80), San Zeno in Verona (1175), Dom zu Pisa (1180) und Nowgorod (nach 1152/54).

Auch die Werke der ottonischen Kleinkunst, wie in Hildesheim das so genannte silberne Bernwardkreuz und die silbernen Bernwardleuchter sind alle zu früh datiert. Sie gehören trotz der Inschriften auf dem Kreuz und den Leuchtern in das späte 12. Jh. Vermutlich wollte man bei der Heiligsprechung Bernwards auch einige "originale" Artefakte vorweisen können.

Wie kam es zu der Fehldatierung und der damit falschen Rekonstruktion der Baugeschichte?

Die Zuschreibung zu Bischof Bernward wird aus der Lebensbeschreibung seines Lehrers Thangmar entnommen.

Wikipedia: "Die Vita Bernwardi episcopi Hildesheimensis ist die Lebensbeschreibung des Bischofs Bernward von Hildesheim († 20. November 1022).

Als Autor nennt sich der Scholaster an der Hildesheimer Domschule Thangmar (* 940/950, † 25. Mai vor 1007). Zumindest für Teile des Textes ist dessen Urheberschaft gesichert, andere Teile wurden möglicherweise später hinzugefügt.

Die Vita Bernwardi ist eine der wesentlichen Quellen für die Geschichte der letzten Jahre der Liudolfinger. Als solche, aber auch in textgeschichtlicher Hinsicht findet sie ihre Fortsetzung in Wolfheres Lebensbeschreibungen von Bernwards Nachfolger Godehard."

"Allerdings liegt uns dieser Text in einer Überarbeitung des späten 12. Jahrhunderts vor, als man im Hinblick auf die Heiligsprechung die Vorlage des frühen 11. Jahrhunderts entsprechend umarbeitete und ergänzte." [LUTZ, 6]

Die Lösung des Rätsels liegt auf der Hand: Die Vita Bernwardi wurde im späten 12. Jh. erst geschaffen. Wir haben es hier wieder mit einem Pseudepigraph zu tun. Die Forschung ist auch hier einer Fälschung aus dem 12. Jh. auf den Leim gegangen.

Wie die Geschichte insgesamt so wurde auch die Geschichte der Bistümer und Kirchenbauten im 12./13. Jh. erst geschaffen. Das heißt, dass auch die Geschichte der einzelnen Bistümer mit den dort enthaltenen Informationen zur Baugeschichte der Kirchenbauten konstruiert ist. Der Glaube, über genaue Kenntnisse zur Bistums- und Baugeschichte der Kirchenbauten zu verfügen, ist ein Irrglaube. Das betrifft alle Bauten vor dem 12. Jh., möglicherweise bis zur Mitte des 12. Jh. Erst danach wird die überlieferte Baugeschichte glaubwürdiger.

Was ist mit den Inschriften und den Baunachrichten in den Quellen, wonach der Bauprozess "vergleichsweise gut dokumentiert" sein soll? [LUTZ, 10]

Ein 1908 gefundener so genannter Grundstein trägt die Jahreszahl 1010. Die Forschung geht überwiegend davon aus, dass damit der Beginn des Hochbaus markiert ist [LUTZ, 7]. Der "Grundstein" ist mit Sicherheit nicht zeitgenössisch, sondern eine spätere Zutat. Eine explizite Jahreszahl in der Zeitrechnung "nach u. Z." kurz nach der Jahrtausendwende ist einfach nicht möglich. Die Zeitrechnung nach u. Z. wird erst später geschaffen. Diese "Jahreszahl" auf dem Stein ist eine spätere Rückrechnung.

Die Baunachrichten in den Quellen sind, soweit sie keine Fälschungen bzw. spätere Zutaten sind, tatsächlich Baunachrichten des Dombaus in Hildesheim. Um 1000 beginnt der Domneubau in Hildesheim (sog. Altfriedbau), etwa zeitgleich mit den Dombauten in Magdeburg, Merseburg, Halberstadt und Naumburg. Nach mehreren Bauphasen/Planänderungen wird der Bau 1061 geweiht. Die karolingische Datierung des Altfrieddoms durch die Forschung ist definitiv falsch.

Vermutlich sind auch die überlieferten Weihen von 1015, 1022, 1026 und 1033, sofern nicht aus späteren Quellen stammen, Weihen des Dombaus in Hildesheim.

Es gilt festzuhalten: Die Michaeliskirche ist nicht die Klosterkirche Bernwards. Sie ist ein hochromanischer Bau des 12. Jh. und entfällt damit als ottonischer Musterbau.

Sofern die traditionelle Datierung von Bischof Bernward zutrifft, ist sein Bau der Dombau des 11. Jh., was auf jeden Fall eher nachzuvollziehen ist.

Memleben, *St. Maria*

Einer der rätselhaftesten und umstrittendsten, vermeintlich ottonischen Kirchenbauten ist die Klosterkirche St. Maria in Memleben. Von diesem Bau stehen nur noch geringe Reste aufrecht. Der Grundriss ist aus Grabungen bekannt.

Memleben ist sogar im Hersfelder Zehntverzeichnis mitsamt seiner Burgenliste (8. Jh.) aufgeführt, womit die Geschichte Memlebens angeblich bis in die Karolingerzeit reicht. Um es vorwegzunehmen: Archäologisch kann Memleben nichts Karolingisches vorweisen [SCHMIDT, 313f]. Mehr noch: Auch die ottonische Pfalz und die ottonische Kirche (um 950), der Vorgängerbau der ergrabenen Marienkirche, in der Otto I. nach seinem Tod aufgebahrt gewesen sein soll, sind bisher nicht gefunden worden.

Alle bisherigen Rekonstruktionen basieren auf der konstruierten Geschichte des ottonischen Herrscherhauses, so dass eine grundlegende Neubetrachtung zwingend notwendig ist.

Wie schon für die Stiftskirche in Quedlinburg (siehe MEISEGEIER, S. 11-40) sind wieder Widukind und Thietmar die Lieferanten für die Falschinformationen. So berichtet Widukind von Corvey, dass Heinrich I. in Memleben starb und in Quedlinburg beigesetzt wurde. Thietmars Chronik enthält die Nachricht, dass auch Otto I. in Memleben starb und in der von ihm gegründeten Marienkirche aufgebahrt wurde, ehe er in Magdeburg endgültig sein Grab erhielt.

Glaubte man blind den "Quellen", könnte man auf ein Baudatum "um 950" zu schließen.

Die in geringen Teilen noch existierende bzw. ergrabene Marienkirche soll nach LEOPOLD [1983, 171f] eine ungewöhnlich große, streng symmetrische, doppelchörige Basilika mit zwei Querhäusern im quadratischen Schematismus sowie mit ausgeschiedener Vierung gewesen sein. Erst mit St. Michael in Hildesheim (trad. um 1015) ist ein vergleichbarer Bau bekannt.

JACOBSEN [JACOBSEN / SCHAEFER / SENNHAUSER, 273] zweifelt an einer sehr frühen Datierung: "Jedoch deuten Form und Größe der Kirche sowie ihre Krypta weniger auf eine Pfalzkapelle als vielmehr auf eine monastische Anlage. Damit vielleicht doch erst in der kurzen Prosperitätsphase der jungen kaiserlichen Abtei zwischen ca. 980 und 1015 errichtet?"

Für SCHUBERT [38f] und UNTERMANN [181] ist die Memlebener Kirche die Grabkirche Otto II. (973-983), der 983 unerwartet in Rom stirbt und in der Vorhalle der Peterskirche beigesetzt wurde. Mit dem Tod Otto II. ist das Schicksal der Marienkirche besiegelt. Der Bau wird nicht weitergeführt. Ob Otto II. darüber hinaus das 981 vorübergehend aufgehobene Bistum Merseburg nach Memleben holen wollte, bleibt

Spekulation. Wenn SCHUBERT Recht hat, so wäre bereits um 980 eine überaus zukunftweisende Kirche in Memleben entstanden, dann wäre die Hildesheimer Michaeliskirche - bisher als architektonischer Höhepunkt ottonischer Architektur gefeiert - ein 35 Jahre späterer Nachfolgebau der Memlebener Kirche. UNTERMANN [181] verweist bei der Grundrisslösung auf den Kölner Dom und sieht für Hildesheim ein Wiederaufgreifen durch Bischof Bernward, wobei nicht klar sei, ob die Memlebener Kirche schon so modern war wie St. Michael. Ihm erscheint jedoch ungewöhnlich der Verzicht auf einen monumentalen, vielräumigen Westbau, wie er angeblich "seit spätkarolingischer Zeit zu großen Kloster-, Stifts- und Damenstiftskirchen gehörte" [181].

Auch SCHMITT [281f] hält es für möglich, dass der Bau als Grablege für das Stifterpaar Otto II. und seine Frau Theophanu vorgesehen war. Ihn verwundert die Eile beim Bau sowie der Verzicht auf die Ausführung der beiden Krypten. Zur Datierung vermerkt SCHMITT: "Eine Einordnung ins 10. Jahrhundert ist aber bisher niemals bestritten worden."

Um 980 und erst recht noch früher ist ein solcher Bau – auch im Vergleich mit den bescheidenen Anfängen in Quedlinburg und auch in Halberstadt – undenkbar.

Ein Zeitansatz könnte wegen der ähnlichen Grundrisslösung die Michaeliskirche in Hildesheim bieten. Traditionell wird die Errichtung der Michaelskirche um 1015 durch Bischof Bernward gesehen. Im vorhergehenden Abschnitt zu St. Michael in Hildesheim wurde die Datierung auf "ab 1100" vorgeschlagen.
Die Memlebener Anlage, dürfte frühestens zeitgleich erbaut worden sein. Wahrscheinlicher ist ein um einige Jahre oder Jahrzehnte späterer Baubeginn.

Welchem Umstand verdankt eigentlich ein Ort wie Memleben – dessen „hochberühmte" ottonische Pfalz bis heute nicht aufgefunden werden konnte – als Sterbeort des ersten deutschen Königs und des ersten deutschen Kaisers in die Geschichte einzugehen? Wem nützte ein solches Konstrukt?

Wenn man davon ausgeht, dass Memleben als Sterbeort eine freie Erfindung des Fälschers Wibalds ist, ist der Nutznießer dieses Konstrukts in Wibalds Zeit zu suchen. Seit Heinrich II. soll sich Memleben im Besitz der Hersferder Abtei befunden haben. Nur sie konnte von einer solchen ruhmvollen Vergangenheit profitieren. Es sind zwei Motive denkbar:

a) Die schriftliche Legimitation der umfangreichen Besitztümer der Hersfelder Abtei um und einschließlich Memleben. Dieses Motiv dürfte kaum zutreffen, da die Erwähnung in einer Chronik hierfür ungeeignet ist. Für diesen Zweck hätte man besser eine Urkunde erstellt. Zum anderen liefert dieses Motiv keine Lösung für die vermeintliche ottonische Kirche.

b) Das Hersfelder Kloster beabsichtigt in der 1. Hälfte oder Mitte des 12. Jh. die Errichtung einer Probstei auf seinen Gütern in Memleben. Für die Probsteikirche wird eine klangvolle Vergangenheit gewünscht. Wibald wird durch das Kloster Hersfeld beauftragt, eine solche zu schaffen. Da die Ottonen sein Lieblingsmotiv darstellen, kreiert er Memleben zum Sterbeort von Heinrich I. und Otto I.
Im 12. Jh. wurde auch mit dem Bau begonnen. Die heute noch sichtbaren und ergrabenen Reste des so genannten „ottonischen" Baus sind der begonnene Bau des 12. Jh. ist.

Für einen Bau des 12. Jh. sind die ausgeschiedene Vierung und der quadratische Schematismus kein Novum sondern die Regel. Die Lisenengliederung außen und Wandvorlagen innen der Westapsis [JACOBSON / SCHAEFER / SENNHAUSER, 273] sind im 12. Jh. auch besser aufgehoben als im 10. Jh.

Die Errichtung einer doppelchörigen Kirche war für eine Klosterkirche zwar ungewöhnlich, aber möglicherweise stand hierfür auch das Vorbild in Hildesheim Pate, womit der Bau jedoch in die 2. Hälfte des 12. Jh. gelangen würde.
Möglicherweise dachte man, im Westchor einen Gedenkort für einen bedeutenden Stifter (Otto I.?, Heinrich I.?) analog der Anlage für Bernward in Hildesheim zu errichten.

Nach LEOPOLD wurde die Westkrypta nie fertig gestellt [LEOPOLD 1976, 10ff].

Der Autor ist der Ansicht, dass der gesamte Bau eingestellt und nicht mehr fortgeführt wurde. Man hatte sich offensichtlich dramatisch übernommen. Möglicherweise angesteckt durch das ziemlich dicke Auftragen Wibalds bei der Erschaffung der Klostergeschichte.

Nach SCHMITT bezeugen die vorhandenen Baureste (Putz und Aussparung für den hölzernen Fensterrahmen), dass die Kirche in einem nutzungsfähigen Zustand gebracht worden sei [281]. Diese Ausbaureste könnten aber auch aus einer späteren Nachnutzung der Ruine herrühren. Die Fläche war sicher nicht ungenutzt geblieben.

Nach LEOPOLD war der bestehende Bau „für den neuen, dem Kloster Hersfeld unterstellten Mönchskonvent viel zu groß" und man errichtete „in der ersten Hälfte des 13. Jahrhunderts eine den tatsächlichen Bedürfnissen entsprechende kleinere Kirche" [1976, 12].

Anfang des 13. Jh. wurde dann eine Probsteikirche in wesentlich bescheideneren Proportionen erbaut. Der dem Kloster Hersfeld unterstellte Mönchskonvent war der erste in Memleben angesiedelte Mönchskonvent und in diesem Sinne natürlich neu.

Mit einem solchen Ansatz beantwortet sich auch die Frage nach einem Vorgängerbau eindeutig. Es gab keinen. Bei den Grabungen durch LEOPOLD wurde auch nichts dergleichen gefunden.

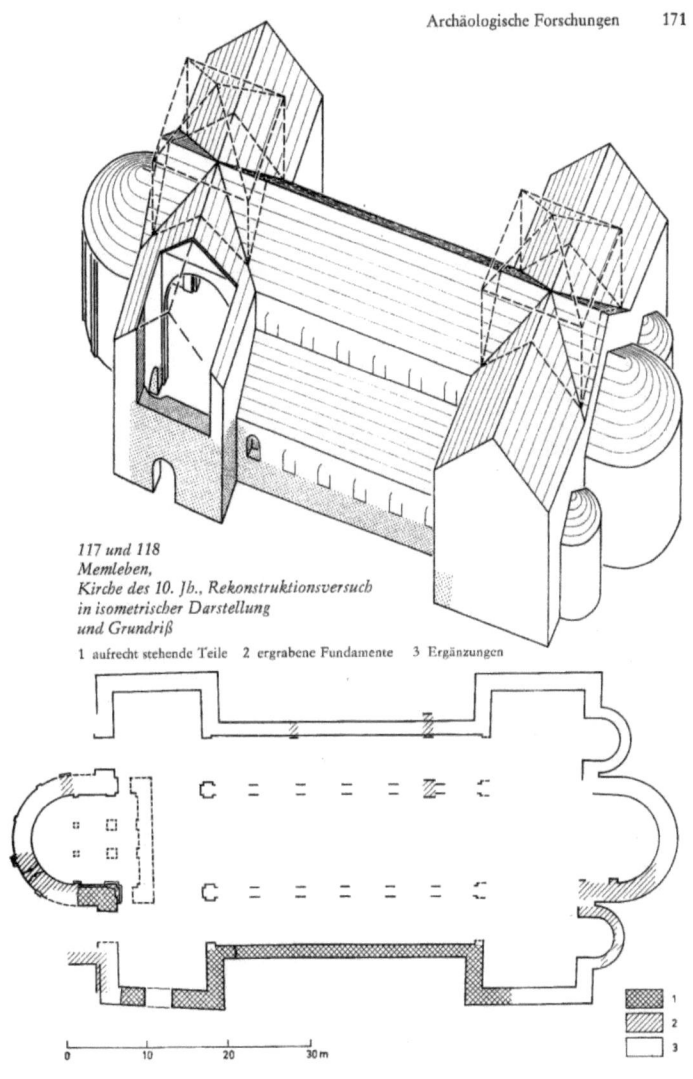

117 und 118
Memleben,
Kirche des 10. Jh., Rekonstruktionsversuch
in isometrischer Darstellung
und Grundriß

1 aufrecht stehende Teile   2 ergrabene Fundamente   3 Ergänzungen

aus [LEOPOLD 1983, 171]

Exkurs

Die Krypta

Die von der Forschung allgemein angenommene Entwicklung der Krypta von der Frühform der Krypta (Ringkrypta, Gangkrypta, Kammerkrypta, Umgangskrypta) letztendlich zur Hallenkrypta sieht der Autor nicht. Diese frühen Kryptentypen einschließlich den ersten Hallenkrypten (Vierstützenräume) existieren in der Frühromanik gleichberechtigt nebeneinander.

Die frühen Krypten dienten ausschließlich dem *accessus ad confessionem*, d. h. dem Zugang zum Heiligengrab. Sie waren aus diesem Grund in der Regel ohne Altar. Diese frühe Phase reicht bis weit in die erste Hälfte des 11. Jh. Dieser Phase gehört die Ostkrypta der Stiftskirche in Gernrode (nach [MEISEGEIER, 52] um 1020) aber auch die Krypta des Doms zu Merseburg (1042) an. Das Heiligengrab konnte in Gernrode archäologisch nachgewiesen werden. In Merseburg ist in dem Westannex der Krypta das ehemalige Heiligengrab im Kern erhalten [RAMM, 78f].

In der Hochromanik verschwinden diese Kryptentypen gänzlich. Es setzt sich die Hallenkrypta durch, wobei jetzt z. T. großräumige Anlagen entstehen, die sich oftmals unter die gesamten Ostteile der Kirchenbauten einschließlich Querhaus erstrecken.

In der Hochromanik ist der Zweck des *accessus ad confessionem* weitestgehend verloren gegangen. Die Krypta ist jetzt "normaler" Kultraum mit eigenem Altar, ähnlich einer separaten Kapelle. Darüber hinaus wird sie zunehmend Bestattungsraum, da sie die Bestattung in der Nähe der Reliquien des Hauptaltars ermöglichte. Während die Bauten der Reformorden in der Regel von vorn herein auf eine Krypta verzichten, verschwindet die Krypta allgemein fast gänzlich mit dem Aufkommen der Gotik.

Dieser These scheint die monumentale Krypta des Domes in Speyer zu widersprechen. Nach KUBACH ist der Dombau in Speyer 1025/1030 mit der Krypta begonnen worden. In einer ersten Bauphase erstreckte sie sich nur unter dem Chorquadrat einschließlich Apsis. Nach einer Planänderung wurde die Krypta unter die Vierung und die Querschiffsarme zu der noch heute erlebbaren riesigen Unterkirche erweitert. Der Bau soll 1061 geweiht worden sein. In der Literatur heißt dieser Bau Speyer I. Der Umbau zum heutigen Erscheinungsbild des Doms (Speyer II nach der aktuellen Forschung) soll ab 1080 erfolgt sein. Dessen Weihe soll 1106 erfolgt sein. Der älteste Teil der Krypta (Krypta-Ostarm) hatte die ursprünglich vorgesehenen Zugänge in den Westjochen der Nord- und Südwand. In der Westwand hatte sie einen mittigen Durchgang zu einem etwas tiefer liegenden Raum, der die Forschung irritiert, da damals die Kryptaerweiterung noch gar nicht geplant war. Dieser westlich gelegene Raum könnte ein Westannex mit einem ehemaligen Heiligengrab gewesen sein, ähnlich der Anlage in der Krypta des Doms zu Merseburg.

Nach Auffassung des Autors irrt KUBACH bezüglich der Datierung des Speyerer Baus. Der im heutigen Dom enthaltene ältere Bau (Speyer I) wird erst 1080 begonnen. Möglicherweise ist die Weihe von 1108 diesem Bau zuzuordnen. Damit könnte die Überlieferung der Bauherrnschaft Heinrich IV. für den Dom durchaus zutreffen. Dieser Bau war zunächst als kreuzförmige, dreischiffige, flachgedeckte Basilika mit Chorflankentürmen und Krypta unter Chor und Apsis ohne gesonderten Westbau errichtet worden. Um 1100 sind die Chorflanken- bzw. Chorwinkeltürme nicht mehr zu früh.

Noch vor seiner Fertigstellung scheint die Planänderung zu einem der größten romanischen Kirchenbauten nördlich der Alpen erfolgt zu sein, vielleicht angeregt durch die gigantische, gewölbte burgundische Abteikirche Cluny III, deren Ostteile 1095 geweiht wurden, die jedoch erst Mitte des 12. Jh. fertiggestellt wurde. Das Mittelschiff wurde verlängert und ein Westbau hinzugefügt. Die Krypta wurde unter die jetzt ausgeschiedene Vierung und die Querhausarme erweitert. Dieser Umbau zu wird in die erste Hälfte des 12. Jh. zu datieren sein. Der Autor schlägt vor, diesen Umbau als Speyer II zu benennen.

Um die Mitte des 12. Jh. sieht der Autor die letzte große Planänderung: die Einwölbung des Baus und die Errichtung der Vierungstürme (Vorschlag: Speyer III). Diese Baumaßnahmen dürften sich bis in das 13. Jh. erstreckt haben.

Aufgrund der Erwähnung eines Bischofs 614/615 und eines Doms um 665 sieht die Forschung noch einen merowingischen Vorgängerbau, von dem aber bisher keine Spuren gefunden wurden. Nach Korrektur der spätantiken Datierungen ist die Erwähnung eines Bischofs 1032/33 und des Doms um 1083 zu datieren.

Die Gründung des Doms durch Konrad II. könnte legendär sein oder es existierte tatsächlich ein Vorgängerbau, der noch nicht entdeckt wurde. Die Erwähnung eines Bischofs um 1032/33 legt nahe, dass es einen solchen gab. Da der Merowingerkönig Dagobert I. in Austrasien bis 1057 Alleinherrscher war, wäre die Bezeichnung des Bau als merowingisch nicht falsch.

Dieser Bau ist vermutlich außerhalb des Grundrisses des Doms, jedoch in unmittelbarer Nähe zu suchen, wie u. a. die Dombauten in Magdeburg, Mainz und Hildesheim zeigen, womit dieser Bau während der Bauarbeiten am Nachfolgebau genutzt werden konnte. Ob diesem die Weihe von 1061 zuzuordnen ist, muss hier offen bleiben. Die Königsgräber des 11. Jh., vermutlich auch die des 12. Jh., dürften aus diesem Bau später umgebettet worden sein.

Die Krypta von St. Maria im Kapitol in Köln, die immer im Zusammenhang mit der Speyerer Krypta genannt wird, und traditionell auch in das 11. Jh. datiert wird, ist ebenso zu früh datiert; schon aufgrund der Ableitung des Dreikonchenchors von der Geburtskirche in Bethlehem, die der Autor in das 12. Jh. datiert (siehe oben).

Literaturverzeichnis:

Anwander, Gerhard (2004): Wibald von Stablo – Hans Constantin Faußner: Mutiger Forscher entlarvt genialen Fälscher. Langfassung zum Artikel der ZEITENSPRÜNGE 2003/3. Entwurf vom 10.03.2004

Arens, Fritz (2009): Der Dom zu Mainz. Neu bearbeitet und ergänzt von Günther Binding. Seeheim

Arndt, Mario (2015): Die wohlstrukturierte Geschichte: Eine Analyse der Geschichte Alteuropas. BoD Norderstedt

Beaufort, Jan (2008): Arius und Ali. Über die iranischen Wurzeln des Christentums und die christlichen Wurzeln des Islam. In: ZEITENSPRÜNGE 20(2), 314-331

Bendazzi, Wladimiro / Ricci, Riccardo (1984): Ravenna. Mosaiken Kunst Geschichte Archäologie Monumente Museen. Stadtführer. Ravenna

Brandenburg, Hugo (2004): Die frühchristlichen Kirchen in Rom vom 4. bis zum 7. Jahrhundert. Der Beginn der abendländischen Kirchenbaukunst. Mailand

Bustacchini, Gianfranco (1984): Ravenna. Seine Mosaiken, seine Denkmäler, seine Umgebung. Ravenna

Christern, Jürgen (1976): Das frühchristliche Pilgerheiligtum von Tebessa. Architektur und Ornamentik einer spätantiken Bauhütte in Nordafrika. Franz Steiner Verlag GmbH Wiesbaden

Dark, Ken/ Özgümüş, Ferudun (2002): New Evidence for the Byzantine Church of the Holy Apostles from Fatih Camii, Istanbul. In: Oxford Journal of Archaeology. Band 21, S. 393–413

Demandt, Alexander (2008): Geschichte der Spätantike. Das Römische Reich von Diocletian bis Justinian 284-565 n. Chr. 2. Aufl., Verlag C.H.Beck, München

Droste, Thorsten (1997): Provence. Ein Begleiter zu den Kunststätten und Naturschönheiten im Sonnenland Frankreichs. DUMONT-Kunst-Reiseführer, Köln

Effenberger, Arne (1986): Frühchristliche Kunst und Kultur. Von den Anfängen bis zum 7. Jahrhundert. Koehler & Amelang Leipzig

Errington, Robert Malcolm (1997): Christian Accounts of the Religious Legislation of Theodosius I. In: Klio 79 (1997), S. 398-443

Fischer, Heinz-Joachim (1999): Rom. DUMONT Kunst-Reiseführer, Köln

Franz, Dietmar (2007): St. Cyriakus, Gernrode. ein Nachtrag zu: "Phantomzeitliche und phantomzeitnahe Bauten in Thüringen...". In: ZEITENSPRÜNGE 19 (1), 224-229

Franz, Dietmar (2009): Hans Constantin Faußner - Wibald von Stablo - Thietmar von Merseburg. In ZEITENSPRÜNGE 21(1), 231-249

Funke, Bernd: St. Johannis in Mainz laut Experten wohl zweitälteste Kirche in Deutschland. In: „Allgemeine Zeitung. Rhein Main Presse", 25.02.2014

Glaser, Franz/Pochmarski, Erwin (2012): Aquileia. Der archäologische Führer. Herausgegeben von Holger Sonnabend und Christian Winkle. Philipp von Zabern. Darmstadt/Mainz

Gorys, Erhard (1999): Heiliges Land. Ein 10 000 Jahre altes Kulturland zwischen Mittelmeer, Rotem Meer und Jordan. DUMONT Kunst-Reiseführer, DuMont Buchverlag Köln

Heitz, Carol/Roubier, Jean (1982): Gallia praeromanica. Die Kunst der merowingischen, karolingischen und frühromanischen Epoche in Frankreich. Wien/München

Hubert, Jean/Porcher, Jean/Volbach, W. Fritz (1968): Universum der Kunst. Frühzeit des Mittelalters. Von der Völkerwanderung bis an die Schwelle der Karolingerzeit. Verlag C.H. Beck, München

Illig, Heribert (1996): Das erfundene Mittelalter. Die größte Zeitfälschung der Geschichte. ECON, 10. Auflage 2001

Illig, Heribert (1999): Wer hat an der Uhr gedreht? Wie 300 Jahre Mittelalter erfunden wurden. ECON, 4. Auflage 2001

Illig, Heribert (2007): Arbeitsentlastung für Wibald. Eine Wandlung der These von Hans Constantin Faußner. In ZEITENSPRÜNGE 19(2), 407-412

Illig, Heribert (2009): Fehlende Kreuzgänge und Benediktiner. Entwicklung von Bautyp und Orden. In ZEITENSPRÜNGE 21 (1), 194-219

Illig, Heribert / Niemitz, Hans-Ulrich (1991): Hat das dunkle Mittelalter nie existiert? In: Vorzeit-Frühzeit-Gegenwart 3(1) 36-49 [siehe www.fantomzeit.de]

Imhof, Michael / Winterer, Christoph (2013): Karl der Große. Leben und Wirkung, Kunst und Architektur. Michael Imhof Verlag Petersberg

Jacobson, Werner (1982): Buchbesprechung zu Carol Heitz/Jean Roubier: Gallia praeromanica. Die Kunst der merowingischen und frühromanischen Epoche in Frankreich, Vorwort von Joseph Gantner, Verlag Anton Schroll & Co., Wien/München 1982. In: ? S. 550-552

Jacobson, Werner (1992): Der Klosterplan von St. Gallen und die karolingische Architektur. Entwicklung und Wandel von Form und Bedeutung im fränkischen Kirchenbau zwischen 751 und 840. Deutscher Verlag für Kunstwissenschaft Berlin

Jacobsen, Werner / Schaefer, Leo / Sennhauser, Hans Rudolf (1991): Vorromanische Kirchenbauten. Katalog der Denkmäler bis zum Ausgang der Ottonen. Nachtragsband., München

Jantzen, Hans (1959): Ottonische Kunst. Neuausgabe 1990. Berlin

Klabes, Heribert (1997): Corvey. Eine karolingische Klostergründung an der Weser auf den Mauern einer römischen Civitas.

Kleiner, Marlene (2016): St. Johannis in Mainz - Ein vergessener frühmittelalterlicher Dombau. www.archiv.ub.uni-heidelberg.de/artdok/4326/1/Kleiner_St_Johannis_in_Mainz_2 016.pdf

Kahsnitz, Rainer / Krause, Hans-Joachim / Leopold, Gerhard / Möller, Roland u. a. (2007): Das Heilige Grab in Gernrode. Bestandsdokumentation und Bestandsforschung. In: Beiträge zur Denkmalkunde in Sachsen-Anhalt, Band 3. Herausgegeben vom Landesamt für Denkmalpflege und Archäologie Sachsen-Anhalt, Berlin

Kubach, Hans-Erich (2011): Der Dom zu Speyer. 5. Auflage, WBG Darmstadt

Lassus, Jean (1974): Frühchristliche und byzantinische Welt. Schätze der Weltkunst Band 4. Verlagsgruppe Bertelsmann GmbH Gütersloh, München, Wien.

Lehmann, Tomas (2004): Paulinus Nolanus und die Basilica Nova in Cimitile/Nola. Reichert Verlag Wiesbaden

Leipziger, Ursula (2006): Die römischen Basiliken mit Umgang. Forschungsgeschichtliche Bestandsaufnahme, historische Einordnung und primäre Funktion. Inaugural-Dissertation der Friedrich-Alexander-Universität Erlangen-Nürnberg

Leopold, Gerhard (1976): Das Kloster Memleben. Das christliche Denkmal Heft 96, Berlin

Leopold, Gerhard (1983): Archäologische Forschungen an mittelalterlichen Bauten. In: Denkmale in Sachsen-Anhalt. Weimar

Leopold, Gerhard (2010): Die ottonischen Kirchen St. Servatii, St. Wiperti und St. Marien in Quedlinburg. Zusammenfassende Darstellung der archäologischen und baugeschichtlichen Forschungen von 1936 bis 2001. Landesamt für Denkmalpflege und Archäologie Sachsen-Anhalt

Lutz, Gerhard (2010): Die Michaeliskirche in Hildesheim. Großer Kunstführer Schnell & Steiner Band 246, Regensburg

Major, Máté (1979): Geschichte der Architektur Band 2, Henschelverlag Berlin

Marcuzzi, Luigi (1980): Aquileia und seine Kunstschätze. Sacile, Italy

Meisegeier, Michael (2016): Frühe Kirchenbauten in Mitteldeutschland. Alternative Rekonstruktionen der Baugeschichten. BoD Norderstedt

Milohanić, Tomislav (2012): EUPHRASIUS-BASILIKA. Touristische Monographie, Zagreb

Möbius, Helga (1976): Die Stiftskirche zu Gernrode. Das christliche Denkmal Heft 68, Berlin

Neubauer, Edith (1972): Die romanischen skulptierten Bogenfelder in Sachsen und Thüringen. Corpus der romanischen Kunst im sächsisch-thüringischen Gebiet, Reihe B, Band I, Berlin

Oswald, Friedrich / Schaefer, Leo / Sennhauser, Hans Rudolf (1990): Vorromanische Kirchenbauten. Katalog der Denkmäler bis zum Ausgang der Ottonen, München (unveränderter Nachdruck der Ausgabe von 1966-1971)

Ramm, Peter (1977): Der Merseburger Dom. Seine Baugeschichte nach den Quellen. Weimar

Rommel, Martina: Mainz – Stift St. Johannis. In: Klöster und Stifte in Rheinland-Pfalz, URL:<http://www.klosterlexikon-rlp.de/rheinhessen/Mainz-stift-st-johannis.html> (21.01.2015)

Rosendorfer, Herbert (2009): Rom. ADAC Reiseführer, München

Rosner, Ulrich (1991): Die ottonische Krypta. Köln

Scheck, Frank Rainer / Odenthal, Johannes (2007): Syrien. Hochkulturen zwischen Mittelmeer und arabischer Wüste. DUMONT Kunstreiseführer. 3. aktualisierte Auflage, Ostfildern

von Schönfeld de Reyes, Dagmar (1996): Westwerkprobleme. Zur Bedeutung der Westwerke in der kunsthistorischen Forschung, 81-100

Schmidt, Gerald (2002): Karolingische Spuren auf der „Straße der Romanik". In: ZEITENSPRÜNGE 14 (2) 309-324

Schmitt, Reinhard (2006): Memleben. In: Die Ottonen. Kunst-Architektur-Geschichte. Hrsg. von Laus Gereon Beuckers, Johannes Cramer und Michael Imhof. Petersberg, 279-282

Schubert, Ernst (1989): Magdeburg statt Memleben? In: Baukunst und Bildkunst im Spiegel internationaler Forschung, 35-40

Schug, Marius: Alter Dom viel älter als gedacht. In: „Frankfurter Allgemeine", 27.02.2014

Sczech, Karin (2015): Archäologie im Stadtkern von Erfurt, in: Erfurt und Umgebung. Archäologische Denkmale in Thüringen, Band 3, Thüringisches Landesamt für Denkmalpflege und Archäologie, 74-81

Sölter, Walter (1984): Der Essener Dom. Rheinische Kunststätten Heft 265. 2. Auflage

Stierlin, Henri (2009): Islam. Von Bagdad bis Córdoba. Frühe Bauwerke vom 7. bis 13. Jahrhundert. TASCHEN GmbH Köln

Stützer, Herbert Alexander (1991): Frühchristliche Kunst in Rom. Dumont Taschenbücher. DuMont Buchverlag Köln

Tjashelow, W. / Sopozinski, O. (1976): Kunst des Mittelalters. Byzanz, Vorderasien, Balkan, Rußland. VEB Verlag der Kunst Dresden

Untermann, Matthias (2006): Architektur im frühen Mittelalter. WBG Darmstadt

Voigtländer, Klaus (1980): Die Stiftskirche zu Gernrode und ihre Restaurierung 1858-1872. Berlin

Weissgerber, Klaus (2008): Fundleere gegen Traditionen. Bemerkungen zur islamischen Problematik (Islamica V). ZEITENSPRÜNGE 20 (3), 702-708

Ward-Perkins, Bryan (2007): Der Untergang des Römischen Reiches und das Ende der Zivilisation. Darmstadt

Wessel, K. (1955): Neue Funde und Untersuchungen zum Frühchristlichen Kirchenbau in Deutschland. Wissenschaftliche Zeitschrift der Ernst Moritz Arndt-Universität Greifswald. Jahrgang IV, 1954/55, S. 345-365

Winkelmann, Friedhelm (1980): Die östlichen Kirchen in der Epoche der christologischen Auseinandersetzungen (5. bis 7. Jahrhundert). In: Kirchengeschichte in Einzeldarstellungen Band I/6. Hrsg. Von Gert Haendler, Kurt Meier und Joachim Rogge. Evangelische Verlagsanstalt Berlin

von Winterfeld, Diethard von (2013): Der Alte Dom zu Mainz. Zur Architektur der Johanniskirche. Forschungsbeiträge des bischöflichen Dom- und Diözesanmuseums 1, Regensburg

von Winterfeld, Dethard / Janson, Felicitas /Wilhelmy, Winfried (2016): Mainz. Dom St. Martin. Schnell Kunstführer Nr. 608, 25. Auflage, Regensburg

Yerasimos, Stéphane (2007): Konstantinopel. Istanbuls historisches Erbe. H. F. Ullmann

- o. A. (2014): Forschungen zur Aachener Königspfalz. Interview mit der Stadtkonservatorin Monika Krücken. In: MONUMENTE. Magazin für Denkmalkultur in Deutschland. April 2014

- o. A. (ohne Verfasser- u. Jahresangabe): Ravenna und seine Geschichte. Edizioni Salera/Ravenna

- o. A. (1983): Archäologische Forschungen an mittelalterlichen Bauten. In: Denkmale in Sachsen-Anhalt. Weimar, 163-189

- o. A. (2014): Johanniskirche Zeitgenossin von Karl dem Großen. SWR Landesschau-aktuell, Rheinland-Pfalz, 25.02.2014

- o. A. (2014): Einzigartiger Kirchenbau aus dem 7. Jahrhundert in Mainz nachgewiesen. Archäologie online, 05.12.2014

- o. A. (2015): Archäologischer Sensationsfund in Evangelischer Jahanniskirche. Evangeische Kirche in Hessen und Nassau. www.ekhn.de, 21.01.2015